教育部人文社会科学研究规划基金项目
“民国图书馆学学术转型研究（1912—1937）”
（项目编号：12YJA870027）的最终研究成果

民国时期图书馆学学术转型研究

曾凡菊　著

桂林电子科技大学专著出版基金
桂林电子科技大学政府数字传播与文化软实力研究中心　资助出版

科学出版社
北京

内 容 简 介

本书以民国时期中国图书馆学学术转型为研究对象，从人员、机构与理论三个维度，来探讨中国图书馆学从传统向近代的转型过程。首先通过对民国时期图书馆学人群体的研究，来探讨图书馆职业化的转型过程。其次通过对民国时期图书馆学学术团体与教育机构的研究，探讨不同类型的机构在学术转型中的功用。最后探讨图书馆学基础理论与应用理论从传统向近代转型过程中如何完成中西之间的融合，最终建立起完整的具有中国特色的图书馆学学科体系。

本书适合高校图书馆学专业的学生、从事图书馆学研究的学者，以及对近代图书馆学学术史感兴趣的其他领域研究人员参考使用。

图书在版编目（CIP）数据

民国时期图书馆学学术转型研究 / 曾凡菊著. —北京：科学出版社，2020.3

ISBN 978-7-03-062865-7

Ⅰ. ①民…　Ⅱ. ①曾…　Ⅲ. ①图书馆学-研究-中国-民国
Ⅳ. ①G259.296

中国版本图书馆 CIP 数据核字（2019）第 242515 号

责任编辑：王　丹 / 责任校对：樊雅琼
责任印制：李　彤 / 封面设计：蓝正设计

科 学 出 版 社 出版
北京东黄城根北街 16 号
邮政编码：100717
http://www.sciencep.com

北京中科印刷有限公司 印刷

科学出版社发行　各地新华书店经销

*

2020 年 3 月第 一 版　开本：720×1000　B5
2021 年 4 月第三次印刷　印张：12
字数：229 000

定价：98.00 元

（如有印装质量问题，我社负责调换）

目　录

绪　论

一、研究缘起

自近代以来，在西学东渐的大潮之下，近代意义上的图书馆观念进入国人的视野。从 19 世纪后期开始，这些新型图书馆首先在东南沿海一带出现。20 世纪初，随着中国新式教育体系的逐渐确立，与之有着密切联系的图书馆事业也在不断发展壮大之中。各种类型图书馆的大规模出现，在很大程度上又促进了新式教育进一步快速发展，同时也带来了国人传统藏书楼观念的转变。如何改变人们传统的藏书楼思想，以及如何解决图书馆学实践过程中的理论支撑问题，便非常急迫地摆在了图书馆学人们的面前。

具有藏书功能的图书馆对国人来说并不陌生，它是古代官府、私家或寺庙等机构典藏文书、档案与图书之所。只是在古代中国，这些藏书机构名称有所不同，古人称之为“藏书处”、“集贤院”或“崇文院”等。从这些名称上我们不难发现，中国古代的藏书楼与近代意义上的图书馆有着格格不入之处。从 19 世纪末开始，在大批来华传教士的影响与推动下，近代意义上的图书馆理念开始逐渐为国人所接受。而在 20 世纪初，随着传统科举考试制度的废除，以及新式教育体系的不断确立，与新式教育体系有着密切联系的图书馆事业也日渐壮大起来。1912 年中华民国成立之后，大批从国外留学归来的图书馆学人，将西方先进的图书馆学理论更为广泛地传播到国内。在大批图书馆界同人的共同努力下，到 20 世纪 40 年代最终完成了图书馆学学术理论的艰难转型。尤其是从 1912 年中华民国成立到 1937 年抗日战争全面爆发的 20 多年，更是中国图书馆学从传统向近代转型的关键时期。在此期间，在大批自海外留学归国的图书馆学人推动下，西方图书馆学理论的大规模输入与传统图书馆学理论的嬗变同步，完成了中国图书馆学从传统向近代的学术转型，最终建立起了较为完备的中国近代图书馆学学科体系。而在 1937 年以后，由于抗日战争全面爆发，国内的图书馆事业遭受了严重的损失，图书馆学的学术转型步伐明显放缓，但在此期间所取得的成就亦不容小觑，甚至有些学人所取得的成果站在了那个时代的前沿，集中展现出了中国图书馆学界在图书馆学理论探索中的杰出贡献。

在 20 世纪上半叶中国图书馆学的学术转型过程中，中国图书馆学理论主要受到内外两方面因素的影响：一方面是西方图书馆学理论在中国的传播扎下根来；另一方面是中国传统图书馆学理论逐渐嬗变。自近代以来，随着资本主义的飞速发展，各国图书馆事业也在不断壮大之中，西方国家的图书馆学理论无疑走在时代的前列。从 19 世纪中叶开始，一些国家出现的图书馆协会与图书馆学校，更是为各国图书馆事业的飞速发展与图书馆学独立的学科体系建立提供了非常便利的条件，其中尤以 19 世纪后半叶开始迅速兴起的美国图书馆事业所取得的成就最为明显。1853 年，全美图书馆员代表大会在纽约召开，这是美国历史上，也是世界历史上第一次图书馆员代表大会。此次会议广泛讨论了美国图书馆事业中普遍存在的问题，但并未达成有效解决问题的方案，后来有人将此次会议称作是一次“冒失的开端”[①]。1876 年，在费城召开的全美图书馆员代表大会，是美国历史上第二次图书馆学界的盛会。与 1853 年的全美图书馆员代表大会不同的是，此次大会就美国图书馆事业发展中的各种问题进行了深入的探讨，并就一些问题达成了协议。尤其是对普尔（Poole）的《期刊文献索引》的推广工作，更是此次大会最重要的一项成就。在此次大会召开过程中，图书馆学界普遍认为：“为了进一步实现美国图书馆的利益，增进馆员和所有对图书馆经营和目录学研究感兴趣的人之间知识和良好愿望的互惠互利，我们在此签名成立‘美国图书馆协会’。”[②]著名的图书馆学家麦维尔·杜威（Melville Louis Kossuth Dewey）是第一个在决议上签名的学者，大部分与会人员也在文件上签字，成为美国图书馆协会（American Library Association，ALA）的创始会员，杜威当选为美国图书馆协会首任秘书长[③]。此后纽约州立图书馆学校（New York State Library School）[后归入哥伦比亚大学图书馆学院（The School of Library Service at Columbia University），但两校时有分合]的出现，使得图书馆学的研究与人才培养开始步入正轨。图书馆学作为一门独立的学科得以逐渐成为美国高等教育学科体系的组成部分。

就在西方图书馆学理论不断发展之时，中国传统藏书楼理念一直到 19 世

①〔美〕理查德·克尔齐斯（Richard Krzys）、加斯顿·利顿（Gaston Litton）著，周俊译：《世界图书馆事业——比较研究》，北京：书目文献出版社，1990 年，第 236 页。

② 转引自郑永田：《1876 年费城馆员大会及其历史意义》，《图书馆建设》2010 年第 5 期，第 99 页。

③ 转引自胡述兆：《图书馆学大师杜威年表》，见胡述兆著：《胡述兆文集》（上），广州：中山大学出版社，2014 年，第 328 页。

纪中叶仍然没有改变。不过从 19 世纪后期开始，在一批来华西方传教士的推动下，东南沿海一带开始出现近代意义上的图书馆。而在 20 世纪初新式教育体系逐渐确立后，传统的藏书楼终于向近代意义上的图书馆嬗变。一批原来从事传统版本目录学研究的学者们，也纷纷在西方图书馆学理论的影响下，开始向近代图书馆学家转型。在这批图书馆学家中，梁启超无疑是最具代表性的一位。他在 1925 年中华图书馆协会成立大会上所提出的要建构“中国的图书馆学”任务，便是这种思想观念的集中反映。

从理论层面而言，对民国时期中国图书馆学学术转型的研究，是深化中国图书馆学学术史研究的一项重要内容，这不仅将有助于我们厘清此间图书馆学学术发展脉络，而且也将为我们更为深刻地认识近代以来图书馆学理论本土化进程提供一个新的视角。民国时期图书馆学的学术转型无疑是深受西方图书馆学理论的影响的，但不容否认的是在这一转型过程中，如何将西方图书馆学理论与中国传统图书馆学思想相结合，是中国图书馆学界亟待解决的重大命题。加强对这一时期中国图书馆学学术转型的研究，对深入认识中国图书馆学学术发展脉络，无疑有着非常重要的意义。

从实际应用层面而言，2004 年，《图书馆》杂志等发起的“21 世纪新图书馆运动”，旨在弘扬图书馆精神，倡导以人为本的理念，消除图书馆与读者之间的“数字鸿沟”，改变图书馆的贵族化倾向，让图书馆走近平民，使他们得以享受平等的服务，从而建立起一种全社会信息保障与信息公平的制度①。这场运动的宗旨与 1917 年开始，一直延续到 20 世纪 30 年代的“新图书馆运动”有着很多相似之处，其中特别是要解决图书馆学理论与实践之间的分离状态，为图书馆事业的发展提供强大的理论支撑，更是二者共同面临的实际难题。研究民国时期图书馆学学术转型过程中在基础理论与应用理论方面所取得的成就，能为我们当前的图书馆学学术转型提供较为现实的借鉴价值。

二、学术史回顾

有关中国近代图书馆学学术史的研究，学术界已经取得了较为丰富的成果，以吴慰慈、黄宗忠等为代表的老一辈图书馆学人为之奠定了良好的基础。在 20 世纪 90 年代以前，学界对中国近代图书馆学学术史的研究，大多只是在

---

① 南山图书馆、湖南大学信息研究所、本刊编辑部：《以人为本　弘扬公共图书馆精神——本刊与南山图书馆、湖南大学信息研究所共倡“21 世纪新图书馆运动”》，《图书馆》2005 年第 1 期，第 1 页。

一些图书馆史教材中稍有提及，未能进行较为深入的探讨。自 20 世纪 90 年代以来，一批中青年学者开始关注近代以来中国图书馆学学术史的发展进程。有关民国时期图书馆学学术史的研究，学界更多关注的是图书馆机构的发展与图书馆学人的活动。对图书馆学学术史的研究，则多见于对沈祖荣、杜定友、刘国钧等一些个人学术思想的评述之上。例如王子舟在《杜定友和中国图书馆学》一书中，主要论及了杜定友对近代图书馆学学术转型所做出的突出贡献[①]。

2004 年，中国近代意义上的图书馆事业走过了一百多年的发展历程。在此前后，有关晚清与民国时期中国图书馆思想发展的研究，逐渐引起了学界的重视。程焕文在《晚清图书馆学术思想史》一书中，主要论及了晚清时期图书馆学术思想产生、发展与演变过程，阐述了在进入近代社会后在西方思潮影响下的晚清 70 年中国近代图书馆学术思想的产生、发展和演变历程，并对清末新政期间的一些图书馆实践活动做了较为详细的论述[②]。程焕文在一篇论文中对民国时期图书馆学学术发展做出了三个阶段的分期。他认为，1911—1925 年是外国图书馆学传入中国时期，1925—1937 年是中国近代图书馆学体系的形成与发展时期，而在 1937—1949 年则为图书馆学学术研究的萧条时期[③]。由范并思等编著的《20 世纪西方与中国的图书馆学——基于德尔斐法测评的理论史纲》一书分为三个部分，在该书的第三部分将信息分析方法运用到图书馆学基础理论史的研究等内容之上，对民国时期图书馆学理论的分期与发展脉络做出了较为详细的梳理[④]。近十多年来，一些论者已经将研究视角转移到民国时期图书馆学学术转型之上。例如吴稌年在《图书馆活动高潮与学术转型》（古近代）一书中，主要探讨了近代中国图书馆学的活动高潮，其中尤其对民国时期的“新图书馆运动”的分期与内容进行了较为详细的探讨[⑤]。左玉河在《从藏书楼到图书馆：中国近代图书馆制度之建立》一文中指出，近代以来学术研究与图书馆之间呈现出互相影响的互动关系：一方面是学术研究对图书馆学的制度建设提出了新的更高要求，促进了近代以来图书馆学、目录学和校勘学的发展；另一方面是近代图书馆成为学术文化中心之一，各级各类图书馆的出现为

① 王子舟著：《杜定友和中国图书馆学》，北京：北京图书馆出版社，2002 年，第 137-146 页。

② 程焕文著：《晚清图书馆学术思想史》，北京：北京图书馆出版社，2004 年，第 216-319 页。

③ 程焕文：《中华民国时期图书馆学术史序说》，《中山大学学报》1988 年第 2 期，第 91-98 页。

④ 范并思等编著：《20 世纪西方与中国的图书馆学——基于德尔斐法测评的理论史纲》，北京：北京图书馆出版社，2004 年，第 329 页。

⑤ 吴稌年著：《图书馆活动高潮与学术转型》（古近代），北京：兵器工业出版社，2005 年，第 144-231 页。

学术研究提供了良好的基础条件。左玉河认为，20世纪以来的学术研究之所以体制化，离不开近代意义上的图书馆，正是图书馆成为学者们从事学术研究的资料中心，成为继新式学术团体、高等学校与专业研究机构之外的学术重镇[①]。龚蛟腾则在《中国图书馆学的起源与转型：从校雠学说到近现代图书馆学的演变》一书中，主要依据中国古代图书馆事业的发展史料，来探讨古代图书馆学（校雠学）的起源与演变，并在此基础上结合了近现代"西学东渐"的大趋势，简要阐释了中国古代校雠学向近现代"科学"的图书馆学的转型与发展[②]。

就民国时期图书馆学界的研究而言，学界多从图书馆学人个人的角度展开论述。有关图书馆学人个案的研究成果非常丰富，这些成果多从某一方面展开论述，来探讨图书馆学人在图书馆学学术转型中所做出的贡献。其中尤其值得学界推崇的，是程焕文先生编的《裘开明年谱》一书[③]。尽管该书仅是对裘开明一生中与图书馆事业发展有关的档案资料进行搜集与整理，但该书为学界提供了相当广阔的视野与空间，可惜的是迄今为止该书的价值还没有得到充分的利用。在对图书馆学人群体研究方面，主要有范凡对民国时期图书馆学人群体的学科背景进行了深入的探讨[④]。就近代以来中国图书馆学地域形态方面的研究，学术界大多语焉不详。只有黄少明在对国立北平图书馆与国立中央图书馆进行比较时，论述了二者相似的经历、组织机构与它们对民国时期图书馆事业发展所做出的贡献[⑤]。其他一些论著在论述民国时期的学术机构时，对之也有所涉及，但大多限于简单的介绍。

就各类机构在图书馆学学术转型过程中的作用的研究，现有的成果较多。其中尤以对中华图书馆协会与私立武昌文华图书馆学专科学校（简称文华图专）等机构的研究最多。例如周洪宇的《不朽的文华：从文华公书林到文华图书馆学专科学校》，该著作全面回顾了从文华公书林到文华大学图书科、华中大学文华图书科再到私立武昌文华图书馆学专科学校，"文华"所开创的中国图书馆事业、图书馆学教育事业以及档案管理学教育一直弦歌不绝，从未中断。"文华"既能在顺境中破浪猛进，也能在逆境中奋发前行，其根本原因在于其

① 左玉河：《从藏书楼到图书馆:中国近代图书馆制度之建立》，《史林》2007年第4期，第24-39页。

② 龚蛟腾著：《中国图书馆学的起源与转型：从校雠学说到近现代图书馆学的演变》，北京：国家图书馆出版社，2013年，第215-253页。

③ 程焕文编：《裘开明年谱》，桂林：广西师范大学出版社，2008年，扉页。

④ 范凡：《民国时期图书馆学人》，《图书与情报》2011年第1期，第131-134页。

⑤ 黄少明：《民国时期国立图书馆之双星》，《大学图书馆学报》2009年第5期，第97-103页。

独有的“文华精神”，即文化为公的博大胸襟、乐于奉献的服务理念[①]。

就民国时期图书馆学理论发展的研究而言，现有的成果主要集中在对图书馆学人思想的研究之上。一些论者多围绕1917年到20世纪30年代的“新图书馆运动”展开相应论述，其中涉及图书馆学理论本土化问题的论述较多。而在近代图书馆学教育方面，论者大多围绕韦棣华与私立武昌文华图书馆学专科学校展开，也有一些论者对刘国钧、杜定友、李小缘等图书馆学人的图书馆学教育思想与实践活动进行了一些探讨，近年来也有人开始对中外图书馆学教育的比较进行研究。

经过几十年来几代图书馆学人的努力，有关民国时期图书馆学学术发展史的研究已经取得了一定的成果，但也存在以下几个方面的不足：一是对民国时期图书馆学学术发展脉络的探讨不够清晰，对民国时期图书馆学学术史研究的深度不够。相关研究大多停留在对表面现象的描述之上，对现象背后的理论分析则显得尤为不足。二是西方图书馆学理论传入中国以后如何本土化的问题尚有较大的研究空间，特别是对近代图书馆学学科体系确立方面的研究更是少之又少。三是对民国时期图书馆学人与学术的研究只见树木，不见森林。具体表现在对图书馆学人的研究多以个人为主，而对群体的研究较少，也未能从整体层面对图书馆学学术发展的研究加以把握。四是在比较研究上存在较大的不足。一些研究者只看到近代中国图书馆学是对西方图书馆学理论的模仿，而未能充分认识到在西方图书馆学理论大规模输入的同时，在借鉴基础上更多的是如何创新的问题。

总体看来，民国时期图书馆学学术转型仍然存在较大的研究空间。早在2006年，陈光祚先生在《重视图书馆学学术史研究》一文中，论及了图书馆学学术史研究的特点、范围，以及与其他相关学科之间的关系，文中作者对当前图书馆学学术史研究的深度不够深感忧虑，并呼吁应以创新性的论题、观点为主题，来加强图书馆学学术史的研究工作[②]。笔者认为当前与今后一段时期有关近代中国图书馆学研究将会向以下几个方面发展：一是对图书馆学人群体的研究将会引起学界的重视。通过对图书馆学人群体的研究，来充分展现民国时期图书馆学人群体的整体风貌。二是更加深入地探讨图书馆学理论的发展源

① 周洪宇著：《不朽的文华：从文华公书林到文华图书馆学专科学校》，武汉：华中师范大学出版社，2013年，第459-467页。

② 陈光祚：《重视图书馆学学术史研究》，《图书馆论坛》2006年第6期，第20-21页。

流，以及在从传统向近代嬗变过程中的成就。特别是如何解决图书馆实践与理论之间的互动关系问题，更是学界将共同关注的热点。三是对近代图书馆学学术转型过程中图书馆学学科体系的构建进行更加深入的探讨，从而反映出自近代以来中国图书馆学学术转型的全貌。

三、研究目标、研究方法与资料来源

（一）研究目标

本书在厘清民国时期图书馆学学术发展脉络的基础上，从人员、机构与理论三个层面探讨图书馆学从传统向近代的学术转型过程。首先是通过对民国时期图书馆学人群体的研究，来探讨图书馆职业化的转型过程，以及在此过程中的图书馆学学术上的地缘与学缘形态的形成。其次是通过对民国时期图书馆学学术团体与教育机构的研究，探讨从传统学会向近代学术团体的转型过程，以及近代图书馆学教育体系的确立。最后要探讨的是在图书馆学基础理论与应用理论的转型过程中，在借鉴西方图书馆学理论的基础上，中国传统图书馆学理论传承创新的问题。通过以上三部分的分析，来为整个民国时期中国图书馆学学术史发展进程做出一个评价。

（二）研究方法

本书主要在采用文献研究法的基础上，综合利用归纳法与比较研究法等不同的研究方法，坚持横向比较与纵向比较、定性研究与定量分析相结合等具体方法，进行全方位、多角度的综合研究。本书的创新之处体现在以下几个方面：一是以更多的文献资料作为支撑。在研究过程中，除了收集民国时期一些重要的图书馆学期刊（尤其是著名的民国时期三大图书馆学期刊）作为最基本的资料外，还包括一些图书馆学人的日记、书信与回忆录等基本史料，这会使本书的研究建立在更为扎实的资料基础之上；二是在研究内容上力求在以往研究的基础上取得一定的突破，尤其是对原始文本的解读，将是本书研究过程中力求有所创新的另一个地方。

（三）资料来源

曾经有人戏称，在 21 世纪资讯如此开放的时代，学术研究的资料搜集已经不再是一个问题。本书在撰写过程中，非常得力于国家图书馆出版社影印出版的三套民国时期图书馆学期刊丛书，分别是由中华图书馆协会执行部编辑发行的《中华图书馆协会会报》影印本（全 6 册）；由中华图书馆协会《图书馆学季刊》编辑部编辑发行的《图书馆学季刊》影印本（全 11 册）；以及由私立武昌文华图书馆学专科学校编辑出版的《文华图书馆学专科学校季刊》影印本（全 8 册）。当然，仅仅依靠这些史料完成本书的撰写是远远不够的。据有人初步统计，民国时期图书馆学相关刊物的种类高达 113 种[①]。而据李钟履先生的统计，此外还有大约 2300 篇图书馆学论文发表在非图书馆学期刊之上[②]。数量如此庞大的图书馆学期刊与论文一方面固然为本书的撰写提供了非常丰富的资料来源，另一方面也因数量太大而显得有些无所适从。因此，本书在选择上述三种期刊作为最基本的期刊资料来源之外，同时也兼顾了在此期间一些有着广泛影响力的期刊。例如 1945 年四川璧山国立社会教育学院图书博物馆学系出版的《图书馆学报》，尽管该刊仅出版一期后就停刊了，且由于当时条件限制印刷相当粗糙，很多地方不容易辨认，但该刊中所刊发的论文却代表了 20 世纪 40 年代中国图书馆学界在追求图书馆学高深理论上的新高度。

① 范凡著：《民国时期图书馆学著作出版与学术传承》，北京：国家图书馆出版社，2011 年，第 241 页。
② 李钟履编：《图书馆学论文索引》，第 1 辑（清末至 1949 年 9 月），北京：商务印书馆，1959 年。

第一章　从藏书楼到图书馆：图书馆的理念形成与学界的组织形态

自近代以来，在西方国家来华人士与走出国门的国人的影响推动下，近代西方国家的图书馆理念进入中国。20 世纪初之后，伴随着新式教育的推广与普及，中国图书馆事业开始进入新的发展阶段。随着近代西方图书馆的基本理念在中国的快速传播，以及西方图书馆技术方法在中国的广泛运用，中国图书馆学理论与图书馆事业也开始进入一个较快的发展轨道。特别是在 1912 年中华民国成立之后，在一批海外留学归来的图书馆学人的推动下，以及在“新图书馆运动”的广泛开展过程中，现代图书馆理念迅速得到广泛普及。与此同时，图书馆学界中的派别之分也在此过程中开始出现。到 20 世纪 40 年代，中国图书馆学界的组织形态基本形成。

第一节　近代图书馆理念的形成与图书馆事业的发展

在 20 世纪上半叶，中国图书馆事业的发展经历了一个从传统藏书楼向近代图书馆理念的艰难转型过程，其中最为艰难的是国人思想观念的转变。20 世纪初开始出现的近代意义上的图书馆理念，与新式教育体系的逐渐确立是分不开的。1912 年中华民国成立之后的 20 多年间，在“新图书馆运动”的大力推动下，图书馆公共服务的理念开始为广大民众所接受，图书馆事业更是在此过程中呈现出良好的发展态势，这种态势一直持续到 20 世纪 30 年代中后期的抗日战争全面爆发前夕。可以说，1912 年中华民国成立之后的 20 多年间，无论是中国图书馆事业的发展，还是图书馆学理论的建构，均出现了非常难得的发展时期，可谓 20 世纪上半叶中国图书馆事业发展的一个黄金时代。

一、从传统藏书楼到近代图书馆理念的转变

人类的历史，大部分依赖于文字记载，才得以保存流传至今。尤其是四大

文明古国之一的中国，有着灿烂悠久的文化。四大发明中的造纸术与印刷术，让古代中国在世界文明发展史上占据着非常重要的地位。在纸张制作材料和生产方法的演进中，中国做出了其他国家所无法替代的贡献。著名的图书馆学家钱存训先生的研究显示，远在 7—8 世纪，国人便开始应用雕版印刷来印制各种佛教经文。而到了宋代以后，随着活字印刷术的发明，印刷术在中国的应用范围更广，这比欧洲人利用金属活字来印刷《谷登堡圣经》至少要早 400 年[①]。

与造纸术和印刷术发展相对应的中国藏书楼的历史同样非常悠久。如果我们从殷周时代设有专人管理的收藏甲骨文献的“藏室”开始算起，至 20 世纪初中国近代意义上的图书馆开始大量出现，藏书楼在古代中国的历史发展上前后大约经历了 3000 年。尤其是在从春秋战国时期开始进入封建社会的 2000 多年里，中国藏书楼事业发达的独特景象，是世界其他各国均无法比拟的[②]。据程焕文的研究，“藏书楼”一词并非古代中国所有，而是进入晚清之后出现的一个新词。最早使用“藏书楼”这个中文名称的，大概是位于上海徐家汇的天主堂藏书楼。该藏书楼肇始于 1847 年，究竟何时开始正式使用“藏书楼”这个中文名称，现在倒还无法得到明确的史料佐证。据程焕文的考证得出的结论，“藏书楼”这个中文名称的使用，应该是在戊戌变法以前[③]。上海图书馆著名收藏家葛伯熙先生在《徐家汇藏书楼简史》中也曾在言及此事时说：“徐家汇藏书楼或称天主堂藏书楼，全称‘上海徐家汇天主堂藏书楼’，也有人称为‘汇堂石室’的。由于它一向没有挂过牌，所以许多人对它的称呼也不一致。有称它为藏书所的；也有称它为藏书室或大书房的。1912 年 10 月上海商务印书馆出版的《上海指南》(第七版)，竟把天主堂藏书楼的范围扩大到三个书库：‘一为天文学书库，附属于天文台，专藏天文学书籍及地图；一为欧文书库，专藏欧文书籍；一为汉文书库，专藏汉文书籍。’其实，只有欧文书库和汉文书库是属于徐家汇藏书楼的。”[④]

19 世纪末 20 世纪初之后，各地“藏书楼”的名称开始逐渐被“图书馆”一词所取代。这一改变首先在官方层面得到印证的是 1903 年清政府颁布的《奏定大学堂章程》，这是近代以来官方颁布的第一份有关高等教育的纲领性文件。该章程中有关图书馆部分曾经提到：“大学堂当置附属图书馆一所，广罗中外

① 钱存训著：《书于竹帛：中国古代的文字记录》，上海：上海书店出版社，2006 年，第 1 页。
② 吴稌年著：《图书馆活动高潮与学术转型：古近代》，北京：兵器工业出版社，2005 年，第 47 页。
③ 程焕文著：《晚清图书馆学术思想史》，北京：北京图书馆出版社，2004 年，第 11 页。
④ 葛伯熙著：《徐家汇藏书楼简史》，《图书馆杂志》1982 年第 2 期，第 69 页。

古今各种图书，以资考证。”该章程同时对图书馆人员的设置也做出了相应的规定，大学堂图书馆的管理人员“图书馆经理官以各分科大学中正教员或副教员兼任，掌大学堂附属图书馆事务，禀承于总监督”[①]。这大概是近代以来“图书馆”一词首次在官方文件中出现。

1904 年 3 月，在地方开明士绅们的共同努力下，由梁焕奎、龙绂瑞、陈保彝、谭延闿、魏肇文、黄笃恭、胡元倓、许直、陆鸿逵、梁焕彝、刘栋蔚与俞蕃同 12 人共同发起的湖南图书馆成立。他们在《湖南官报》上撰文《创设湖南图书馆兼教育博物馆募捐启》指出：“图书馆何也，所以输入文明、实验教育、坚其信心、富其能力者也。夫国家之成立在民力，民力之膨胀在民智，民智之发达在教育，教育不能普及则智识无由普通，以无智识之民处生存竞争之世，危乎悲哉，不可说也。故教育不一途，而范围莫广于社会教育，改良社会不一术，而效果莫捷于图书馆，此世界所同认而吾国无闻焉。”[②]他们大声疾呼：“凡我同志，共有覆巢之惧，谁无爱国之心，必表同情，成兹盛业，岂惟湘人蒙其幸福，四千年之胄裔，四万万之同胞，咸有赖焉。”[③]他们的积极倡导和努力，得到了时任湖南巡抚的赵尔巽及湖南省学务处的积极响应，于同年三、四月间，湖南图书馆兼教育博物馆正式成立。湖南图书馆兼教育博物馆为中国图书馆事业写下开创性的一页，尤其是该馆在办馆体制上，打破了此前非“官办”则“私立”的固有模式，走出一条官民结合、“公益”共建的新路子，成为后来很多地方图书馆办馆过程中共同仿效的一个蓝本[④]。

在湖南图书馆成立的同一年，湖北图书馆和福建图书馆亦随后成立。1905 年，浙江图书馆在杭州落成。1907 年与 1908 年，天津图书馆与山东省图书馆亦相继成立。1909 年是各地成立图书馆最多的一年，相继成立了桂林图书馆（广西）、云南省图书馆、河南省图书馆、陕西省图书馆等。除了这些地方图书馆之外，同年京师图书馆（今中国国家图书馆的前身）亦奉旨开始筹建。清政府又随之颁发了《京师图书馆及各省图书馆通行章程》，这才使得“图书馆”的名称在中国最终确立了下来。根据邹华享和施金炎先生在《中国近现代图书馆事业大事记》一书中的统计，在 1901—1911 年开办的约 40 座图书馆中，国

① 舒新城主编：《中国近代教育史资料》（中册）（第二版），北京：人民教育出版社，1981 年，第 618、620 页。

② 湖南图书馆编著：《湖南省公共图书馆事业志》，长沙：湖南人民出版社，2010 年，第 639 页。

③ 湖南图书馆编著：《湖南省公共图书馆事业志》，长沙：湖南人民出版社，2010 年，第 639 页。

④ 湖南图书馆编著：《湖南省公共图书馆事业志》，长沙：湖南人民出版社，2010 年，第 8 页。

家级图书馆 1 个，省级图书馆 17 个，市级图书馆 4 个，另有大学图书馆 5 个[①]。进入民国以后，“藏书楼”这个词逐渐成为历史陈迹，取而代之的是在社会上开始普遍通行的“图书馆”这个名称。自此以后，各地出现的各种新型藏书机构，大多数均以“图书馆”这一标准名称来命名。

20 世纪初大批图书馆的出现，与此期间中国广泛兴起的新式教育有着密切的关系。在 20 世纪的前 10 年间，中国的教育体制经历了由传统的科举取士教育到近代学校教育体系的历史性转变。从 1904 年“癸卯学制”的颁布，到清政府宣布自 1905 年开始废除在中国延续了 1300 多年的科举制度，中国的教育制度出现了前所未有的变革。在传统的由科举进入仕途之路封闭之后，进入新式学堂接受新式教育无疑成为广大学生群体唯一的选择。虽然“癸卯学制”仍然延续的是洋务运动时期的“中学为体，西学为用”的指导思想，在整个教育体系的课程设置上仍以诵读儒家经典为重要内容，且女子教育被排除在整个新式教育体系之外，但新的教育制度的颁布与实行，标志着旧时代的旧教育制度在形式上已经宣告终结，进而形成并确立了近代化的学校教育制度，完成了中国学校教育由古代到近代转型的历史性转变。此后数年间，各类学校的数量迅速增加。据当时学部统计，自光绪二十九年（1903 年）至宣统元年（1909 年），全国学校的数量由 719 所增至 52 000 所，大约增长了 71 倍[②]。光绪三十三年（1907 年）全国各类新式学堂学生人数为 468 220 人，至宣统元年（1909 年）增加到 1 536 909 人。短短 2 年时间增长达 2 倍多[③]。

就在新式教育体系迅速推广开来的同时，作为配套设施的学校图书馆也纷纷出现，对近代图书馆观念的普及起到了至关重要的推动作用。在各类学校图书馆中，大学图书馆在整个学校图书馆体系中占据了突出的位置。中国高等教育自 19 世纪末开始兴起，在高等教育兴办过程中，图书馆作为非常重要的一个组成部分，成为各大学开办过程中的必备条件。例如 1895 年在天津成立的北洋西学学堂（此为北洋大学与天津大学的前身，是中国官方认定的中国最早的大学），在其开办之初就设立了图书馆。1898 年成立的京师大学堂，在其奏定章程中更是直接指出：“近年张之洞在广东设广雅书院，陈宝箴在湖南设时务学堂，亦皆有藏书。京师大学堂为各省表率，体制尤当崇闳。今拟设一大藏

① 邹华享、施金炎编：《中国近现代图书馆事业大事记》，长沙：湖南人民出版社，1988 年，第 7-16 页。
② 郭齐家著：《中国古代学校》，北京：商务印书馆，1998 年，第 193 页。
③ 中华职业教育社编：《中国教育统计概览》，上海：商务印书馆，1924 年，第 5 页。

书楼，广集中西要籍，以供士林浏览而广天下风气。”章程中明确规定了设立藏书楼，设提调 1 人，办事人员 10 人，“以广其事”①。在这个时期比较著名的大学图书馆还有 1909 年开始提供服务的文华公书林，1914 年建立的上海圣约翰大学罗氏图书馆，1917 年正式开放的国立北京高等师范学校图书馆，1917 年建立的武汉大学图书馆，以及 1918 年建立的上海南洋大学图书馆和清华学校图书馆等②。这些大学图书馆设立之后服务对象主要是本校师生（文华公书林是个例外），因之无论是在馆舍的建设、馆藏的搜集，还是在提供服务的内容等方面，均与此时期开始出现的公共图书馆有着较大的不同。

二、“新图书馆运动”与图书馆观念的更新

进入民国时期以后，图书馆事业开始步入一个较快的发展轨道。这一快速发展，得益于 1917 年开始的“新图书馆运动”的推动。正是在这一运动的影响下，近代图书馆理念逐渐被人们所接受，社会各界对图书馆事业的重视程度也得到了迅速提高。学术界已经达成的比较一致的意见是，此运动发源于武昌的文华公书林，最早的发起人是从美国留学归来的图书馆学家沈祖荣。

沈祖荣（1883—1977），字绍期，1883 年出生于湖北宜昌一个贫苦家庭，父亲以开小餐馆为生，年少的沈祖荣先是在父亲的餐馆里帮忙干活，后进入由基督新教圣公会在宜昌创办的教堂做勤杂工，自小可谓尝尽了生活的艰辛。1901 年，沈祖荣先是被推荐到武昌思文学校学习，后又来到武昌文华书院（文华大学前身）就读。1910 年从文华书院毕业后留校任图书馆管理员，并开始协助韦棣华女士创办文华公书林，这是沈祖荣投身于近代中国图书馆事业之始。

文华公书林是 1910 年由韦棣华女士在其创建的武汉华林文华学校阅览室的基础上，扩大馆舍开办而成，作为文华大学、华中大学与文华中学三所学校的图书馆，同时也面向全社会开放，三所学校的师生和社会各界人士均可在此借阅图书。该馆内设有编目室、参考室、阅览室、报纸杂志室、书库、研究中国的外文书籍专藏室等。图书以当时世界上较为流行的《杜威十进分类法》（*Dewey Decimal Classification*，DDC）进行分类。文华公书林还组织“巡回文库”——流动图书馆，服务到更远的地方如岳阳、九江、宜昌、南昌、上海、

① 北京大学校史研究室编：《北京大学史料》（第一卷），北京：北京大学出版社，1993 年，第 83-85 页。
② 王酉梅著：《中国图书馆发展史》，长春：吉林教育出版社，1991 年，第 255 页。

开封、西安、北京等地[①]，实实在在地将免费开放服务的理念传递到各地。

1914年，在韦棣华的资助下，沈祖荣前往纽约州立图书馆学校学习，两年后获哥伦比亚大学理学学士学位。沈祖荣应该是近代以来，在美国获得图书馆学专业学位的第一位中国人。1917年春季，从美国留学归来不久的沈祖荣与中国基督教青年会全国协会干事余日章一道，携带有关美国图书馆的各种影片、模型和统计表等，前往湖北、湖南、江西、浙江、河南、山西、河北等地，作全国性的巡回演讲，以及举办图书馆展览等活动，一场影响深远的“新图书馆运动”拉开了序幕。随后从美国留学归来的胡庆生也加入到“新图书馆运动”的宣传行列中来，使得这场“新图书馆运动”得到了社会各界更多的关注。韦棣华女士无疑是“新图书馆运动”的倡导者和总导演，正是她通过创办文华公书林传播了免费开放服务的图书馆理念，并资助沈祖荣等赴美从事图书馆学专业教育，有力地推动了当时还十分朦胧的“新图书馆运动”。

“新图书馆运动”肇始于1917年的春季，1917年春至1923年是该运动的起步阶段[②]。在“新图书馆运动”推行之初，沈祖荣等人大力推广美国图书馆的理念和办馆方式，广为宣传“平民教育”“图书馆开架，随意阅览”的服务理念，猛烈抨击中国当时公共图书馆基本上仍然残存的旧式藏书楼陋习。他们强烈要求将公共图书馆改变成社会教育机构，并积极呼吁利用西方列强退还庚子赔款这一契机，来推动庚款用于中国图书馆事业发展，在中国掀起一场前所未有的“新图书馆运动”。至于发起这场运动的目的，沈祖荣认为主要在以下两个方面：一是在运动过程中向广大图书馆事业从业者宣传美国公共图书馆的服务理念，改变当时国内公共图书馆过于偏重学术性，与平民百姓距离较远的现状；二是通过对广大民众的宣传，使他们了解认识图书馆的基本功能，得以让他们走进公共图书馆，并充分利用图书馆的馆藏[③]。正是抱着教育救国和教育强国的理想，沈祖荣发起了这场以“服务大众，服务平民”“反对封建藏书楼，提倡新式图书馆”为宗旨的“新图书馆运动”，希望将美国模式的公共图书馆公开、公平与免费的图书馆服务新理念，在中国普遍推行开来。

开办讲座宣传图书馆知识，以及利用报刊舆论展开各种类型的宣传活动，也是此期间学界中人推动“新图书馆运动”的另一种方式。在“新图书馆运动”

① 全廉：《韦棣华与“文华公书林”》，见武汉地方志编纂委员会办公室编：《春兰秋菊集——〈武汉春秋〉20年文存》，武汉：武汉出版社，2003年，第13页。

② 中国科学技术协会主编：《中国图书馆学学科史》，北京：中国科学技术出版社，2014年，第139页。

③ 沈祖荣著：《沈祖荣文集》，武汉：武汉大学出版社，2013年，第13页。

推行之初，沈祖荣采用的是携带宣传资料和实物进行巡回宣传的方式，前往全国各地宣传图书馆新理念。在宣传之余，他开展的另一项重要活动是启动了对全国图书馆的调查工作。1918 年，沈祖荣在《中国全国图书馆调查表》一文中，呼吁国人应该认识到图书馆的功能与传统的藏书楼是完全不同的。他说："中国古代藏书，属于公家者，石渠金匮，视为鸿宝，人民无由窥其美富。在私家，搜罗诸子百家，侈谈宏富，亦只供一二学者，研究高深之学理，而于普通人民无与也。盖吾国士人，多持曹仓邺架之谬见，尚未明了图书馆之性质，不在培养一二学者，而在教育千万国民；不在考求精深学理，而在普及国民教育。此中国图书馆不能发达之一远因也。"①沈祖荣在文中一再强调图书馆与国民教育之间的密切关系，因之图书馆在西方国家有"市民大学之徽号"。鉴于"各馆皆人自为法。漫无标准，殊于图书馆事业前途，诸多滞碍"②，他呼吁应从国家立法层面来规范各地的图书馆建设。

从 1924 年开始，随着一批地方性的图书馆协会相继成立，"新图书馆运动"进入一个新的发展阶段。1925 年 4 月，在一批教育家与图书馆学家的共同推动下，全国性的图书馆专业学术团体——中华图书馆协会于 6 月在北京正式成立。协会"以研究图书馆学术，发展图书馆事业，并谋图书馆之协助"为宗旨，设立执行、监察、分类、编目、索引等 11 个委员会，这有利于行业规范与标准的制定、监督与执行，推动了图书馆的专业化进程和向纵深化方向发展。此后由协会编辑出版的《中华图书馆协会会报》和《图书馆学季刊》两份机关刊物先后面世，尤其是《图书馆学季刊》开辟了图书馆学研究与讨论的理论园地，为图书馆学人才的培养起到了重要作用。随着各地图书馆协会的成立，以及一批图书馆学专业期刊的创刊，图书馆事业的发展开始步入一个各方力量协同发展的轨道。

在"新图书馆运动"蓬勃开展过程中，特别值得一提的是 1925 年美国图书馆协会派遣亚瑟·厄摩尔·鲍士伟（Arthur Elmore Bostwick）对中国图书馆事业的考察活动，这是近代中国图书馆事业发展过程中的一件大事。促成此事的是中华教育改进社的陶行知与文华大学图书馆馆长韦棣华女士。鲍士伟此次中国之行是受美国图书馆协会的委托，专门来考察中国图书馆事业的发展状况，以便美国方面决定是否将退还庚款中的一部分，以运用于扩充与发展中国

① 沈祖荣著：《沈祖荣文集》，武汉：武汉大学出版社，2013 年，第 13 页。
② 沈祖荣著：《沈祖荣文集》，武汉：武汉大学出版社，2013 年，第 13 页。

图书馆事业上来。鲍士伟此行自 1925 年 4 月抵达中国，到 6 月返回美国，历时近三个月，足迹遍布中国 10 个省份中的 14 个大城市。在考察过程中，他大力宣传美国图书馆“图书开架”“随意借阅”等新服务理念，使图书馆事业在社会上的影响日益加深。此时正在担任金陵大学图书馆馆长的李小缘就曾撰文指出：“我们当然至诚的希望鲍博士可以在中国不止三月，并且可以在中国三年或三十年，可以给我们一种科学方法的图书馆的指导，我们更可多得益处，三个月是太少了。”他继而向鲍士伟提出了八个方面的问题：一是索引的缺乏；二是出版界注重公共图书馆的需要；三是减轻邮费，并且取消印花，以便促进图书的流通；四是交通不便对巡回书库的影响；五是参考部的重要性；六是经济政治的困难对图书馆事业发展的影响；七是成人识字率不高对图书馆利用的影响；八是图书馆人才的极度缺乏。李小缘最后指出：“我们很希望鲍博士看过我们的图书馆，可以给我们一种合科学方法的批评，严厉的，不客气的，无偏见的，然后可以引我上路。我们更希望他老老实实的关于中国恶点向我们中国人加以批评；把我们中国文化的优点，向美国加以介绍宣传，则是我们所最感激而且佩服的了。”①

鲍士伟的此次访华活动，对中国当时正在进行中的“新图书馆运动”起到了推动的作用。首先是鲍士伟的访华促进了西方公共图书馆新思想在中国更快地传播，同时也促进了中美图书馆界之间的友好交流。当然更重要的是此次访问在敦促庚款在中国图书馆事业的投放上，起到了非常重要的作用。1924 年 6 月，美国参众两院通过相关议案，并获美国总统批准，将 1901 年《辛丑条约》中国付与美国的所谓“庚子赔款”的余额，全数退还给中国，此项退款共计约 6 137 522 美元。相关议案同时还提议将退还庚款本金与利息之和的三分之一，投放于中国的图书馆事业发展之上②。1925 年 6 月，由中美双方各界人士共同组成的中华教育文化基金董事会，决定将中国各地兴建图书馆的项目，纳入美国退还庚款的使用范围之内。鲍士伟本人对这趟中国之行的印象十分深刻，他在后来的回忆录中写道：“我为中国所作不多，但那个伟大、自尊、优美的文化，使我打开眼界。我决心使美国人学习他们的智慧，因在思想与精神领域是无国界和种族的。”③

① 马先阵、倪波编：《李小缘纪念文集》，南京：南京大学出版社，1988 年，第 199-202 页。

②《中华教育改进社图书馆教育委员会关于美国退还庚款三分之一建设图书馆事业之提议》，《中华图书馆协会会报》1926 年第 2 卷第 1 期，第 9-11 页。

③ 转引自严文郁著：《美国图书馆名人略传》，台北：文史哲出版社，1998 年，第 153-158 页。

鲍士伟访华给当时的中国图书馆学界带来了前所未有的震撼和思想冲击。自此以后，图书馆学界基本上形成了“西方化”和“本土化”两大思潮的碰撞，美国公共图书馆的办理模式是否适用于中国的大讨论，成为此后一段时间学界的热点话题。正是在这场讨论中，学界中人对图书馆功能的认识得到了进一步的深化。随着中华教育文化基金董事会的款项输入，在1925年至1936年，国内图书馆事业发展迎来了高潮，尤其是在南京国民政府成立后，各种公共图书馆、学校图书馆与专业图书馆等如雨后春笋般遍布各地。

当然应当看到的是，“新图书馆运动”的最大贡献是促进了国人思想理念的转变。在古代中国，国人一直坚持“以藏为本”的理念，由此也就养成了典籍崇拜的思想与行为习惯。这种理念最为典型的表现就是各大藏书楼纷纷以收藏有某种知名善本甚至孤本为傲，以此来作为它们的“镇馆之宝”。在“新图书馆运动”推行之初，这一理念仍然在很多新式图书馆中占据着主导地位。即使在“新图书馆运动”宣传期行将结束的1924年，“以藏为本”的理念仍然有着很大的影响力。以中华图书馆协会成立为标志，“新图书馆运动”步入高潮期，近现代图书馆理念逐渐形成，这一局面才得以根本扭转。图书馆学界的一些代表人物，奉行美欧公共图书馆的“免费、公共、公开”原则，将图书馆工作纳入社会教育工作的范畴中，将古代中国“以藏为主”的传统封闭观念转变为“藏用结合”的社会化、平民化的开放服务理念。正是他们的共同努力，才使得图书馆学界对近代图书馆功能上的认识逐渐走向统一，从而也就开始了自觉建设近代图书馆的思想基础和行动纲要的新阶段。

“新图书馆运动”从1917年到1937年，促使图书馆知识得到普及，宣扬新的图书馆理念，即开放的理念、平等的理念和免费服务的理念，完成由传统藏书楼理念到近代图书馆理念的转变。也正是在此过程中，最终实现了图书馆读者对象的普遍化、图书馆藏书结构的合理化、图书馆的管理科学化，奠定了中西结合的富有中国特色的近代图书馆和图书馆学发展的基础。“新图书馆运动”在中国图书馆发展史上具有重大意义，有人甚至将它与新文化运动在中国的历史地位进行类比①。正是近代中国图书馆发展史上的这场启蒙运动，开启了中国近代图书馆发展的新纪元。一旦思想观念上的转变开始，与之相对应的其他改变就会顺应这种思想解放的潮流而来。

① 张喜梅著：《馆里馆外：文化名人与中国近代图书馆的创建和理论探索》，北京：中国时代经济出版社，2013年，第235页。

三、20 世纪 20—30 年代图书馆事业的新发展

1918 年，沈祖荣对全国图书馆事业发展情况做过一次调查，共调查了全国各省市 33 个图书馆的办理情况。在进行了充分调查的基础上，沈祖荣在随后提出发展图书馆事业的六个方面的感受：一是图书馆数量之少，“每省图书馆，不过一二处，或一省并无一所图书馆”。二是很多图书馆没有实行免费借阅制度，“中国阅书人少，人民求学之心薄弱，无庸讳言。然各馆阅书取资，亦足阻碍来学之心”。三是没有一部全国统一的图书目录，各省图书目录“多沿四库四部之成规”。四是图书装订问题仍沿用旧式，“中国书壳，纸张绵薄，不耐摩擦；出入频繁，最易破坏”。五是图书馆的书籍搜集，“不在搜罗美备，而在切合当地人民之需要”。六是应该增加对图书馆的投入①。从沈祖荣的六点观感可以看出，在“新图书馆运动”推行之初，图书馆事业面临的最大困难，一是无论图书馆的数量还是各图书馆藏书的数量均相当不理想，二是各图书馆在图书编目与装订方法上五花八门，没有一个统一的标准。

如何促进图书馆事业的发展，如何使图书馆观念在社会中得到公众的认可？在 1912 年中华民国成立之后的十多年间，图书馆事业的发展仍然处于民间自发的阶段，官方对之的态度还不甚明朗。1927 年南京国民政府成立之后，对图书馆事业的发展给予了较高的重视。1927—1937 年，南京国民政府颁布的有关图书馆事业发展的法规有 10 多项②。从这些法规中可以看出，南京国民政府希望通过图书馆来推进社会教育事业的发展，以及其对图书馆事业的重视程度。

从 20 世纪 20 年代开始，随着“新图书馆运动”的不断深入与新式教育体系的不断完善，各种类型的图书馆如雨后春笋般出现。1925 年，中华图书馆协会曾经对全国各类图书馆做过一次不完全的调查统计。此次调查资料显示，当时全国有各种类型的图书馆 502 所，其中公共图书馆占 284 所。不过调查数据也反映出全国图书馆的发展状况很不均衡，近三成的图书馆位于上海和北京，二者分别为当时全国经济、文化的中心城市，仅上海一地就有各类图书馆 70 所，北京亦有 42 所之多③。另据许晚成编撰的《全国图书馆调查录》(1935

---

① 沈祖荣著：《沈祖荣文集》，武汉：武汉大学出版社，2013 年，第 18-20 页。

② 中国第二历史档案馆编：《中华民国史档案资料汇编》(第五辑第二编)，教育（一），南京：江苏古籍出版社，1997 年，第 783-814 页。

③ 中华图书馆协会执行部：《全国图书馆调查表》，《中华图书馆协会会报》1925 年第 1 卷第 3 期，第 7-18 页。

年 10 月出版）数据，当时除了东北三省以外，全国 27 个省市共有各种类型的图书馆 2520 所，其中公立图书馆 2005 所，私立图书馆 515 所。两相对比可以看出，不到 10 年的时间全国图书馆数量增加了 4 倍多①。1936 年南京国民政府教育部的统计数据更显示，全国有各种类型的图书馆 4041 所，其中普通图书馆 576 所，专门图书馆 11 所，学校图书馆 1967 所，民众教育馆 1255 所，流通图书馆 37 所，机关图书馆 175 所，此外还有私人图书馆 20 所②。

自 1927 年南京国民政府成立以后，至 1937 年抗日战争全面爆发的 10 年间，全国各地图书馆的藏书数量也在大幅度增长。例如，国立中山大学图书馆 1927 年仅有 7.5 万册，1937 年猛增到 30 余万册，十年时间翻了两番；国立武汉大学图书馆 1937 年的藏书是 1929 年的近 4 倍③。从全国范围来看，高校图书馆藏书总量均有较大幅度的增长，据 1935 年的《申报年鉴》统计，1928 年全国 49 所公、私立大学图书馆藏书仅有 200 445 册，而至 1932 年全国 103 所高等学校图书馆藏书已经增加到 3 951 847 册④。另据南京国民政府教育部 1933 年的调查统计，全国公、私立大学学院及专科学校共计 109 所，图书馆藏书总计 4 493 616 册。其中，国立大学图书馆 23 所，藏书 1 564 454 册；公立大学图书馆 6 所，藏书 29 314 册；省立大学图书馆 29 所，藏书 523 706 册；私立大学图书馆 51 所，藏书 2 376 142 册⑤。

尤其值得注意的是，社会机构对图书馆事业的重视前所未有，一批私立图书馆纷纷出现，具有代表性的有东方图书馆、鸿英图书馆、北京木斋图书馆、申报流通图书馆等私人或团体创办的私立图书馆等。东方图书馆是商务印书馆开办的一所向社会开放的私立图书馆，设有普通阅览室、报刊阅览室、儿童阅览室及研究室等，并开展外借活动。据 1930 年统计，前往该馆阅览的读者人次为 3 万人，读者主要是附近的学生、店员、工人等。至 1931 年，该馆藏书已经达到 46.3 万册，中文与西文杂志 800 种，中外各类报纸 30 余种，地图 2000

---

① 许晚成著：《全国图书馆调查录》，上海：大南门龙文书店，1935 年。

② 中华图书馆协会执行部：《全国图书馆最近之统计》，《中华图书馆协会会报》1936 年第 12 卷第 1 期，第 24-45 页。

③ 任继愈主编：《中国藏书楼》（叁），沈阳：辽宁人民出版社，2001 年，第 1559-1563 页。

④ 张梓生、章倬汉主编，娄大本、王纪元、何济翔、王艳堂校：《申报年鉴》（民国二十四年），上海：申报年鉴社，1935 年，第 113-126 页。

⑤ 转引自张树华、张久珍著：《20 世纪以来中国的图书馆事业》，北京：北京大学出版社，2008 年，第 48 页。

幅，各种照片约1万张[①]。鸿英图书馆是1933年由著名的实业家叶鸿英先生出资筹建的一所历史方面的专业图书馆，“以社会科学为范围，以社会科学中之历史类为核心，先尽量搜集关于近代史及其史料”。鸿英图书馆的馆藏规模之大，被时人称为“实为沪上所未有”[②]。该馆1942年夏正式对外开放，至1946年底，该馆收藏杂志3604种，107 227册，图书5万余册，积累索引卡片50万张[③]。北京木斋图书馆是1935年由实业家卢靖捐建的私立图书馆，开馆时有中文旧书24万卷，新书4500册，杂志120种，报纸20种。在该馆开放以后的4个月时间内，平均每天接待读者均在200人左右，其中有40%的读者是阅读图书，60%阅读报刊[④]。申报流通图书馆（因《申报》总经理为史量才，故又称之为“量才图书馆”）1932年面向社会开馆，据1933年统计，每日外借读者700人，两年间共借出图书19万册，此外通过邮寄方式借出的还有6500册[⑤]，由此可见这些图书馆深受广大读者的欢迎。

1937年以后，由于全国大部分地区陷入长期的战乱，加之侵华日军对中国各地图书馆的肆意破坏，图书馆事业发展遭到了严重的挫折。抗日战争胜利以后，中国图书馆事业仍然一直处于严重的衰退之中。据南京国民政府教育部的统计，到1947年底全国图书馆数量锐减到仅2702所，省市县单独设置的418所，民众教育馆附设的716所，学校图书馆1492所，机关社团附设的76所。其中全国公、私立大学及学院图书馆115所，各地图书馆藏书量平均为54 288册，馆藏量低于平均数的达82所，占学校总数的70%以上[⑥]，整个20世纪40年代的图书馆事业严重萎缩，是一个不争的事实。

第二节　图书馆学界的三大地域中心及其影响

从1912年中华民国成立到1937年抗日战争全面爆发的20多年间，中国图书馆学基本完成了从传统到近代的学术转型。在这一转型过程中，出现了北

① 商务印书馆善后办事处编：《上海商务印书馆被毁记》，北京：商务印书馆，2016年，第21-27页。
② 苏全有主编：《图书馆史沉思录》，郑州：中州古籍出版社，2015年，第202-203页。
③ 苏全有主编：《图书馆史沉思录》，郑州：中州古籍出版社，2015年，第203页。
④ 徐凌志主编：《中国历代藏书史》，南昌：江西人民出版社，2004年，第452页。
⑤ 张树华、张久珍著：《20世纪以来中国的图书馆事业》，北京：北京大学出版社，2008年，第55-57页。
⑥ 转引自龚蛟腾著：《中国图书馆学的起源与转型：从校雠学说到近现代图书馆学的演变》，北京：国家图书馆出版社，2013年，第112页。

京（北平）、武汉与南京三大地域上的学术中心，近代中国图书馆学的地缘形态逐渐显现出来。三大中心承担着近代中国图书馆学学术转型各自不同但又相互联系的功能与使命，共同推动着近代中国图书馆事业的发展。

一、民国时期图书馆学界三大地域中心的形成

自晚清以来，随着西方来华传教士对近代图书馆学知识与理念的传播，以及大批国人走出国门对西方国家图书馆的考察，近代图书馆的理念逐渐为少数先进的中国知识分子所接受，并在 19 世纪末 20 世纪初开始进入实践操作层面①。在一些开明地方官员与图书馆学人的共同推动下，公共图书馆在清末民初如雨后春笋般开始出现。进入民国时期以后，从海外留学的图书馆学人纷纷归国，更为图书馆学界注入了新鲜血液。正是他们归国后所发起的“新图书馆运动”，抨击了传统中国藏书楼的局限，使得西方世界公共图书馆的理念逐渐为广大民众所接受。也就是在“新图书馆运动”的推行过程中，民国时期图书馆学界的三大地域中心逐渐浮出水面。

北京以其千年古都的特殊地位，一直是全国学术与政治的中心，近代中国图书馆学界的第一个地域中心也是在此出现的。1909 年，在一些有识之士的推动下，京师图书馆筹备成立，并于 1912 年正式对外开放。虽然它并非全国最早成立的公共图书馆，但由于大批大学图书馆学人聚集在此，使得北京迅速成为全国图书馆学界力量联合的中心。1918 年全国第一家地方性的图书馆专业团体——北京图书馆协会的成立，带动了各地图书馆协会的纷纷出现。

中华图书馆协会的成立，是图书馆学界中人力量集中的一次体现，为全国图书馆学界的联合互动提供了一个相互交流的平台，北京也就自然而然地成为图书馆学界力量联合的中心。就在协会成立之后的 1926 年，中华教育文化基金董事会与北京政府教育部签订协议，利用美国退还的部分庚子赔款，在原来京师图书馆的基础上合办北京图书馆，1928 年京师图书馆改称北平图书馆，袁同礼任馆长，北京图书馆更名为北海图书馆，1929 年两馆合并，成立国立北平图书馆，南京国民政府教育部聘请蔡元培为馆长，袁同礼为副馆长。作为南京国民政府成立之后组建的第一家国立图书馆，国立北平图书馆应该承担什么样的功能？袁同礼在 1931 年新馆落成之时，着重谈到了它的三大

① 参见林家有先生为《晚清图书馆学术思想史》撰写的序言，见程焕文著：《晚清图书馆学术思想史》，北京：北京图书馆出版社，2004 年。

使命：一是广泛收集中外新书，“其志在成为中国文化之宝库，作中外学术之重镇”；二是谋求国际合作，“以此通中外图书之邮，为文化交通之介”；三是开启民智，“以期为国家树长治久安之基”[①]。

民国时期图书馆学界的第二个中心，出现在被称为“九省通衢”的武汉，这与来自美国的韦棣华女士的大力推动密不可分。1898 年首次来到中国的韦棣华，便深深地被中国文化吸引，决定留下来从事传教事业，后又在美国教会创办的文华书院教授英文。在任教之余，韦棣华鉴于中国民众教育的缺乏，开始投身社会教育。1910 年，她独立创办了文华公书林，将文华书院中西文图书提供给市民自由阅览。为加快图书馆学人才的培养，韦氏还亲自资助文华大学毕业生沈祖荣等人远赴美国研修图书馆学课程[②]。1920 年，她在留学归国的沈祖荣的协助下，创办文华大学图书科，这就是私立武昌文华图书馆学专科学校的前身。1929 年，私立武昌文华图书馆学专科学校从文华大学独立出来，成为民国时期全国第一所，也是唯一一所以培养图书馆人才为职志的专门学校，担任校长的正是曾经留学美国的沈祖荣。在长达 20 多年的办学生涯中，私立武昌文华图书馆学专科学校成为国内培养图书馆学专门人才无可替代的重要基地，毕业生遍布全国各地，并且在国内形成了知名的“文华派”。

1927 年南京国民政府成立后的首都迁移，使得图书馆学界的另外一个中心也逐渐开始浮出水面。早在南京国民政府成立之前，南京便已聚集了一批从事图书馆学研究的学人，金陵大学图书馆主任李小缘便是最为杰出的代表。1919 年毕业于金陵大学的李小缘，于 1921 年赴纽约州立图书馆学校和哥伦比亚大学师范学院学习，先后获学士和硕士学位。1925 年回国之后，李氏在金陵大学图书馆工作，曾任馆长兼图书馆学系主任。同年他还参加中华图书馆协会的筹备工作，并在协会成立后担任副执行部长、编目委员会委员等职。早在 1927 年 5 月，李小缘就撰写了《全国图书馆计划书》，提出了全国图书馆事业建设的庞大计划。该计划书提出了组织成立国立中山图书馆的规划：分为南京、北京、武昌、广州与成都五处，并以南京为总馆，国立中山图书馆隶属于最高教育行政机关[③]。南京国民政府成立后，急于要建立起全国图书馆学界新的中心，因之李小缘的设想在 1928 年 5 月 5 日召开的第一次全国教育会议上得到了王

① 袁同礼：《国立北平图书馆之使命》，《中华图书馆协会会报》1931 年第 6 卷第 6 期，第 3-4 页。

② 格雷塞·菲利普斯（Grace D. Philips）著，本社编辑部译：《韦棣华女士与文华图书馆学校》，（台北）《传记文学》1971 年第 18 卷第 5 期，第 17-18 页。

③ 马先阵、倪波编：《李小缘纪念文集》，南京：南京大学出版社，1988 年，第 19 页。

云五等与会代表的一致赞同。他们要求从速设立国立中央图书馆，并由该馆负起指导全国图书馆学界的责任。王云五等人的提议在 1933 年得以进入筹备阶段。次年 1 月，南京国民政府教育部选派国立编译馆职员蒋复璁负责国立中央图书馆的筹备工作。蒋复璁利用时任交通部部长朱家骅的关系（朱家骅是蒋复璁的浙江同乡，同时又是蒋复璁当年在北京大学时的德文老师），由交通部每月拨付筹备处 2000 元，以作为办公及采购图书之费。是年 7 月，教育部经费较为充裕，增拨经费至每月 4000 元，由此开始奠定筹备国立中央图书馆的基础[①]。

二、三大地域中心在图书馆学学术转型中的不同功能

北京（北平）、武汉与南京三大图书馆学界地域中心的出现，是近代中国图书馆事业发展的必然结果。在三大地域中心形成的过程中，它们以各自不同的特色，承担着相互联系但又有所差别的功能，共同推动着民国时期图书馆学的学术转型。

近代中国图书馆事业的发展，第一个难题是，要把握图书馆学学术转型的潮流与方向。在近代图书馆事业的起步阶段，北京（北平）因为一大批高等学校的存在，无疑成为图书馆学学术转型需求最为迫切之地。北京（北平）的图书馆学人对图书馆学理论的最大贡献，是从一开始就把握了近代中国图书馆学学术转型的方向。正如在 1925 年中华图书馆协会成立大会上，梁启超在讲话中所提出的，如何将西方图书馆学理论，与传统中国图书馆学理论相结合，建设“中国的图书馆学”，在梁启超看来，“中国从前虽没有‘图书馆学’这个名词，但这种学问却是渊源发达得很早”。因之当前“图书馆学里头主要的条理，自然是在分类和编目”[②]。作为国立北平图书馆的掌门人，同时也一直是中华图书馆协会董事、执行部长的袁同礼，一直在为如何做好图书的分类与编目工作而四处奔走。国立北平图书馆以其拥有全国规模最大的藏书量（据 1935 年许晚成出版的《全国图书馆调查录》统计，该馆当时入藏图书为 70 万册），更是在书目索引的编制与研究刊物的发行上，拥有独一无二的地位[③]。

图书馆学学术转型的第二个难题是，如何加强与政府的联系，得到来自政府方面的重视，从而更加有力地推动图书馆事业的发展。在北京政府时期，图

---

① 蒋复璁口述、蒋京记录：《我与中央图书馆（选载）》，（台北）《传记文学》1979 年第 35 卷第 5 期。
② 梁启超：《中华图书馆协会成立会演说辞》，《中华图书馆协会会报》1925 年第 1 卷第 1 期，第 11-15 页。
③ 谢灼华主编：《中国图书和图书馆史》，武汉：武汉大学出版社，1987 年，第 281 页。

书馆事业处于任其自生自灭的阶段，各届政府均无暇顾及。南京逐渐成为民国时期的政治中心后，图书馆学界与政府的关系逐渐密切起来。这种密切的关系主要体现在以下两个方面：一是在以南京为中心的图书馆学人的努力推动下，一大批图书馆法规相继出台，为图书馆事业的发展提供了法律上的保障；二是国立中央图书馆的筹备工作进展很快，从而开始奠定南方图书馆学的中心地位。蒋复璁依靠与国民党中央的元老之间的私人交谊，使得国立中央图书馆的筹备工作迅速进入实施阶段。蒋复璁与国民党高层之间的关系，无疑成为南京国民政府与图书馆学界之间联系的纽带。在担任国立中央图书馆筹备处主任期间，蒋复璁正是借助官方的力量，通过影印文渊阁本《四库全书》，推动了各国出版品的交换工作，这也就奠定了国立中央图书馆馆藏的基础。在国立中央图书馆的筹备工作过程中，蒋复璁的另一项重要工作是，推动《新出图书呈缴规程》的修订。原来的出版法规定新书出版后，应缴一份予当地政府教育局，再由各地方送缴中央后，由中央再发交国立中央图书馆，但地方政府是否转缴，缺乏专责单位。1935 年，蒋复璁代表教育部出席行政院召开的修改出版法审查会议，推动会议通过了改为由各出版单位直接送达国立中央图书馆的决议，且增加了“如不送缴则内政部将予以行政处分，可处五年有期徒刑或罚金”的条款①。通过以上措施，由此确立了国立中央图书馆在全国独特的地位。

图书馆学学术转型的第三个难题是，解决图书馆人才极度缺乏的困难。图书馆服务需要大批以图书馆为职业的群体，同时也迫切需要大批具有近代图书馆学知识的技术专家。在私立武昌文华图书馆学专科学校诞生以前，尽管国内先后也出现过一些大学开办图书馆科，但大多未能持续多久便相继中辍，国内培养图书馆学专业人才的机构有限。文华大学图书科以及随后的私立武昌文华图书馆学专科学校，一直在源源不断地为图书馆学界输送专业人才。徐家麟在回忆私立武昌文华图书馆学专科学校办学经历时，曾提到：“就抗战前文华图书科毕业生就业情况来说，其分布到高等学校，尤其是教会大学图书馆的比重较大；其次为其它各类大中型图书馆，有隶属于政府部门的，有属于洋机关和华洋混杂机关的。虽然他们所担任的多是技术业务工作，可有的也不止于图书的整理工作。如燕京大学图书馆前后二十多年曾起到为美国哈佛燕京学社窃夺我国古代

① 蒋复璁等口述，黄克武编撰：《蒋复璁口述回忆录》，台北：“中研院”近代史研究所，2000 年，第 52 页。

珍籍的转运栈的作用，主其事的就是文华图专的毕业生。”[①]从此期间图书馆专业期刊所刊发的论文中亦可看出，私立武昌文华图书馆学专科学校毕业的学生在推动图书馆学研究方面做出了无可替代的贡献。

不过与北京（北平）不同的是，私立武昌文华图书馆学专科学校一直是在韦棣华的影响下建立的。在长达 20 多年的办学经历中，校长沈祖荣一直沿用美国式的办学方针。课程设置、教课内容和教学方法，无一不是照搬美国图书馆学校。从美国照买过来课本和工具书，讲授内容也是美国图书和美国图书馆工作，甚至实习用品也必须是从美国购置来的才够标准。在学校开办之初所开设的课程中，注重的是图书馆技术和外语课，连一门继承有关中国历史文化传统的或结合当时中国图书馆实际的课也没有。即便后来增加了一些中文图书和中国图书馆工作的内容，也只是附带的东西，未能更好地与中国国情相结合[②]。

三、三大地域中心对民国时期图书馆学学术转型的影响

民国时期图书馆学界三大地域中心以各自不同的职能与使命，共同促进了民国图书馆学学术转型的实现。正是在图书馆学学术转型过程中，全国图书馆学界的地缘形态逐渐显现出来。三大地域中心之间的合作与分歧，对民国时期图书馆事业的发展产生了非常重要的影响，主要表现在以下几个方面。

一是通过中华图书馆协会这一平台，图书馆学界展开了非常好的合作，促成了学界力量的大联合。同时作为一个民间组织，协会通过年会这种组织形式，也有力地促进了民国时期图书馆学界的交流，各地图书馆建设经验得以迅速普及与推行。与此同时，协会在协调与促进图书馆学界与官方之间联系方面的贡献不容小觑。在 1937 年以前，协会在南京、北京（北平）与青岛举办了三次年会。这些年会所通过的一系列决议，对于“图书馆经费之确定，法令之颁布，专门人才之培养及保障，图书馆专科学校课程之拟定及增设，省立图书馆辅导工作之推进，县立图书馆及民众教育馆工作之标准”等方面内容，“或呈请政府采择施行，或通告全国各馆办理”[③]。这些决议不仅大多得到了南京政府的支持，而且也得到了全国各地图书馆的响应。

① 徐家麟：《记文华图书馆学专科学校》，见中国人民政治协商会议湖北省委员会文史资料委员会编：《湖北文史资料》总第 32 辑，科技文教资料专辑，1990 年，第 138 页。

② 徐家麟：《记文华图书馆学专科学校》，见中国人民政治协商会议湖北省委员会文史资料委员会编：《湖北文史资料》总第 32 辑，科技文教资料专辑，1990 年，第 138 页。

③ 教育部教育年鉴编纂委员会编：《第二次中国教育年鉴》，上海：商务印书馆，1948 年，第 847 页。

二是共同推动了图书馆事业的进步与图书馆学理论的提升。在20世纪20年代到30年代的十多年间，图书馆学界不同的职能分工，使民国时期图书馆事业得到了较大程度的发展，特别是在图书馆学应用理论方面的成就更是有目共睹的。1936年7月，李小缘在《中国图书馆事业十年来之进步》中，集中探讨了自中华图书馆协会成立以来国内图书馆事业的发展概况。李氏认为：经过十多年的发展，图书馆事业不仅表现在各类图书馆建设取得了较大进展，而且在图书馆学研究方面更是有了突飞猛进的进步。仅图书馆学理论与学术技能的书籍就有20多种，国内出版的图书馆学杂志更是高达23种①。一大批新式图书馆建筑拔地而起，一批批图书馆学专门人才纷纷走出校门，图书馆学事业正呈现蒸蒸日上的发展态势。

三大地域中心形成过程中，涌现出民国时期图书馆学发展进程中的三位关键人物——袁同礼、沈祖荣与蒋复璁。在民国图书馆学学术转型之初，三位代表人物有着良好的合作，但随着地域中心的逐渐形成，他们之间的分歧也开始逐渐显现出来，这主要表现在北派与南派之间的分歧与斗争。

早在南京国民政府成立之前，聚集在南京一带的图书馆学人便与北京的学人之间存在一定的分歧。北京作为近代以来图书馆学学术转型的首善之区，从一开始就集中了一大批从事图书馆学学术研究的学人，他们是图书馆学学术研究的主力军。在南京国民政府成立以后，南京逐渐在政治上取代了北京（北平），成为图书馆事业发展的政治中心。北京（北平）方面则因为中华图书馆协会与国立北平图书馆的存在，一直占据着图书馆学界的主导权，而私立武昌文华图书馆学专科学校的学生则成为双方共同争取的对象。正如徐家麟先生回忆所言："在解放前的图书馆界里，文华图专的毕业生人数较多，所占据的位置也是较高的。他们形成了'文华派'，与人数少得多、但也具有实力的'金陵派'（指金陵大学图书科系的毕业生）相角逐。"②私立武昌文华图书馆学专科学校的校长沈祖荣曾规定，学生尚未毕业出校前，就得加入中华图书馆协会成为会员，而协会的董事、执行部长袁同礼，也乐意接受一批这样的"会员"作为自己的资本。在长达20多年的时间内，袁同礼一直担任中华图书馆协会董事、执行部长，与对手之一的蒋复璁存在较多的矛盾。但因为有大帮"学生军"的

① 李小缘：《中国图书馆事业十年来之进步》，《图书馆学季刊》1936年第10卷第4期，第507-550页。

② 徐家麟：《文华图书馆学专科学校及其创办人韦棣华》，见中国人民政治协商会议全国委员会文史资料委员会编：《文史资料存稿选编·教育》，北京：中国文史出版社，2002年，第378页。

支持，加上国立北平图书馆在全国独一无二的地位，故袁同礼在图书馆学界的地位一直没有改变[①]。

南北两派之间的斗争也必然影响到图书馆学科资源的分配与布局，甚至引起国内学术界对之的关注。战后的北京大学在计划开办图书馆学专修科时，便遭到了这种纷争的困扰。1946 年 3 月 1 日，王重民在给胡适的信中，提到北京大学是否办图书馆系的问题时，特别指出："袁先生去年十月及今年一月两次来信，别纸钞呈。依重民推测，孟真先生不赞成太职业化，固然很中肯綮，恐里面还有一点别的小文章，大概是顾虑到蒋复璁和袁先生个人的问题。文华经蒋之联络与鼓动，已树叛袁附蒋旗帜，在这个当儿北大来办图书系，未免是助袁压蒋，或孟真先生有见及此，有意躲避蒋慰堂将来闹麻烦。"[②]不过北京大学在王重民等人的努力下，还是在 1947 年成功开办了图书馆学专修科，但其中南北两派之间的斗争仍然是显而易见的。

第三节 学术转型中的图书馆学界流派

在民国时期的图书馆学界，除了图书馆学界的地缘形态外，学界的学术派别分合，同样给图书馆学的学术转型带来了非常重要的影响。在图书馆学理论建构过程中，不同派别的图书馆学人对图书馆学相关理论的理解有着相当大的差别。在所有这些图书馆学人中，传统与现代的新旧之争，从国外留学归来的学人之间的矛盾分歧，是派系分歧的焦点所在，同时也或多或少影响着图书馆事业的发展与图书馆学理论的建构。

一、旧派与新派

民国时期图书馆学界中所谓的旧派，大致说来，多由原本从事文献目录整理的学人转化而来。关于民国时期文献学家群体的特征，著名的图书馆学家王余光先生曾经做过全面的总结，从中能够看出旧派图书馆学家在近代转型过程中的分野。他说："20 世纪中国文献学者群体出现，他们延续着传统文献学研

---

① 徐家麟：《记文华图书馆学专科学校》，见中国人民政治协商会议湖北省委员会文史资料委员会编：《湖北文史资料》总第 32 辑，科技文教资料专辑，1990 年，第 138 页。

②《王重民致胡适》，见中国社会科学院近代史研究所中华民国史组编：《胡适来往书信选》（下册），北京：中华书局，1980 年，第 94 页。

究的路径，做着目录、版本、校勘、辨伪、注释等工作，但在新时代又体现出新的特征，这与20世纪社会、思潮与文献变迁有着密切的关系。”[①]王余光对文献学家群体的形成原因，主要是从时代契机（新材料的发现）、历史使命感（保护文献）和新思潮（传承中国传统文化）三个方面做了进一步深入的分析，并指出当时的文献学家除一部分从事教育科研以外，很大一部分是传统的藏书家或图书馆专家。他将之分为藏书家与在图书馆工作或曾在图书馆工作过的文献学家两种类型：“藏书家如李盛铎、叶德辉、张元济、董康、傅增湘、伦明、朱希祖、郑振铎、王欣夫、杨家骆等；在图书馆工作或曾在图书馆工作过的文献学家如胡朴安、柳诒徵、蒋伯潜、王献唐、杜定友、孙楷第、范希曾、向达、陈登原、谢国桢、王重民、顾廷龙、赵万里、冀淑英等。李盛铎的《木樨轩藏书题记及书录》、傅增湘的《藏园群书题记》、朱希祖的《明季史籍题跋》、王献唐的《国史金石志》、孙楷第的《中国通俗小说书目》、范希曾的《书目答问补证》、谢国桢的《晚明史籍考》、王重民的《中国善本书提要》及《补编》等，都是相当重要的书目及提要。张元济的《校史随笔》、柳诒徵的《中国版本略说》、赵万里《中国版刻图录》等，都是很重要的校勘、版本学著作。他们有条件接触大量文献典籍，其成就偏重于目录、提要、版本及文献收集、编纂诸端，实践性强，具有很高的实用价值，体现了传统文献学的延续性。”[②]以上这些由传统的文献学家与藏书学家转化而来的图书馆学人，是民国时期图书馆学学术转型过程中的一支重要力量。

新派图书馆学人与旧派文献学家在图书馆学学术转型过程中的作用有所不同。从传统文献学家转化而来的旧派学人关注的是，如何在转型过程中将传统文献发扬光大，因之他们在对经典文献进行梳理的同时，也注意到必须融入现代图书馆学的理论，在这一点上最具代表性的著述要数柳诒徵的《中国版本略说》。该书首先是在1931年中国科学社中国书版展览会上，以纪念刊（中国科学社民国二十年元旦铅印本）的形式出现的，书名由蔡元培题写。《中国版本略说》实际上是一篇10页的长文，该文从书契、甲骨、石刻、竹帛等说到刻书之始，论说宋、元、明刻书版本、字体、活字版的种类和特点，刻书用纸、用墨和装帧情况等，算得上是一篇简明扼要的版本小史[③]。

① 王余光：《略论20世纪中国文献学家》，《图书情报工作》2006年第2期，第5页。
② 王余光：《略论20世纪中国文献学家》，《图书情报工作》2006年第2期，第6页。
③ 白撞雨著：《翕居读书录》，北京：石油工业出版社，2009年，第335页。

柳诒徵的《中国版本略说》一书在面世3年后的1934年才正式出版，并迅速在古书收藏界受到大家的一致好评。与一般藏书家鉴赏、考订，或者是评价版本的优劣、真伪有着根本的不同，柳诒徵在对中国传统雕版印刷变迁演进的基础上，研究如何让这些传统文献呈现出它的民族特色，从而更好地来发扬民族精神，激励今人继承和发展祖国传统文化。柳诒徵指出，他的版本说与一般鉴赏家和古董商人有着很大的不同，他的主旨是希望通过“纵横错综，胪列比较，由极恶劣至极美，由极简单至极复杂，以表示机械未兴以前，吾国人努力于文化之成绩，并策励吾人如何利用前人留贻之心力，如今日物质文明，如汉文打字机之若何改良？仿宋活字之若何推广？写照影印之若何刷新？一切工艺若何由已高之程度而更增高？是则研究版本学之鹄的进而为图书学之根基也”[①]。柳诒徵并不是传统守旧人士，他极力呼吁传统文化必须“加入今日物质文明”。他呼吁要改造古老的雕版印刷工艺，推广传播民族传统文化，必须运用现代科学技术手段。在民国时期的传统文献学家中，柳诒徵是着力推动在传统文献整理过程中积极融入现代图书馆学理论的杰出代表。

20世纪初图书馆事业勃兴，大批新派图书馆学人是图书馆学学术转型的主力。这些新派学人是接受新式教育而成长起来的学者，大致又可以分为两种类型：一是在国内接受新式教育后来投身图书馆事业的学者；二是留学海外接受新式图书馆学教育之后回国的一批新人。程焕文先生所指称的“文华的一代”就是第一种类型。所谓“文华的一代”是指民国时期图书馆事业的大部分人才都来自1920年所创办的中国第一个图书馆学教育机构“文华大学图书科”（即后面独立出来的“私立武昌文华图书馆学专科学校”）。这些从文华图书馆学专业毕业的学人不仅在国内图书馆事业中具有非常广泛的影响，而且在国际上也有很高的声誉。下文所述的“留美的一代”属于第二种类型，泛指20世纪上半叶从美国留学归来为中国图书馆学学术转型做出重大贡献的学人。仔细梳理会发现“文华的一代”与“留美的一代”有很多交叉的地方，“文华的一代”本来接受的就是美式教育，其中很多人后来又纷纷赴美，接受的更是美式图书馆学教育，因此二者后来在图书馆学学术转型过程中所发挥的功能也大致相同。

① 中国科学社中国书版展览会辑：《中国版本略说》（中国科学社中国书版展览纪念刊），1931年。

二、“留美的一代”及其学术影响

在晚清、民国时期的图书馆学人群体中，一个非常显著的特征是很多学人都有海外留学经历。在20世纪初的清末新政期间，中国学生选择留学的去处，大多以日本为第一选择对象。特别是在1905年前后，中国留学日本的人数最高达到1万人。与此相对应的便是，在很长一段时期，中国在输入来自国外的图书馆学理论时受日本影响最大。而在1912年中华民国成立之后，图书馆学人留学的国家从最初的日本逐渐转向欧美，其中美国成为学人最为集中的留学国度，并形成一个对中国图书馆事业影响很大的群体，即所谓的“留美的一代”。在中国图书馆事业发展进程中涌现出来的第一代学人中，除杜定友（毕业于菲律宾大学图书馆学系）与马宗荣（毕业于东京帝国大学教育科）等少数人不在美国留学外，其余清一色是从美国学成归来，均接受的是欧美图书馆学思想的熏陶[①]。沈祖荣与刘国钧等学者在图书馆学研究领域取得了卓越成就，袁同礼与蒋复璁等成为图书馆事业的活动家。“留美的一代”是20世纪上半叶中国图书馆事业的奠基者，他们对中国图书馆事业发展的影响主要表现在以下几个方面。

一是培养了一批图书馆学学术转型急需的新型图书馆学人才。早在1920年3月，留美归来的沈祖荣、胡庆生就协助韦棣华女士创办了文华大学图书科，开创了中国现代图书馆学教育事业，中国图书馆学开始有了正规的学校教育。在此以后，各种图书馆短训班与讲习会陆续出现，图书馆学教育、图书馆组织及管理法、图书馆编目及分类、检字法等图书馆专业知识开始进入图书馆学界的视野。无论是正规学校教育的文华大学图书科，还是非正规教育的培训班、讲习会，他们在教学体系的编排上，无不仿效美国图书馆学教育模式。在从事图书馆学教育的归国留学生中，后来担任私立武昌文华图书馆学专科学校校长的沈祖荣等人的贡献尤为突出。

二是拓宽了中国图书馆学研究的范畴，为传统图书馆学向近代西方意义的图书馆学转型提供了理论上的指导。1917年，沈祖荣等人发起“新图书馆运动”，亲自到各地去宣传西方图书馆学理论，使其得到广泛的关注和传播。在“新图书馆运动”的推动下，中国图书馆学研究进入新阶段，图书馆学研究的领域大大拓宽，尤其是在图书馆学技术研究层面取得重大进展。一大批有关图

---

① 程焕文著：《图书馆精神》，北京：北京图书馆出版社，2007年，第78-79页。

书分类、索引、参考、目录等的论著相继问世。在图书分类法方面，较早的有沈祖荣、胡庆生于 1917 年合编的《仿杜威分类法》，此后还有洪有丰的《洪氏图书分类法》、查修的《杜威书目十类法补编》、桂质柏的《杜威书目十类法》、杜定友《杜氏图书分类法》、刘国钧的《中国图书分类法》、皮高品的《中国十进分类法及索引》、何日章与袁涌进的《中国图书十进分类法》、桂质柏的《分类大全》等数十种著述问世。在图书编目方面，则有查修的《中文书籍编目问题》、裘开明的《中国图书编日法》、黄星辉的《普通图书编目法》、杜定友的《著者号码编制法》等。在目录学方面，比较有名的论著有姚名达的《目录学》与《中国目录学史》、余嘉锡的《目录学发微》、容肇祖的《中国目录学大纲》、杜定友的《校雠新义》等。此外，还有学者发表了为数众多的图书馆学研究论文，其中以杜定友、刘国钧等人的最为典型。

三是通过建立图书馆界联合组织，大力谋求图书馆事业的共同发展。1925 年 6 月，中华图书馆协会在北京正式成立，56 名教育家和图书馆学家参与其中，很多都是从美国留学归来的留学生，希望通过建立联合组织共同推动图书馆事业的发展。协会章程明确梁启超、袁同礼、颜惠庆、蔡元培、洪有丰、沈祖荣、胡适、陶行知、余日章等 15 人为董事。主要宗旨为"研究图书馆学术，发展图书馆专业，并谋求图书馆之协作"。设立"分类、编目、索引、出版、图书馆教育"五个委员会开展图书馆学术活动，包括改善与推进图书馆事业、从事图书馆学术研究、培养专业人才、进行国际学术交流等。在所有这些推动图书馆界联合的归国留学生中，贡献最大的要数一直担任协会董事、执行部长的袁同礼（袁同礼自 1929 年起担任国立北平图书馆副馆长，在 1941 年蔡元培馆长去世后，袁同礼接替担任馆长职务）。

三、长期服务海外的图书馆学人群体

在民国时期图书馆学界的国际交往中，有一个特殊的群体是不容忽视的，他们通过图书馆学界之间的国际交换前往国外，且在国外服务于图书馆学界长达数十年之久。这些交换馆员对图书馆学学术转型的贡献主要表现在以下两个方面：一是推动了所在国家图书馆中文古籍的搜集与整理工作；二是对中外图书馆学界的交流做出了重要的贡献，其中尤其引人注目的便是第一位执掌美国东亚图书馆的中国人裘开明。

裘开明（1898—1977），出生于浙江省镇海县。在舅舅开办的乡下私塾念过几年书后，裘开明到文明书局（即后来的中华书局）汉口分店当了一年多的学徒，1912 年被送到湖南长沙一所教会学校学习。1920 年，他有幸进入文华大学，就读于图书科图书馆学专业，两年后成为该科首届 6 名毕业生之一，并获文科荣誉学士称号。1922 年 3 月裘开明受聘前往厦门大学任图书馆主任。1924 年夏，裘开明作为中国图书馆界第二批留美学生赴美国深造，进入纽约州立图书馆学校学习并于一年后毕业。在随后进入哈佛大学文理研究生院攻读博士学位的同时，裘开明应哈佛大学图书馆馆长之邀，兼职负责该馆中日文图书的整理事务，并充当汉和文库主管。1931 年，哈佛大学创办哈佛燕京学社汉和图书馆（1965 年改名为哈佛燕京图书馆），裘开明被任命为首任馆长直至 1966 年退休。退休后的裘开明还担任过美国明尼苏达大学图书馆与香港中文大学图书馆顾问，于 1977 年 11 月 13 日在美国马萨诸塞州的剑桥病逝，享年 79 岁。裘开明在哈佛大学攻读博士学位时所撰写的论文是有关农业经济方面的，不过他一生中的建树却是在图书馆事业与图书馆理论研究方面。他被美国图书馆界和学术界共誉为“美国东亚图书馆馆长之领袖”和“西方汉学研究的引路人”[①]。裘开明在图书馆事业与图书馆学研究上做出了卓越贡献，主要表现在以下三个方面。

一是大大提升了哈佛燕京图书馆馆藏的数量和质量。在第二次世界大战期间，国内政局混乱，通货膨胀，书价低廉，私家藏书充斥市场。在裘开明的全力推动下，哈佛燕京图书馆凭借其雄厚的财力和专业的人才，全力搜购各类珍本善本图书，以充实图书馆馆藏。为做好此项工作，裘开明先后多次回国四处奔走。在时任燕京大学校长司徒雷登的协助下，哈佛燕京图书馆成功采购了大批古籍善本和新书，图书馆馆藏的数量和质量得到很大跃升。在裘开明担任哈佛大学图书馆汉和文库主管之初，汉和文库仅有 4523 册中文藏书与 1668 册日文藏书，到 1946 年已达 40 万册。其中中国善本和抄本约 2500 种 3 万册以上；中国地方志约 3525 种约 3.5 万册；中国古典类书 1300 种约 2.6 万册；中国丛书 1400 部包括 6 万种（？）。韩国家谱 523 种 2064 册。此外，还藏有数量可观的日文图书，特别以佛学图书见长[②]。更为重要的是这些馆藏中文文献的质量也得到很大提升，大批珍贵的宋、元、明、清的刻本、钞本、稿本等善本图书，

① 程焕文编：《裘开明年谱》，桂林：广西师范大学出版社，2008 年，扉页。

② 刘海平编：《世纪之交的中国与美国：中国哈佛—燕京学者第二届学术研讨会论文选编》，上海：上海外语教育出版社，2000 年，第 170 页。

以及成套的历代丛书、明清文集、各省方志等新出版的图书都得到收藏。正是在裘开明的主持下，哈佛燕京图书馆成为西方高校图书馆系统中规模最大的东亚图书馆，为美国的汉学研究者提供了浩如烟海的一手材料，为美国汉学研究的深入开展做出了重要贡献。

二是编制了符合哈佛燕京图书馆馆藏需要的图书分类法。当时的四部分类法无法与西方的自然科学与社会科学体系衔接，裘开明为了解决这一难题，提出了一种有针对性的解决办法。由于汉和文库主要收藏来自中国与日本等东亚国家的文献，裘开明结合中国和西方图书分类法的原则，编制了《汉和图书分类法》以适应这一需要，推动了美国中文图书的分类。在这套全新的分类法中，裘开明虽然在分类大纲中大致按照西方对知识分类的逻辑，但又并不盲目仿效美国通行的杜威十进制分类法或国会图书馆分类法。他将汉和文库的全部藏书，按照内容的不同分为九大类，以传统中国四部分类法的经部居首，在经史子集每一种分类之下，贯彻中西新旧均有所兼顾的原则，中国古籍则按照四库子目插入各类之中。裘开明的《汉和图书分类法》后来成为当时美国一些图书馆在收藏东亚语文图书时普遍采用的一种分类法。

三是复印和汇编卡片目录。裘开明提出以卡片目录代替中国传统的书本目录，用中文与日文两种不同文字进行著录，并在此基础上加注罗马字拼音，按字母顺序排列，以便纳入不同的图书馆系统。汉和文库的卡片目录最初采用胶质复印，以便节省抄写人力，后来又改为以卡片形式编印书本目录，以节约排版费用。以卡片复印大型书本目录的编目方式后来得到许多美国大学图书馆的效仿。据著名图书馆学家钱存训先生回忆，他为芝加哥大学远东图书馆自 1936 年以来所购藏的约 10 万册中文古籍整理编目时，采用的就是哈佛燕京图书馆的分类法和印成的卡片目录方法。而且，在具体的分类与编目过程中，他还得到裘开明的协助与指导，从而得以在 10 年之内完成该馆所有中文古籍的分类与编目工作①。

除裘开明以外，民国时期旅居美国的中国图书馆学人还有不少。特别是 1929 年中华教育文化基金董事会与国立北平图书馆达成协议后，中华教育文化基金董事会不仅给予了国立北平图书馆资金上的支持，而且在对外交流方面也提供了一些方便。国立北平图书馆时任副馆长袁同礼以此为契机，积极开展国际文化交流，争取与西方图书馆界合作，并推荐馆员去国外图书馆工作和进

① 钱存训著，国家图书馆编：《钱存训文集》（第三卷），北京：国家图书馆出版社，2012 年，第 293-295 页。

修，以借鉴吸收各国图书馆开放型的办馆方式和管理方法。1930—1935 年，该馆先后与美国哥伦比亚大学图书馆、德国普鲁士邦立图书馆、法国巴黎国家图书馆、英国牛津大学图书馆订立馆员交换约定。据不完全统计，这一时期国立北平图书馆派出了严文郁、汪长炳、岳良木、王重民与向达五位“交换馆员”前往欧美各国[①]。除了王重民与向达是前往欧洲外，严文郁、汪长炳与岳良木均是前往美国哥伦比亚大学图书馆[②]。

早在 1932 年，沈祖荣就图书馆事业发展过程中所遇到的困难曾指出：“还有书籍的交换，馆员的交换，都可以挹彼注此，以求进益。目前，圕[③]的事业，要如杜威氏所说的是活水，可以流动，不是贮水池，以成一池的臭气。所以我们要一致团结使我们工作流通，生命流通。”[④]另外一位长期服务于美国国会图书馆的华人图书馆学家吴光清，则是通过美国卡耐基基金会的资助这一渠道前往美国的。

吴光清（1905—2000），字子明，江西九江人，他在中美图书馆事业以及促进海外汉学研究方面做出了突出贡献。吴光清 1923 年就读于金陵大学，主修教育与英文之余选修图书馆学专业。他 1927 年毕业后从事中学教育工作。1930 年获得卡耐基基金（Carnegie foundation）资助，先是进入哥伦比亚大学攻读图书馆学专业，后又入读密歇根大学图书馆学系，并于 1932 年获得密歇根大学图书馆学硕士学位。1932 年，吴光清回国担任金陵女子大学图书馆馆长，1935 年担任国立北平图书馆编目部主任，同时他还是中华图书馆协会建设委员会书记和《图书馆学季刊》编辑部的成员，并位列 9 位监事之一。1936 年 6 月 15 日，在第三次中华图书馆协会年会的筹备会上，吴光清被推选为此次年会总委员会委员和分类编目组副主任。此次年会筹备会还决定设立民众图书馆讲习会，1936 年 7 月 27 日开课，8 月 15 日结束。1938 年，据《中华图书馆协会会报》“会员消息”称，吴光清“任职北平图书馆已满三年，近承该馆之推荐，前赴美国国会图书馆担任编目工作，已于八月五日偕其夫人乘亚细亚皇后号轮赴美，于九月一日在华京开始工作云”[⑤]。吴光清自该年开始，进

---

① 李致忠主编：《中国国家图书馆百年纪事》，北京：国家图书馆出版社，2009 年，第 23 页。

② 北京图书馆业务研究委员会编：《北京图书馆馆史资料汇编》（1909—1949），北京：书目文献出版社，1992 年，第 321-399 页。

③ 圕：“图书馆”三字的缩写。

④ 沈祖荣：《国难与图书馆》，《文华图书馆学专科学校季刊》1932 年第 4 卷第 2 期，第 232 页。

⑤《会员消息》，《中华图书馆协会会报》1938 年第 13 卷第 2 期，第 18 页。

入美国国会图书馆东方部服务长达38年。

美国国会图书馆当时聚集了一大批中国学者开展相关研究工作。吴光清来到美国国会图书馆后，主要协助时任国会图书馆主任赫梅尔·亚瑟·威廉（Hummel Arthur William）（中文名恒慕义）进行美国国会图书馆馆藏中文图书的编目工作。1941 年，吴光清获得洛克菲勒奖学金的资助，进入芝加哥大学攻读博士学位，师从西方印刷史权威、图书馆学家皮尔斯·巴特勒（Pierce Butler），并于 1944 年顺利获得图书馆学博士学位。此后吴光清继续留在美国国会图书馆工作。1945 年，由他编制的《中文图书分类法》出版。美国国会图书馆使用吴光清开创的此分类法编目了超过10万册中文图书，直到1957年，美国国会图书馆全部采用美国国会图书馆分类法才终止使用。吴光清在美国国会图书馆工作了 38 年，退休后仍被聘为中国目录学荣誉顾问 3 年。他的主要学术领域为图书馆史、印刷出版史、目录学、版本学等，被视为“著名的汉学家，对目录史和印刷史深有兴趣，也是善本书和地方志研究的权威”①。钱存训曾经这样评价：“吴光清先生是中国学者以西文写作中国图书目录学的第一人，是中国早期取得图书馆学博士学位的少数学者之一，也是唯一曾在中美两国国家图书馆担任主要职务的人物。他学识渊博，思路严密，精通外文，在国际上宣扬中国文化，对西方学者了解中国学术、出版和图书馆发展的历史，贡献良多。”②

四、袁同礼、蒋复璁与沈祖荣在民国图书馆学学术转型中所发挥作用之比较

在民国时期图书馆学学术转型过程中，有三位领军人物对之的影响至为深远。他们是图书馆学地域形态形成过程中的三位关键人物：位于北京（北平）的国立北平图书馆馆长袁同礼、位于南京的国立中央图书馆馆长蒋复璁与位于武汉的私立武昌文华图书馆学专科学校校长沈祖荣。三位领军人物在民国时期图书馆学学术转型过程中所发挥的作用还是有所不同的。

袁同礼（1895—1965），字守和，河北徐水人。1916 年，袁同礼从北京大学毕业，来到清华学校担任图书馆主任。1918 年当选为北京图书馆协会会长。袁同礼有丰富的图书馆实践履历，并积极倡导开展图书馆学术研究。从 1924

① 转引自周余姣：《图书馆界的林语堂：吴光清》，《图书馆论坛》2016 年第 12 期，第 82 页。
② 钱存训：《吴光清博士生平概要》，《国家图书馆学刊》2005 年第 3 期，第 82-84 页。

年开始，他在北京大学讲授目录学，并兼任图书馆主任，同年转任刚刚成立的广东大学图书馆馆长。袁同礼自 1929 年开始担任国立北平图书馆副馆长（馆长由蔡元培先生兼任），至 1949 年离任赴美，主持国立北平图书馆工作 20 余年。国立北平图书馆文津街新馆落成之后，在袁同礼的主持下，国立北平图书馆建立了各种规章制度，并创办《国立北平图书馆馆刊》，倡导开展图书馆学学术研究，使国立北平图书馆的学术研究蔚然成风。

袁同礼积极倡导西方图书馆理论，以国立北平图书馆为阵地，引导中国传统图书馆向西方图书馆进行现代转型。袁同礼于 1920—1924 年赴美留学，在哥伦比亚大学、纽约州立图书馆学校学习，吸收到许多西方先进的图书馆理论。回国后，在主持国立北平图书馆工作期间，袁同礼使其在较短的时间内成为一所新式的现代图书馆。作为国立北平图书馆的实际主持人，袁同礼不遗余力广泛搜集图书资料，通过多种渠道访求、收购、传抄、影印图书，充实馆藏。还创办国际交换业务，广泛征集国外图书刊物。即使在战火纷飞的抗日战争时期，也没有放弃努力，呼吁国际社会捐赠图书。而在抗日战争期间，正是在他的努力下，国立北平图书馆的一批古籍善本得以运抵美国保存，为保护传统文化做出了卓越贡献。

就在袁同礼努力扩充国立北平图书馆之时，南京国民政府成立后开始筹建的国立中央图书馆逐渐有取代国立北平图书馆的趋势。作为国立中央图书馆筹备工作的负责人，蒋复璁也在 20 世纪 30 年代初之后，日益成为主导图书馆学界发展方向的另一支重要力量。

蒋复璁（1898—1990），号慰堂，浙江海宁人。早年他在家乡接受启蒙教育，在杭州读完高等小学，在青岛与天津接受中学教育，1917 年考入北京大学预科，1923 年毕业于北京大学哲学系。蒋复璁在北京大学读书期间，经他堂叔、著名军事理论家蒋方震先生的引荐，于 1920 年起兼任梁启超创办的松坡图书馆（以护国英雄蔡锷的名字命名）的编辑，负责德文图书的编目整理工作，这是蒋复璁先生从事图书馆事业的开端。蒋复璁从北京大学毕业后，同时担任北京大学与清华大学的讲师。1926 年，蒋复璁应梁启超馆长的邀请，正式进入北京图书馆工作，负责中文图书编目。蒋复璁在完成图书馆工作的同时，开始深入研究公私簿录，立志于中文图书分类的改革。1929 年，他在中华图书馆协会首次年会上提交的论文就是《中文图书分类之商榷》，该文比较系统地阐述了他对中文图书分类的见解。1930 年 7 月，蒋复璁获得浙江省政府公费选派名额，远赴德国柏林大学哲学系及图书馆学院留学。在德国留学两年期间，他首先在位于德国柏林的普鲁士邦立图书馆实习，后担任客座馆员。1933年4月21日，南京国民政府宣布成立国立中央图书馆筹备处，蒋复璁被任命为筹备处主任。蒋复璁走马上任后白手起家，以北京政府教育部所藏清代礼部、学部档案图书46 000余册为基础，并和上海商务印书馆合作，首次成功影印集清代七部手抄本《四库全书》精华而成的《四库全书珍本初集》，计1960册，共印1000部。根据合约，国立中央图书馆筹备处分得100部，与世界各国图书馆交换西文图书，从而开创了国际图书交换的机制。此后经蒋复璁提议，由教育部呈文、立法院通过，建立起国家图书呈缴制度，为典藏全国出版的图书提供了法律基础依据。后来更是在胡适的指点下，收集历代官书建立档案库。另购买秘籍孤本及珍稀的佛经、敦煌写经，收藏居延汉简、甲骨文等，从而使国立中央图书馆有了古代的文献实物。1936年，国立中央图书馆筹备处迁至南京珍珠河畔的成贤街48号院落内办公，同年9月1日对外开放阅览室。

如前所述，1929年成立的私立武昌文华图书馆学专科学校，是整个民国时期全国唯一的、独立建制的图书馆专科学校。该校成立后为图书馆界培养了大批优秀的人才。作为私立武昌文华图书馆学专科学校的校长，沈祖荣所做出的贡献无疑是其他学界中人所无法取代的。沈祖荣以私立武昌文华图书馆学专科学校为阵地，为图书馆事业发展的人才培养做出了卓越的贡献。尤其是“文华派”所开展的图书馆学研究，更是成为民国时期图书馆学学术研究的中坚力量，并形成了一种独有的“文华精神”。

最早归纳总结私立武昌文华图书馆学专科学校精神的是毛坤。1930年，毛坤先生在《华中大学文华图书科十周年纪念》一文中提出：“武昌华中大学文华图书科，成立迄今，已届十年。虽僻处武昌，知者尚鲜；然其精神，有足多者。”[①]毛坤将这种“文华精神”概括为三个层面：一是创办人的精神，主要对韦棣华女士的贡献做出了高度概括；二是维持人的精神，主要是对校长沈祖荣如何维持这所学校所付出的艰辛努力做出高度概括；三是学生的精神，毛坤更是对“文华的一代”为中国图书馆事业与图书馆学研究所做出的贡献赞赏有加。正如程焕文先生所言：“严格地说，文华图书馆学专科学校精神，简称‘文华精神’，并非是一种学说，而是一种客观的存在。这种客观存在一直根植在文华图专人的心灵之中，表现在文华图专人的言行之中，具有很强的感染力和影

① 毛坤：《华中大学文华图书科十周年纪念》，《文华图书科季刊》1930年第2卷第2期，第137-139页。

响力，因此，它十分容易被人感知和感化别人。由于这种感知和感化常常是在情不自禁之中静悄悄地发生和发展的，所以，人们常常容易忽视对这种客观存在的自觉总结研究。”①

作为私立武昌文华图书馆学专科学校的校长，沈祖荣先生除了在培养人才方面做出了巨大贡献外，更重要的是开创和发展了20世纪中国图书馆学研究。1917年，沈祖荣和胡庆生共同编撰出版的《仿杜威书目十类法》，是近代以来图书馆学界在图书分类法探索阶段，将新旧两种分类法进行混合编排的创始之举，蒋复璁称之为“继之者甚多，予图书馆界发生重大之影响，首事改革，厥功甚伟”②。沈祖荣对推动图书馆学研究做出的更大贡献是1929年亲手创办了《文华图书科季刊》。在《发刊词》中他倡导图书馆学研究“要特重事实”“不避琐碎题目”“审合社会情形”“介绍新知识”。正是在他的影响下，私立武昌文华图书馆学专科学校的学生在就读期间的图书馆理论研究水平得到不断提升，私立武昌文华图书馆学专科学校从而也成为从事图书馆学研究的重镇。《文华图书科季刊》迅速成长为与《中华图书馆协会会报》和《图书馆学季刊》齐名的国内三大图书馆学术刊物。1929—1937年，沈祖荣还亲自规划组织私立武昌文华图书馆学专科学校师生编写出版“文华图书馆学专科学校丛书”，共19种，其中有13种出自学生的手笔。早在1929年，金敏甫先生就已做过这样的评述：“自民国初年，东西圕学潮流趋入而后，报章杂志之中，渐有圕学术论文之散见，其中有讨论圕学术者，有鼓吹圕事业者。沈祖荣氏，最先撰述圕论文于新教育杂志中，杜定友氏，亦先后撰述论文于各大杂志中，此二君者，所撰最多，且最有价值。”③

袁同礼以国立北平图书馆为阵地，掌握着中华图书馆协会所拥有的资源，对图书馆学界之间的联络贡献不少。蒋复璁则以筹建与扩充国立中央图书馆为他的事业重点，努力争取官方的支持，来推动图书馆事业的发展。南京国民政府成立以后，有关图书馆的立法工作大量出现，与蒋复璁的推动是分不开的。而在武汉的沈祖荣则一直以私立武昌文华图书馆学专科学校为阵地，为图书馆学人才培养与图书馆学研究做出了卓越贡献。正是在他的影响下，私立武昌文

① 程焕文：《文华精神：中国图书馆精神的家园——纪念文华图专80周年暨宗师韦棣华女士和沈祖荣先生》，见马费成主编：《世代相传的智慧与服务精神——文华图专八十周年纪念文集》，北京：北京图书馆出版社，2001年，第226页。

② 蒋复璁：《中国图书分类问题之商榷》，《图书馆学季刊》1929年第3卷第1-2合刊，第37页。

③ 金敏甫编：《中国现代圕概况》，广州：广州圕协会，1929年，第33页。

华图书馆学专科学校师生们共同努力，开创了图书馆学人才培养与科学研究的新天地，形成了一种独有的“文华精神”。

本章小结

自进入 20 世纪以来，伴随着清末民初新式教育的蓬勃发展，中国传统意义上的藏书楼逐渐退出历史舞台，取而代之的是近代意义上的图书馆事业迅速兴起。尤其是在“新图书馆运动”的大力推动下，近代图书馆理念逐渐被人们所接受。也正是在图书馆事业的迅速发展进程中，从事图书馆工作的队伍不断壮大。图书馆学界的地缘形态也在此过程中逐步显现出来，形成了以北京（北平）、武汉和南京为中心的地域布局。与此同时，图书馆学界的学派特色也逐渐成形。新派与旧派、“文华的一代”与“留美的一代”，是图书馆学界不同学派的表现形式。这种地缘状态与学派的形成对图书馆学学术转型带来了两方面的影响：一方面是各自不同的分工导致在转型过程中承担的角色亦有不同；另一方面，此种分布也导致内部的资源争夺不可避免。无论是学界的地缘形态，还是学界的学术派别，均对图书馆学学术转型产生了或多或少的影响。

第二章　学校（系）、协会与期刊：学术转型中的机构功用

在民国时期图书馆学学术转型过程中，不同类型的机构在其中承担不一样的功能。大致说来，有三种不同类型的机构共同推动着此项事业的持续前进。分别是以培养图书馆学专业人才为职志的学校（系），以联络学界为中心内容的图书馆学会（其中尤以 1925 年成立的中华图书馆协会最具代表性），以及从事图书馆学理论研究的各类图书馆学专业期刊。正是有了人才的培养，才使得图书馆事业得以蓬勃发展。通过学会发起的各界联络，让学界中人得以了解国内外图书馆事业与图书馆学理论的发展趋势。各类专业期刊则在学术研究方面发挥了更为重要的职能。

第一节　图书馆学校（系）与图书馆学人才的培养

进入民国时期以后，随着图书馆事业的快速发展，对合格图书馆工作人员的需求越来越多，这不仅是做好图书馆服务工作的基本要求，也是从事图书馆学研究的重要人才保障。在民国时期，图书馆学人才的培养工作从 1913 年金陵大学开设图书馆学选修科以及随后 1920 年文华大学设立图书科开始算起，到 1941 年国立社会教育学院开办图书博物馆学系，以及 1947 年北京大学开办图书馆学专修科，在官方与民间的共同努力下，此项工作取得了一定的成就。其中由文华大学图书科发展而来的私立武昌文华图书馆学专科学校，更是成为整个民国时期图书馆学人才培养的重镇。根据金敏甫先生的划分，民国时期图书馆学教育一共可以划分为四个层次：图书馆学讲习科、学校中之图书馆学课程、大学中之图书馆科与图书馆学校①；严文郁先生则将其划分为大专图书馆学科系、短期训练班、函授学校及公费留学四个层次②；台湾学者王振鹄、郭

---

① 金敏甫编：《中国现代圕概况》，广州：广州圕协会，1929 年，第 45-50 页。
② 严文郁著：《中国图书馆发展史——自清末至抗战胜利》，新竹：枫城出版社，1983 年，第 187-197 页。

丽玲则仅将民国时期的图书馆学教育体系划分为正规教育和短期训练两个层次[①]。以下将按照私立与公立两个层面，来分别谈及民国时期图书馆学教育发展情形。

一、私立院校图书馆学教育——以金陵大学图书馆学选修科到私立武昌文华图书馆学专科学校为例

近代中国图书馆学教育的肇始之举，应该从 1913 年金陵大学开设图书馆学选修科开始算起。随后 1920 年文华大学开办图书科和国立北京高等师范学校举办暑期图书馆学讲习会，以及 1922 年杜定友在广州创立了广东图书馆管理员养成所，洪有丰从 1923 年开始连续 4 年在东南大学举办图书馆暑期讲习科，是对前者的追随。此后各种形式的图书馆短期训练班、函授学校接连不断，在短期内造就了大批图书馆管理人才，但与图书馆事业发展的人才数量需求相比，无疑不成比例。也就是在此阶段，图书馆学正规教育得到了进一步发展，1925 年，上海国民大学在教育科中设图书馆学系，1928 年（一说 1927 年）[②]，金陵大学于文学院设立图书馆专科。各个层次、各种形式的图书馆学教育都有一定的发展。

1913 年，金陵大学开设图书馆学课程，是中国近代图书馆学教育的开端。开启这一开端的是时任金陵大学图书馆馆长威廉・亨利・克莱门斯（William Harry Clemons）（中文名克乃文）。克乃文 1879 年出生于美国宾夕法尼亚州，1902 年从卫斯理大学获得文学学士学位。在来华之前，克乃文先后在美国担任过普林斯顿大学图书馆参考部主任、弗吉尼亚州立大学图书馆馆长。他于 1913 年来到中国出任金陵大学外国文学系主任一职。由于此前他有从事图书馆工作的经历，于是校方又派他主持该校图书馆馆务。在主掌图书馆事务后，克乃文深刻认识到要将美国公共图书馆精神在中国扎下根来。因此他产生了在金陵大学文科开设图书馆学方面课程的想法，此举可谓开了近代中国图书馆学教育的先河。1914 年，克乃文又在金陵大学教育系下创设了图书馆学组，这是中国最早的图书馆学专业（尽管起初还只是选修性质）。克乃文通过在金陵大学教育系开设图书馆学相关课程，直接向中国学生输入美国图书馆学基础理

① “中央”图书馆编：《中华民国图书馆年鉴》，台北：“中央”图书馆，1981 年，第 249-252 页。

② 叶继元主编：《南京大学百年学术精品・图书馆学卷》，南京：南京大学出版社，2002 年，第 6 页。

论知识[①]。克乃文除以丰富的经验致力于图书馆各项事务外，还大力培养金陵大学图书馆的青年人才。在他的积极推荐下，在金陵大学图书馆服务的洪有丰、李小缘与刘国钧等人先后前往美国留学，使得他们的业务视野和知识层次出类拔萃。这也使金陵大学图书馆成为当时的东南知识重镇与人才基地，乃至 20 世纪上半叶中国图书馆学研究和专业教育的东南中心。

1920 年在国立北京高等师范学校举办的暑期图书馆学讲习会，是在北京大学图书馆主任李大钊的提议下成立起来的。1919 年 12 月 13 日，国立北京高等师范学校图书馆举行成立两周年纪念会，李大钊应邀出席了此次纪念会并发表演说。他强调指出："图书馆和教育有密切的关系，和社会教育更有关系。贵校是研究教育的，所以我希望贵校添设图书馆专科，或是简易的传习所，使管理图书的都有图书馆教育的知识。这是我个人的希望，觉得贵校是最相宜的。从前清华学校拟设图书馆专科，后来因经济不够，所以不办。他想明年暑假办一个图书馆教育传习所，但是他在城外，也有许多的不便利，所以我仍是希望贵校举行。这是关系中国图书馆前途的事情，也是关系中国教育前途的事情，请诸位注意。"[②]此次纪念会之后，国立北京高等师范学校图书馆接受了李大钊的建议，向全国各地图书馆发出《北京高等师范学校图书馆学讲习会简章》，筹备开办图书馆学讲习会事宜。1920 年 8 月 3 日，图书馆学讲习会正式开学。该会以"利用假期讲习图书馆学，谋图书馆事业之发展"为宗旨。从 8 月 2 日起到 23 日止，每日上午 8 时至 11 时为讲习时间。讲习会聘请 5 位图书馆学专家授课，除了邀请李大钊演讲外，还邀请了清华学校图书馆主任戴志骞、文华大学图书馆主任沈祖荣、国立北京高等师范学校图书馆原主任李贻燕和时任主任程时烽等人做专题报告。报名参加此次讲习会的学员有福建、辽宁、湖北等各地选派的公共图书馆及学校图书馆的工作人员或有志于研究图书馆学的人士共 78 名。在有百余人（内有女性 10 余人）参加的开学仪式上，李大钊作了一场关于图书馆学教育问题的讲演。1920 年 8 月 8 日北京《晨报》以《吾国图书馆教育发展之新纪元》为题对此次会议进行了报道。学员们使用的是戴志骞编译的讲义，除了听取有关图书馆学教育、图书馆组织及管理法、图书馆编目及分类法等课程之外，还进行了参观考察等教学活动[③]。戴志骞曾回忆说：

---

① 郑锦怀：《中国图书馆学教育的肇始者：克乃文生平略考》，《图书馆》2013 年第 1 期，第 94 页。

② 朱文通等整理编辑：《李大钊全集》（第三卷），石家庄：河北教育出版社，1999 年，第 419-420 页。

③ 转引自郭明蓉著：《中国高等教育发展进程中的高校图书馆研究》，成都：四川人民出版社，2009 年，第 219 页。

“夏季北京高师（现名师大）应各省之请，设暑期图书馆讲习会。其时虽逢直皖之战，交通中断，而各省遣来听讲者，仍甚踊跃。”①

20 世纪以前，中国只有传统的藏书阁和藏书楼，而没有服务大众、开启民智和研究学术的公共图书馆。一个美国人的到来，却改变了这一状况，这个美国人就是被黎元洪誉为“中国现代图书馆运动之皇后”②的韦棣华。

韦棣华，英文名玛丽·伊丽莎白·伍德（Mary Elizabeth Wood），1861 年出生于美国纽约州的一个小镇。中学毕业后，她在家乡的里奇蒙德纪念图书馆工作了 10 年。1899 年 11 月，韦棣华只身一人来到武昌，看望正在文华书院任教的胞弟。见到弟弟安然无恙，韦棣华非常欣慰。此时文华书院因义和团运动停办半年后刚刚复校，教师人手严重不足。在弟弟韦德生的推荐下，韦棣华被聘为文华书院的英文教员。在教学过程中，韦棣华发现文华书院的图书资料非常贫乏，于是她在校园内被称为“八角亭”的一间小屋陈列所能收集到的报刊，学生们称之为“报房”，实际上是一个小型的阅报室。这就是后来她所开创的文华公书林的雏形，自此以后她与中国图书馆事业结下了一生的缘分。1903 年，随着文华书院增设高等科并招收三年制的文理学生，韦棣华将“报房”扩大到两大间，并由一名半工半读的学生帮忙整理，取名叫文华书院藏书室。1904 年，美国基督教圣公会以《文华书院图书馆介绍》为题报道了韦棣华创办图书馆的情况，还附有一张戴着瓜皮帽的青年学子在图书馆借书、阅读的照片。韦棣华虽为基督徒，但她并没有传教的使命，根据她的实际业绩，美国基督教圣公会就在这一年任命她为世俗传教士。

文华书院藏书室受到文华书院师生的热烈欢迎，这使韦棣华认识到，把西方公共图书馆的理念引进中国，有必要建立一座大型的新式公共图书馆。为了加强知识储备和筹集资金，韦棣华于 1906 年底专程返回美国，就读于纽约布鲁克林的普拉特学院图书馆学校，专攻图书馆学。《差会的精神》杂志于 1907 年 1 月号发表了韦棣华撰写的文章——《为了在中国中部建立一所基督教的图书馆》。韦棣华在该文中提出了“盖造一所供公众用，也供学院用的图书馆”的设想，以“解决这个古老民族的图书馆饥荒”③。1907 年 5 月，韦棣华在于

① 戴志骞：《十五年来之中国图书馆事业》，《清华周刊》1926 年十五周年纪念增刊，第 92-93 页。

② Samuel T. Y. Seng. Miss Mary Elizabeth Wood: The Queen of the Modern Library Movement in China.《文华图书科季刊》（英文之部）1931 年第 3 期，第 3 页。

③ 董中锋著：《华大精神与人文底蕴——学人·学术·学养》，武汉：华中师范大学出版社，2013 年，第 402 页。

美国北卡罗来纳州召开的第 29 届美国图书馆协会年会上宣读了《中国城市的图书馆工作》的报告，第一次向国际社会介绍了中国图书馆工作的情况。她还四处奔走游说，得到了哥伦比亚大学等大学及教会相关人士的大力赞助，共筹得约一万美元的捐款和大量的赠书。

1908 年夏，韦棣华回到文华书院，并随船运来了家什和个人物品。从美国回来后，韦棣华开始筹建图书馆。她首先在文华书院附近买下了一块地，开工建设一座新的图书馆。1910 年，这个命名为“文华公书林”的图书馆正式对外开放。1914 年她又创办了巡回文库（Traveling Library），免费为武汉三镇居民提供图书馆服务，既方便了当地居民，又宣传了图书馆服务的平等性和包容性理念。1920 年 3 月，韦棣华女士在文华大学发起创办图书科，该科以纽约州立图书馆学校制度为蓝本，招收在大学修业满两年以上的学生，在图书科修学两年后毕业。1925 年，文华大学改组为华中大学，该科亦改称为华中大学文华图书科。1927 年因华中大学停办，文华图书科便单独设校，名为武昌文华图书馆学专科学校，招收各大学转学的 3 年级学生，2 年后毕业。1929 年 8 月，经南京国民政府教育部核准该校立案，正式更名为私立武昌文华图书馆学专科学校。此后在校长沈祖荣主持下，该校成为中国第一所独立的图书馆学高等教育机构，由此开启了中国图书馆学专业教育的新历史[①]。从 1926 年起，鉴于中国图书馆管理人才缺乏，中华教育文化基金董事会委托文华大学图书科负责训练图书馆学方面的专门人才，并且每年拨给文华图书科补助金，设立公费补助名额，自此以后投考文华图书科的学生日益增多[②]。

1920 年文华大学开办图书科和 1929 年私立武昌文华图书馆学专科学校正式创立，不仅实现了沈祖荣“在中国组织建立培养人才之机关，使学生将来学业有成，可以供图书馆之任用”[③]的愿望，也为中国培养图书馆学研究队伍奠定了良好的基础。中国自己的图书馆学教育设立之后所培养的大批人才被称为“文华的一代”，他们人数众多，大约有 600 人。

私立武昌文华图书馆学专科学校开办后，采用的是一种有别于一般高等学校的办学模式。所招收的学生是从大学修业满两年的其他高等学校的学生，其

---

① 教育部教育年鉴编纂委员会编：《第二次中国教育年鉴》（2），上海：商务印书馆，1948 年，第 298 页。

② 沈祖荣：《在文华公书林过去十九年之经验》，见丁道凡搜集整理：《中国图书馆界先驱沈祖荣先生文集》，杭州：杭州大学出版社，1991 年，第 62-75 页。

③ 沈祖荣：《在文华公书林过去十九年之经验》，见丁道凡搜集整理：《中国图书馆界先驱沈祖荣先生文集》，杭州：杭州大学出版社，1991 年，第 62-75 页。

中不乏燕京大学、齐鲁大学等校的学生慕名而来。因此在 1941 年以前的私立武昌文华图书馆学专科学校，虽然名为专科学校，在某种程度上已经相当于研究所，这与欧美图书馆界对于图书馆从业人员的素质要求是一致的。1940 年因教育部规定招收初级中学程度学生入学的专科学校学制为 5 年，前 3 年为高中程度，后 2 年为专科层次。同年秋，私立武昌文华图书馆学专科学校仍招收修满大学二年级以上课程的学生入学，官方认为私立武昌文华图书馆学专科学校的学制与当局规定的专科学制不符，勒令私立武昌文华图书馆学专科学校招收高中毕业生入学，做到名实相符。于是，从 1941 年春季起，私立武昌文华图书馆学专科学校改招高中毕业生入学，学制仍为 2 年，1947 年秋又改学制为 3 年。1941 年以后招收的私立武昌文华图书馆学专科学校毕业生可以报考国立社会教育学院图书博物馆学系等大学的插班生。同时为了以示区别，私立武昌文华图书馆学专科学校才正式将 1941 年以前招收的修满大学 2 年的学生改称为本科生。

二、国立高等学校图书馆学教育之一——国立社会教育学院图书博物馆学系

自 20 世纪 20 年代开始，虽然国内也曾经创办了几所图书馆学校（系），但这些学校（系）所招收学生人数很少，与社会教育推广过程中对合格馆员的需求相比，真可谓杯水车薪。以私立武昌文华图书馆学专科学校为例，这是全国唯一一所专门培养图书馆学人才的高等学校，但该校从 1929 年首次招生开始，每年仅仅是在大学毕业生中招收十几人。其他学校中的图书馆学系招生情况与私立武昌文华图书馆学专科学校差不多。因此自举国抗战以来，有关图书馆如何引领社会教育事业的发展，尤其是如何才能培养出一批符合图书馆事业发展的合格人才，成为大家共同关注的热门话题。正是在此背景下，1939 年教育部拟订了第二期战时行政计划，其中就有“筹设国立社会教育学院培养社会教育高级人才并训练社会教育干部人员”的提议，得到了行政院的核准施行。同年 4 月，教育部开始成立国立社会教育学院筹备处，但经国防最高委员会审查后，要求教育部延期至 1940 年之后筹设国立社会教育学院。1941 年 1 月，教育部任命陈礼江为筹备会主任委员，马宗荣等 9 人为筹备会委员，筹备工作总算正式启动[①]。同年 8 月，国立社会教育学院在四川璧山正式创办，这是第

① 国立社会教育学院编：《国立社会教育学院概况》，苏州：国立社会教育学院，1948 年刊，第 1 页。

一所专门以社会教育见长的新办独立学院。

与社会教育密切相关的图书馆学，成为国立社会教育学院首要关注的学科，是整个国立高等学校系统中的第一家，标志着官方对图书馆学教育的重视程度提升了一个新台阶。国立社会教育学院决定创办图书馆学科，这与该院筹备期间的委员马宗荣有关。马宗荣之所以参与国立社会教育学院的筹建工作，与他长期以来对社会教育的关注有着密切的关系。马宗荣早年留学日本，1930年曾任大夏大学图书馆馆长兼社会教育系主任，5年后出任教育部秘书，1940年被推选为国民参政会参政员。在参与国立社会教育学院筹备期间，他对开设图书馆学科提出了具体的建议。为了办好该学科，在马宗荣的极力推荐下，学院决定邀请当时正在私立武昌文华图书馆学专科学校任教授兼教务主任的汪长炳，前来璧山创办图书博物馆学系。

汪长炳 1926 年从文华大学图书科毕业后，出任北京图书馆参考部主任。因在北京图书馆工作卓著，1932 年秋汪长炳被选派前往哥伦比亚大学图书馆中文部工作与学习，并获得硕士学位。1934—1936 年，汪长炳留在美国国会图书馆东方部工作，其间还曾代表中华图书馆协会出席了 1935 年在西班牙召开的国际图书馆协会联合会（International Federation of Library Associations and Institutions，IFLA，简称国际图联）的年会。1936 年汪长炳归国，受聘于私立武昌文华图书馆学专科学校任教授兼教务主任，主要讲授“图书馆行政”与“参考工具书”等课程。

汪长炳之所以接受邀请前来创办图书博物馆学系，是与他开始注重社会教育的理念分不开的。在美留学期间，他对美国 50 年的图书馆学教育发展历程感慨良多，更是对其在“事业社会化，学业专门化，作业分工化”方面的成就印象深刻[①]。为了实现图书馆事业社会化的愿望，汪长炳决定来到国立社会教育学院，开创一番新的事业。汪长炳的离去，导致一批原来在文华服务的中坚力量纷纷来到璧山，为国立社会教育学院图书博物馆学系的师资增色不少。1941 年秋，国立社会教育学院图书博物馆学系在汪长炳的谋划下初具规模，开始正式招生上课[②]。汪长炳在既缺乏专业教师，又缺乏专业书刊的艰苦条件下，凭借着自己的声望与努力，各处张罗聘请教师。在他的影响下，先后有徐

① 汪长炳：《哥伦比亚大学图书馆学研究院五十周年纪念》，见南京图书馆编：《汪长炳研究文集》，南京：南京大学出版社，2007 年，第 19 页。

② 邱克勤、王可权：《记汪长炳先生》，见南京图书馆编：《汪长炳研究文集》，南京：南京大学出版社，2007 年，第 147 页。

家麟、严文郁、岳良木、杨家骆、顾颉刚、黄元福与钱亚新七位教授前来国立社会教育学院任教。通过多方搜集、筹借、商让、捐募国内外有关图书博物馆学方面的重要书刊，并接受美国图书馆协会、哥伦比亚大学图书馆学院，以及美国国会图书馆等团体的赠书，使国立社会教育学院图书馆的馆藏日益充实。

国立社会教育学院图书博物馆学系自1941年开始创办，到1949年停办，一共存续了8年时间。到1948年时，从该系毕业者共计有81人，在校学生尚有90多人。在课程设置方面，采取的是技术与学术并重的方式[①]，是国立社会教育学院图书博物馆学系办学过程中承袭私立武昌文华图书馆学专科学校办学模式的一大表现。不过与私立武昌文华图书馆学专科学校有所不同的是，国立社会教育学院图书博物馆学系更倾向于图书馆与社会教育之间的链接，“以培养社会教育专门人才，研究社会教育高深学术为任务”[②]为办学宗旨。

三、国立高等学校图书馆学教育之二——北京大学图书馆学专修科

长期以来，社会各界对图书馆学教育重视不够。在很多人眼中，图书馆学教育纯为一种职业技术训练，难登大雅之堂。国立社会教育学院成立后开办图书馆学专业，是民国时期图书馆学教育的一大创举。而抗日战争胜利以后，国立北平图书馆馆长袁同礼有感于图书馆学人才的缺乏，产生了与北京大学合作开设图书馆学教育机构的想法。他在1945年10月致函尚在国外的王重民，提议“本馆将与北大合作，在北平办一训练机构，凡目录版本之课程，由北大担任；凡分类编目及技术课程，由本馆担任。亦盼台端返国协助训练高级人才”[③]。这是袁同礼首次向北京大学方面提出合作办学的设想。

袁同礼之所以要在抗日战争胜利之后提议在北方办图书馆学教育机构，一方面固然是有感于图书馆学专门人才的缺乏，另一方面也反映出图书馆学界内部的派别斗争开始走向明朗化，其中尤其表现在袁同礼与国立中央图书馆馆长蒋复璁之间的复杂关系。早在20世纪20年代，蒋复璁和袁同礼曾一起供职于北京图书馆。蒋复璁1930年由浙江省选派，获得“洪博基金会”奖学金资助，

① 钱亚新：《图书馆教育的鸟瞰》，《教育与社会》1948年第7卷第3-4期，第24页。

② 国立社会教育学院编：《国立社会教育学院概况》，苏州：1948年5月，第2页。

③ 北京大学信息管理系、（台北）胡适纪念馆编：《胡适王重民先生往来书信集》，北京：国家图书馆出版社，合肥：安徽教育出版社，2009年，第438页。

至德国留学学习图书馆学。南京国民政府成立后，蒋复璁在北京大学就学时的德文老师、时任教育部部长的朱家骅要其用庚子赔款在南京建一所图书馆，于是蒋复璁被任命为国立中央图书馆筹备处主任。

在国立中央图书馆开始筹备时，袁同礼从内心并不赞同设立此馆。因国立北平图书馆与国立中央图书馆同属当时的教育部管辖，成立以后必然会形成竞争关系。例如二者曾经在影印四库全书未刊珍本、抢购上海珍贵文献，以及争夺教育部的经费等方面都形成了南北对立的局面。袁同礼与培养图书馆学人才的私立武昌文华图书馆学专科学校有着良好的合作关系，国立北平图书馆经常推荐或委派馆员去该校进修。但在国立中央图书馆成立后，蒋复璁与私立武昌文华图书馆学专科学校的校长沈祖荣联合，大批从私立武昌文华图书馆学专科学校毕业的学生纷纷被国立中央图书馆延揽而去，使袁同礼感觉到人才培养的压力。

正是迫于国立北平图书馆员培养渠道受到影响，袁同礼决定依托国立北平图书馆的资源，联合北方的某一所大学来办理图书馆学教育机构，他首先想到的是和北京大学联合。在如何办学的问题上，是在北京大学设立图书系还是在内部设立研究部，北京大学内部起初也有分歧，因为北京大学此时办学会让人误以为是在和袁同礼联合，并在图书馆学人才培养重镇——私立武昌文华图书馆学专科学校之外“另立山头”。王重民在向即将回国担任北京大学校长的胡适说明傅斯年不赞同在北京大学办图书系的理由时就推测认为，图书馆学界中的个人恩怨可能会影响到北京大学与其的关系，这是傅斯年对之颇有顾虑的重要原因。王重民在此信中对究竟是设图书系还是组建研究部做了清醒的预测。他认为若是设立研究部，就明显会和私立武昌文华图书馆学专科学校形成“南北相对”的局面，一定会引起图书馆界的纷争，由此得不偿失；而开办图书系是“真要造就高深人才，并非文华所能企望，谈不到对立”。所以他希望校长胡适能实现袁同礼在北京大学设立图书系的计划，并认为此计划若实现，“袁先生也就自然不去努力第二个计划了”[①]。王重民此时的建议对图书馆学专修科的建立起了决定性的作用。

除了王重民的提议之外，傅斯年在此间的办学思想对北京大学图书馆学专修科的创办同样有着非常重要的影响。在 1945 年抗日战争胜利伊始，出任北

① 《王重民致胡适》（3 月 13 日），见中国社会科学院近代史研究所中华民国史研究室编：《胡适来往书信选》下册，北京：中华书局，1980 年，第 95 页。

京大学代理校长的傅斯年，在给即将回国的胡适的信中，对北京大学今后的办学方向，是否办理农学院时就曾指出："农学院似甚有意思，在华北之将来，其用无穷，我们不能老坐而论道，我们总当与人民接近，总当负起改造社会的责任来，而且我们学校最大的毛病，是：学生一入学，便走大街，英文永远学不好。我想大可把一年级搬到城外去受严格训练，有个农学院，可以开这个端。"[①]傅斯年在信中非常明显地提出了北京大学战后的办学方向应该有所调整，其中尤为重要的是"负起改造社会的责任"。

1947 年 2 月，王重民先生从美国华盛顿取道上海，旋即北上到北平，向胡适先生提出办图书馆学专业的建议被采纳，并被任命为专修科主任。与私立武昌文华图书馆学专科学校创办之初一样，北京大学开办的图书馆学专修科在招生时是从北京大学其他院系学生中调配而来。创办之初受经费等方面的限制，将之附属于北京大学中文系，招收对象是中文、历史专业的毕业生，成绩在 85 分以上即可直接进入图书馆学专修科学习。学生学习图书馆学、目录学基本课程，修满 32 个学分即可授予图书馆学专科的学士学位。

中国近代高等图书馆学专业教育是一项开创性的事业，但是由于生源短缺、经济困难、社会动荡，许多学校难以维系，从各校的毕业生人数便可看出。私立武昌文华图书馆学专科学校本科毕业人数，1922—1941 年共计 20 届毕业生 127 人；专科毕业生则 1942—1947 年计 8 届亦只有 72 人[②]。而金陵大学图书馆学系共计仅 2 届毕业学生 16 人。国立社会教育学院图书博物馆学系毕业的学生人数相对还是比较多的，1941 年招收首届学生 19 名，到 1944 年已经有 1—4 年级学生 100 人，其中男生 40 人，女生 60 人。1945 年，图书博物馆学系首届学生 19 人毕业；1945—1947 年计 3 届毕业生共 62 人。1945 年 9 月抗日战争胜利后，图书博物馆学系又招收了一届学生，仅 14 人，这届学生于 1950 年在苏州毕业[③]（国立社会教育学院战后复员迁校至苏州），这也是图书博物馆学系毕业的最后一届学生。如此说来，图书博物馆学系共毕业四届学生，共计 114 名[④]。在图书馆学人才培养过程中，从 1913 年金陵大学开设图书馆课

① 《傅斯年致胡适》（10 月 17 日），见中国社会科学院近代史研究所中华民国史研究室编：《胡适来往书信选》下册，北京：社会科学文献出版社，2013 年，第 853-854 页。

② 肖安平：《开创中国现代图书馆学教育的历史——武昌文华图书馆学专科学校创立和发展纪实》，《武汉文史资料》2003 年第 9 期，第 34-37 页。

③ 彭飞：《国立社会教育学院图书博物馆学系简史》，《大学图书馆学报》2007 年第 3 期，第 99 页。

④ 彭飞：《国立社会教育学院图书博物馆学系简史》，《大学图书馆学报》2007 年第 3 期，第 99 页。

程开始，到文华大学开办图书科，再到1929年私立武昌文华图书馆学专科学校的设立，图书馆学人才培养逐步走上了良性发展的轨道。而在20世纪40年代国立社会教育学院开办图书博物馆学系和北京大学开办图书馆学专修科，则显现出在国立院校，系统图书馆学科的发展同样开始受到重视。所有这些办学机构对图书馆人才的培养均发挥了至关重要的作用。其中大批从私立武昌文华图书馆学专科学校毕业的学生对图书馆事业的发展所发挥的作用，是其他学系无法替代的。

第二节　学术转型中的图书馆学界国内外交往——以中华图书馆协会为中心

自19世纪末20世纪初以来，在一些西方来华传教士的介绍下，以及大批走向世界的中国驻外使领馆官员与先进知识分子的推动下，西方世界的公共图书馆逐渐走进了国人的视野，中国近代意义上的图书馆也开始逐渐浮出水面。各地新型图书馆成立以后，学界中人纷纷开始筹备成立专业性质的社会团体，以交流新兴图书馆事业的建设经验。作为第一个全国性的图书馆学界社会团体——中华图书馆协会，在其1925年成立以后存续的20多年的时间内，为民国时期图书馆事业的发展贡献良多。特别是协会通过举办的年会这种组织形式，有力地促进了民国时期图书馆学界的交流，与此同时图书馆学界的国际交流活动也逐步展开，其中尤以派员参加国际图联大会与参与国际出版品交换最为引人注目。与此同时，中华教育文化基金董事会在图书馆学界交流中的作用也不容忽视，为推动中国图书馆事业发展做出了卓越贡献。

一、国内交流的三个阶段

（一）20世纪20年代初创时期的交流状况

自近代以来，在来华传教士的介绍下，以及一些中国驻外使领馆官员与走向世界的先进知识分子的宣传影响下，国人开始接受西方公共图书馆的观念。随着1904年湖南图书馆等地方图书馆的先后建立，近代意义上的图书馆逐渐浮出水面。特别是在五四运动前后，一批留学海外的图书馆专业人员的相继回归，给国内图书馆事业的发展带来了新的气象，各地图书馆事业开始走向平稳发展的轨道。与近代以来所有新兴事业一样，各地图书馆在发展过程中面临着相当多的困难，其中突出表现在现代图书馆理论与建设经验的相当匮乏。为了相互交流图书馆建设的经验，图书馆界的同人开始组织专业性的学会。1924年3月，全国第一个地方性的图书馆界团体——北京图书馆协会应运而生。同年4月，浙江、开封、南阳、天津、上海、南京、江苏等省市图书馆协会相继成立。

各地方图书馆协会的建立，为全国性图书馆界社会团体的成立奠定了良好的组织基础。随着会员人数的不断增多，各地会员纷纷建议召开全国性的年会，以便会员之间更好地交流经验，从而为各地图书馆事业的发展提供借鉴。1929年1月28日，中华图书馆协会第一次年会在南京金陵大学大礼堂举行。南京国民政府内政部、工商部、外交部、卫生部、教育部均派代表与会，参加会议的个人会员109人，机关会员70人，共计179人。大会主席蔡元培因要事赴沪，派遣代表杨杏佛参加。杨杏佛在大会致辞中，分析中国图书馆事业不能发达的原因时指出：第一，政府与社会均忽视而不加以注意；第二，普通人对于图书馆观念太薄；第三，图书馆专家太少。教育部代表陈剑修则在致辞中，从图书馆与教育事业关系的角度指出，“图书馆即社会教育之一种，换言之，即补助的学校教育”，充分肯定了图书馆在教育中的作用①。

此次年会的一大亮点是邀请了三位具有公益性质的私人藏书楼代表参加。据参加此次年会的湖州刘氏嘉业藏书楼主任周子美先生回忆：“这次大会主要是讨论和通过协会章程，确定一些组织机构和选举理事，没有进行学术交流。”②但据来自中央大学区图书馆联合会的机关代表蒋镜寰（代表苏州图书馆）记述，年会中代表们所提出的“各类议案至为繁多，施行亦非旦夕间事”。由于“协会已经推定各地专家组织各项委员会，分别办理，同时各地图书馆亦均努力为改进之工作”，蒋氏更预言“下届年会时，我国图书馆事业之发展可以预卜焉”③。

值得一提的是，对此次年会的召开，南京国民政府甚为重视，并拨款1000元予以补助。其他各机关也纷纷解囊相助，加上协会自身拨款300元，此次年

① 中华图书馆协会执行委员会编：《中华图书馆协会第一次年会报告》，北京：中华图书馆协会事务所，1929年，第7-10页。

② 周子美先生的回忆文章《中华全国图书馆协会成立大会回忆》一文见于《图书馆》1992年第6期，第71页。不过此时周氏年事已高（96岁），恐记忆有误。

③ 蒋镜寰：《中华图书馆协会年会纪要》，《江苏省立图书馆馆刊》1929年第一号，第6页。

会共收到捐助5432元，实际支出1625.3元，净存3756.7元[①]。此次大会之后，协会与官方之间的联系逐渐加强。在协会年会召开之后不久，协会呈请南京国民政府施行的五条议案中，除了组织中央档案局一条缓议以及减轻图书馆寄书邮费未能得到交通部准许之外，其余各条均得到了政府的协助进行[②]。特别是与文化事业发展密切相关的教育部，更是对协会年会决议各条推行甚力。教育部在给各地教育厅局的训令中指出，不仅各级学校对购书费应特别注意，酌量规定，同时自1930年起，各地应积极增设各种专门、普通民众儿童等图书馆，并应酌量聘请图书馆专家予以指导。针对图书馆专业人员严重缺乏的情形，教育部规定：在省立或私立大学文学院或教育学院内，得酌设图书馆学课程或图书馆学系，并于“每年考选留学生时，应视地方需要情形，酌定图书馆学名额”[③]。

中华图书馆协会第一次年会取得了许多令人满意的成果，通过年会这种形式图书馆界的交流活动开始起步。在此次年会上，虽然各位代表之间在有些问题上尚存在着一定的分歧，但在一些重大问题上取得了共识，特别是在关于怎样更好地发挥图书馆的社会功能方面，无论是图书馆界的专家们，还是官方代表，他们均从图书馆与社会教育的关系层面，开始认识到必须加快各地图书馆建设，以配合社会教育事业的发展。

（二）20世纪30年代前中期的交流盛况

继第一次年会召开之后，中华图书馆协会随即展开了第二次年会的筹备工作。协会原定于1930年4月借浙江省立图书馆新馆落成之机，在杭州召开第二次年会。由于浙江省立图书馆工程浩大，无法按原定期限完工，因此经过协会执行委员会征询各位委员意见，决定年会于次年举行。但到1931年以后，国内局势逐渐动荡，特别是日本帝国主义的侵华战争迫在眉睫。九一八事变爆发以后，协会再次决定将会期延期至1932年春季举行。

几经更易，1933年8月28日上午9时，中华图书馆协会第二次年会得以在清华大学礼堂举行，各省市会员及来宾200余人参加了此次年会[④]。与第一次年会不同的是，由于时局的动荡，各地图书馆发展中最大的困难在于经费的

---

① 中华图书馆协会执行委员会编：《中华图书馆协会第一次年会报告》，北京：中华图书馆协会事务所，1929年，第236页。收支相抵有出入，报告原文如此，特此说明。

②《国民政府对于南京年会决议案之采纳》，《中华图书馆协会会报》1930年第6卷第1期，第26-27页。

③《教部极力推行南京年会议案》，《中华图书馆协会会报》1930年第6卷第1期，第30页。

④ 于震寰：《中华图书馆协会第二次年会纪事》，《中华图书馆协会会报》1933年第9卷第2期，第26页。

短缺。在此次年会上，经费问题成为各地代表所共同关注的焦点。为了更有力地推进图书馆事业的发展，协会发出了设立筹募基金的启事，面向个人与机关团体筹募经费[①]。安徽代表安徽省立图书馆馆长陈东原提出《请中央拨棉麦借款美金一百万元扩充全国图书馆事业》议案，获得大会议决通过。大会当即致电国民党中央政治会议、行政院与教育部，并推选会员陈东原、洪有丰、柳诒徵为协会代表，前往南京与行政院和教育部具体洽商[②]。

从此次年会所通过的一系列议案中可以看出，各位代表对各地方图书馆建设的经费问题更为关切。与几大国立图书馆不同的是，地方图书馆建设所面临的最大问题便是经费的严重短缺。为了更加规范各地图书馆事业经费的来源，协会图书馆经费标准委员会拟定了《对于图书馆经费案之意见草案》，提出各地图书馆事业经费在社教经费中的比例应以不超过40%为宜，并详细规定了各级图书馆等级及其经费标准。1944 年，教育部颁布了《普及全国图书教育办法》，规定各省市图书馆每年经常费数目不得少于 50 000 元，县市图书馆不得少于 15 000 元，乡镇书报阅览室不得少于 2000 元[③]。

1936 年 7 月 20 日至 24 日，中华图书馆协会第三次年会与中国博物馆协会年会在青岛市山东大学联合举行。与前两次年会相比，此次年会筹备工作较为完备。年会召开之前，承蒙青岛市市长沈鸿烈的热情承诺，由青岛方面负责所有会员的食宿费用[④]。6 月 15 日，由中华图书馆协会董事、执行部长袁同礼先生推举总委员会、论文委员会与招待委员会三个委员会的委员名单，由各委员会具体负责相关议案的收集与整理工作。

在此次年会上，通过的决议主要有："建议教育部，就法规中明定各省市至少应设一所省立图书馆，不得随意改组，并分函各省市政府予以保障助其发展。"考虑到时局的动荡，日寇侵华的步伐不断加快，随时可能爆发全面的侵华战争，因此年会还"函请教育当局及各大学，于所属各重要图书馆，拨款建筑地下室或其他适当方法以防意外事变"[⑤]。

除了以上几个方面的问题外，此次年会一大重点便是讨论如何加强图书馆学教育的问题。来自私立武昌文华图书馆学专科学校的代表沈祖荣，代表中华

①《中华图书馆协会募集基金启》，《中华图书馆协会会报》1934 年第 9 卷第 4 期，封内。
②《请拨棉麦借款》，《中华图书馆协会会报》1933 年第 9 卷第 2 期，第 26 页。
③ 中华年鉴社编：《中华年鉴》，南京：中华年鉴社，1948 年，第 1677 页。
④ 中华图书馆协会：《第三次年会之筹备》，《中华图书馆协会会报》1936 年第 11 卷第 6 期，第 25 页。
⑤ 李文绮：《写在第三届年会之后》，《中华图书馆协会会报》1936 年第 12 卷第 1 期，第 1-5 页。

图书馆协会图书馆教育委员会，在此次年会上作了关于如何加强与改进图书馆学教育局面的报告。沈祖荣掌理私立武昌文华图书馆学专科学校，长期从事图书馆教学工作，深知图书馆学教育发展的不易。在报告中，沈祖荣再次指出，政府应加强图书馆学教育事业的发展。针对在上次年会上代表所提出的在各国立大学设立图书馆专业课程，以及在北平设立一所图书馆专科学校的建议均没有得到实施的情况，沈祖荣希望在国家财政充裕的情况下，继续争取这一愿望的实现。面对图书馆专业人才极度缺乏的局面，年会通过了在私立武昌文华图书馆学专科学校设立函授部的决议，并要求各地教育局利用暑期开办讲习会，训练图书馆专业人员。沈祖荣还以湖北省的情况为例，着重说明了利用各种讲习会讲授图书馆课程的必要性。1935 年湖北省教育厅所办的中小学教员讲习会，以及 1936 年全省民众教育馆讲习会，其中所设的图书馆课程，均由沈祖荣亲自承担讲授任务，对于湖北省学校图书馆及民众教育馆图书馆管理方法，均产生了相当大的影响。因此沈祖荣在报告中建议，协会应该联络各省教育厅局办理暑期讲习会，培养更多的熟悉图书馆专业的初级人才，以利地方图书馆事业的平稳推进①。

20 世纪 30 年代前中期，中华图书馆协会进入了一个新的发展阶段。从协会所举办的两次年会中可以看出，在协会年会所通过的决议的推动下，官方不仅将图书馆事业的发展纳入社会教育的范畴，且在经费方面给予了较为明确的规定。官方的此种积极态度充分表明，协会年会所通过的决议得到了官方的积极响应。与此同时，协会自身则通过举办年会这种组织形式，使得会员之间的交流日益增多，各地图书馆事业建设经验得以相互借鉴，从而有力地促进了图书馆事业的发展。

（三）1937 年以后的衰落

1937 年 7 月 7 日，卢沟桥事变的爆发标志着中国人民进入了全面抵抗日本帝国主义的新阶段。对于刚刚兴起的图书馆事业来说，这无疑是遭受灭顶之灾。首当其冲的国立北平图书馆，由于战局的动荡与配合抗日战争的需要，被迫迁移到几千里之外的西南边陲昆明。中华图书馆协会办公地址向来由国立北平图书馆提供，自国立北平图书馆迁移到昆明以后，1938 年 7 月，协会也迁移到昆明，暂假国立西南联合大学图书馆内办公，并分设通讯处于重庆国立中央图

① 沈祖荣：《中华图书馆协会第三次年会图书馆教育委员会报告》，《中华图书馆协会会报》1936 年第 12 卷第 2 期，第 1-2 页。

书馆、成都金陵大学图书馆、桂林广西省政府图书馆、贵阳贵州省立图书馆、永康浙江省立图书馆、上海震旦大学图书馆、香港大学冯平山图书馆、城固国立西北联合大学图书馆、长沙国立湖南大学图书馆等处开展工作[①]。

由于西南地区交通的严重不便，再加上国内战局的动荡，许多会员与协会之间的通信日渐中断，会员会费缴纳也受到严重影响。来自协会会报的统计显示，1938 年度各地个人与机关会员共计缴纳的会费只有 105 元，远远低于战前的水平。1938 年 11 月 27—30 日，中华图书馆协会的第四次年会在陪都重庆川东联立师范学校礼堂举行。与前三次年会不同的是，此次年会是借参加中国教育学术团体联合年会的机会召开的。参加此次联合年会的教育学术团体共计 12 个，大会分成五组分别进行，图书馆及电影事业分为一组。在此次年会上，各位代表提交了 8 个有关图书馆事业的议案[②]。

此时协会面临的最大的难题便是因为会员数量的急剧减少而导致的经费捉襟见肘。关于如何筹措经费，各会员意见不一。有些会员主张协会应在会员之外广泛向社会各界募集经费，尤其是主编《图书馆学季刊》的刘国钧对之反应最为强烈；而会长袁同礼则极力反对向外进行捐助活动，年会决定将之提交理事会作进一步讨论[③]。好在 1939 年 3 月协会呈请教育部每月拨付办公费 200 元，教育部最终同意于 1939 年 5—12 月每月拨付 100 元[④]，使得协会经费支绌的状况稍有缓解。

1942 年 2 月 8—9 日，中国教育学术团体联合年会第二次会议在重庆召开。与上一次年会一样，中华图书馆协会的第五次年会与此同时举行。此次年会是在国内抗日战争局势较为动荡之时召开的。与上次相比，由于开会时间过于仓促，实际参加此次年会的会员人数有所减少，不仅会长袁同礼因太平洋战事爆发被困香港毫无消息，许多图书馆界的专家都未能按时与会。参加年会的共有机关会员 6 名，个人会员 34 名，会议由国立中央图书馆馆长蒋复璁主持。

协会归属地问题一直是协会内部争论的焦点。早在 1929 年的首次大会上，许多代表提出将协会会所迁至首都南京，在国立中央大学图书馆或其他适宜地点设立事务所，但考虑到南京尚未有大型的国立图书馆，年会决议在南京国立中央图书馆设立以后再作考虑。在 1942 年的年会上，会员陈训慈提出，为便

①《中华图书馆协会会务报告》，中国第二历史档案馆馆藏档案：全宗号 624，案卷号 7。
②《本会消息》，《中华图书馆协会会报》1939 年第 13 卷第 4 期，第 8-10 页。
③《本会第四次年会会务纪录》，《中华图书馆协会会报》1939 年第 13 卷第 4 期，第 10-11 页。
④《教育部准予补助本会经费每月一百元》，《中华图书馆协会会报》1939 年第 14 卷第 1 期，第 11 页。

利协会在陪都重庆开展工作起见，提议协会在重庆设立办事处。国立中央图书馆馆长蒋复璁认为国立中央图书馆大部分办公均在白沙，而“文华图书馆学专科学校人材鼎盛，谅能兼顾”，希望将该办事处设在重庆的该校内（1938 年 7 月，私立武昌文华图书馆学专科学校在该校校长沈祖荣先生的带领下，迁移到重庆市区，1941 年迁移到江北香国寺）。而沈祖荣则认为办事处设在国立中央图书馆较为便利，最终决定提请年会会员大会讨论[①]。远在昆明的协会书记胡英未能出席此次年会，他在 4 月 6 日致蒋复璁的信中指出：“现在协会组织形式过于集中，在此交通不便之时，不无头重脚轻，指臂不灵之弊。”他希望蒋复璁全权处理在重庆设置办事处事宜，以利协会工作的顺利开展[②]。

1944 年 5 月 5 日，协会在重庆举行第六次年会，董事、执行部长袁同礼先生出席了此次年会。参加此次年会的会员共计 69 人，不及全体会员的 1/12。年会召开之时，正值抗日战争进入倒计时的关键时期，因此年会着重讨论了战后图书馆的复员问题。年会提出，为适应战后重建的需要，各地应充实原有图书馆人员训练机构，积极培养人才。为解决协会事务所归属地问题，此次年会讨论并修改了协会组织大纲，决议今后协会事务所设在国都所在地。年会还重新选举了以蒋复璁为首的理事会会员 30 名和以袁同礼为首的监事会会员 18 名[③]。

自抗日战争爆发以来，协会借中国教育学术团体联合年会召开之机，一共召开了三次年会。与战前不同的是，此时无论是协会自身还是国内的图书馆事业，均处于严重的萎缩与衰败之中，经费的支绌严重影响了协会的活动空间。抗日战争胜利以后，除了国立中央图书馆在馆长蒋复璁筹划之下稍有起色外[④]，西北、西南地区的国立西安、重庆罗斯福图书馆的筹备工作因进展不畅而最终未能正式开馆。由于战后国内局势的日益动荡，全国各地图书馆事业日渐萧条，各地图书馆无法正常运转，使得协会与整个国内图书馆界的活动受到严重的影响。1946 年协会跟随国立中央图书馆迁移到国民政府首都南京，事务所会所设置在国立中央图书馆内，但在中华人民共和国成立以前，协会再也没有举行

---

①《中华图书馆协会在渝理监事联席会议纪录》(1942 年 2 月 7 日)，中国第二历史档案馆馆藏档案：全宗号 624，案卷号 8。

②《中华图书馆协会书记胡英来函》(1942 年 4 月 6 日)，中国第二历史档案馆馆藏档案：全宗号 624，案卷号 8。

③《本会第六次年会纪录》,《中华图书馆协会会报》1944 年第 18 卷第 4 期，第 6-11 页。

④ 抗日战争胜利以后，国立中央图书馆在馆长蒋复璁的筹划下，不仅在南京恢复设立了三个阅览室，还经过一系列的搜集与整理活动，使得中央图书馆藏书达到一百万册以上。见蒋复璁口述、蒋京记录：《我与中央图书馆（选载）》,（台北）《传记文学》1979 年第 35 卷第 5 期，第 119 页。

过一次年会。这种衰败景象从一个侧面反映了战后内战期间南京国民政府社会教育事业更进一步的衰落与无助。

作为民国时期图书馆界最重要的社会团体，中华图书馆协会为图书馆事业发展作出了重要贡献。尤其是通过举办协会年会这一有效的组织形式，让学界中人得有机会广泛地探讨有关图书馆事业发展的诸多问题，包括如何筹集经费，如何引导政府颁布相应的法令，以及图书馆学教育事业如何开展等，这些问题“或呈请政府采择施行，或通告全国各馆办理”[①]。虽然只是一个民间组织，但协会在协调图书馆界与官方二者关系与促进二者之间联系方面的贡献尤为难得。在 1937 年以前，在协会所举办的三次年会中，其所通过的一系列决议大多得到了官方的支持与推行，也正是官方与民间组织之间的这种互动，有力地促进了全国图书馆事业的有序发展。但自 1937 年抗日战争全面爆发以后，由于战局的动荡与经费方面的困难，协会的活动空间与功能受到严重影响，开始逐渐走向衰落。中华图书馆协会与图书馆界的交流充分反映了民国时期图书馆界学人为促进图书馆事业发展所付出的艰辛努力，这些努力为中华人民共和国成立以后图书馆事业的发展奠定了良好的基础。

二、图书馆学界的国际交往

（一）发起成立国际图书馆协会联合会

在近代中国图书馆学学术转型过程中，中华图书馆协会通过发起召开一系列年会无疑为学界交流提供了便利的条件。与此同时，发起成立国际图联以及参与国际图书馆交流，是中华图书馆协会成立后对外交流的一件大事，正是发起成立国际图联与参加国际图联大会，让中国图书馆界得以更加广泛地了解国外图书馆事业发展状况，以及图书馆学理论的最新发展动态。

1927 年 9 月 30 日，英国、美国、法国、奥地利、中国等 15 国图书馆协会代表在英国爱丁堡召开会议，签署协定正式成立图书馆国际组织——国际图书馆和目录学委员会。受中华图书馆协会的委托，韦棣华女士代表中国图书馆界参会。1928 年，国际图书馆和目录学委员会第一次会议在意大利首都罗马召开，此次会议决定在瑞士的日内瓦设立秘书处，并建立 6 个专业小组。1929 年在罗马和威尼斯召开的委员会第二次大会上，国际图书馆和目录学委员会正

① 教育部教育年鉴编纂委员会编：《第二次中国教育年鉴》，上海：商务印书馆，1948 年，第 847 页。

式更名为国际图书馆协会联合会。国际图联及其活动是全球图书馆界的国际性交流和学习平台。中华图书馆协会有意识地利用这个平台，介绍中国图书馆事业发展状况，了解世界图书馆发展动态，通过互相交流，获得丰富的信息，更新自我观念，促进中国图书馆事业的发展。直至受第二次世界大战影响前，中华图书馆协会与国际图书馆界建立并保持了良好的联系。

1929 年 6 月，中华图书馆协会委派代表沈祖荣与戴志骞，参加在罗马及威尼斯召开的第二次国际图书馆和目录学委员会大会，他们从国内携带书籍、照片等参加展览，并将《中国图书馆之发展》《中国文字索引法》等四篇论文集成英文版《中国图书馆概况》一书分赠各国代表，将中国图书馆学及事业发展情况与世界分享，引起了与会代表的共鸣和关注。甚至德国图书馆同人向中国图书馆学者发出邀请，前往德国各图书馆从事考察或研究工作。此后不久，国立北平图书馆与德国图书馆之间的交换馆员事宜正式启动，中国陆续派遣人员前往德国考察图书馆事业或进行学术研究，这是协会派人参加第二次国际图书馆和目录学委员会大会的重要成果之一。沈祖荣在参加此次大会后向中华图书馆协会提交的报告中，详细介绍了此次赴会经过与考察欧洲各国图书馆的概况。沈祖荣此行于 5 月 23 日“专赴北平，趋谒执行委员长袁守和先生。蒙其历历指示西方图书馆之情形，并予以介绍给各专家之信件，以便参观考察时不致有茫无问津之叹”[①]。6 月 10 日沈祖荣与戴志骞二人安抵罗马。6 月 14 日大会开幕，历时两周之久，并于 6 月 30 日闭会。会后沈祖荣随即前往欧洲各国调查图书馆之状况，历经德国、意大利、法国、英国、荷兰、瑞士、苏联、奥地利等国，费时两月，至 9 月 1 日回到国内[②]。沈祖荣回到武昌后，在汉口圣保罗大教堂所作的演讲中，谈到对此次大会的感想时说：“西方进取的精神，是由两方面协作的：一方面由科学增进文化，一方面因宗教培植群众的灵性，两下是彼此贯注的。譬如在礼拜堂内，我们可以看出文化；在图书馆内，我们可以看出宗教。欧洲所有著名的图书馆，都是由寺院中所保存的古籍以为基本，可见礼拜堂与图书馆有很密切的关系。再回想到中国，实在觉得可怜。再提到文化方面也是很可叹的，不仅不能建设新的，而且将遗传下来的一点产业，都越搬越少了。图书馆事业在中国，真是太幼稚了。就只谈汉口，这不是华洋杂集的一个大商埠吗？在汉口要想研究点什么，也找不着地方，因为是没有完

① 沈祖荣著：《沈祖荣文集》，武汉：武汉大学出版社，2013 年，第 134 页。

② 沈祖荣著：《沈祖荣文集》，武汉：武汉大学出版社，2013 年，第 134 页。

善的图书馆。请各位想想，我们的思想，我们的学识，由何处增加？那么，由此以推，我们谈建设，用什么材料？我们的社会，本诸什么去改造，还谈什么心灵？讲什么道德？以合群协作等问题，不过是些口头禅罢了！所以要发扬我国文化，救济我国民族，当由文化着手。”①

在派员参加国际图联首次大会后，中华图书馆协会按照惯例派员并携带中方文献《中国图书馆事业》，参加了 1935 年 5 月在西班牙首都马德里举行的第三次国际图联大会。协会除派出代表参加国际图联大会外，还派出代表出席国际图联之国际图书馆委员会第六次、第七次、第九次会议，提供有关中国图书馆情况的报告和论文进行交流。

（二）出版品的国际交换

出版品的国际交换是国家的对外文化交流行为，一般以 1883 年在比利时签署的《国际交换出版品公约》（*Conventions for the International Exchange of Publications*）为国际法依据。在收到国际图联加入公约的邀请后，1925 年 12 月外交部向中华民国临时执政政府呈请批准加入公约：“不外沟通文化，互审国情，立意至为美善。”当即获得准许②。1926 年 1 月，中国加入《国际交换出版品公约》的法律程序完全结束，正式成为该公约的缔约国。

1925 年 9 月，中华民国临时执政政府公布了《出版品国际交换局官制》，设立交换局推进出版品国际交换，规定交换局直属教育部，具体细则由教育总长以部令确定。南京国民政府成立后，将交换局改名为出版品国际交换处。出版品交换属图书馆业务范围，因而出版品交换工作均依托图书馆展开。该处委托北京大学图书馆对馆藏政府出版品进行目录编制（按照公约规定，出版品交换必须编制目录，以供交换参考）。1926 年 1 月，北京大学图书馆所藏政府出版品目录编制完毕并出版，可供交换的出版品一览无余。

1927 年夏，受北京大学改组的影响，出版品交换事务一时陷于停顿。据 1928 年 8 月大学院第 803 号指令，暂时由北海图书馆组织出版品国际交换处，以继续交换事务。此后，凡以国际交换之名寄到的出版品，均由北海图书馆编制目录收藏，公开阅览，并参照美国国会图书馆惯例，组织官书部专门负责其事。对于分寄国内外学术团体互相交换或寄赠的出版品等业务，因经费紧张几

① 沈祖荣著：《沈祖荣文集》，武汉：武汉大学出版社，2013 年，第 132-133 页。

② 中国第二历史档案馆编：《中华民国史档案资料汇编》（第三辑 · 文化），南京：江苏古籍出版社，1991 年，第 463 页。

乎没有进行。经过短暂过渡后，1928 年 11 月中央研究院从北海图书馆接管了国际出版品的交换业务，1928 年 9 月大学院第 164 号指令说得非常清楚，国际出版品交换事宜，前因中央尚无适当藏书及管理此项事宜之所，当即暂交北海图书馆经管。现在中央研究院图书馆业已成立，所有国际出版品交换事宜，应即拨归管理。①

然而，中央研究院接管出版品国际交换也只是权宜之计。南京国民政府更倾向于将出版品交换事务交由正在筹划之中的国立中央图书馆办理。大学院 1928 年 8 月答复北海图书馆办理出版品交换一事时表示："至交换事业，本与图书馆事业相关，在中央图书馆未成立以前，上项事务由该图书馆继续办理，尚属可行。"②1934 年 6 月中央研究院在致教育部的公文中要求将交换事务交由国立中央图书馆筹备处："以本院办理研究事业，时感经费支绌，对于上项（指国际交换）事宜不能充分发展。以致国际交换所得之官书，至今未能筹设适当庋藏暨公开阅览之所，殊为缺憾。"③鉴于国立中央图书馆筹备已经初步完成，"实为办理此项事宜及庋藏国际官书最适当之所"④。国立中央图书馆筹备处随即办理了接收事宜。

在国立中央图书馆筹备处的努力下，出版品国际交换业务更加规范和完善。为进一步完善交换事宜，国立中央图书馆筹备处于 1934 年 7 月公布《教育部出版品国际交换处交换规则》以及《交换印刷品手续》，其内容包括出版品国际交换的具体规则以及委托寄至海外和收受国外寄赠的书件应注意的详细事项。此后出版品国际交换处的交换事宜一直由国立中央图书馆协助展开，直至 1949 年再也没有变更。

国立中央图书馆筹备处接手出版品国际交换事宜后，为了更快地促进此项事宜的开展，专门设教育部出版品国际交换处于馆内。蒋复璁决定由国立中央图书馆"选印四库全书珍本，以为与国外交换之书"⑤。自 1928 年至 1936 年交换工作颇属顺利。抗日战争期间该处在越南海防市设立办事处，接收和转运由国外运来的书刊。抗日战争后期，由于对外交通中断，交换工作因而停顿数

① 马宗荣著：《最近中国教育行政四讲》，上海：商务印书馆，1938 年，第 95 页；徐觉：《教育部出版品国际交换处概况》，《中央时事周报》1935 年第 4 卷第 15 期，第 64 页。

② 蔡元培著，中国蔡元培研究会编：《蔡元培全集》（第 18 卷），杭州：浙江教育出版社，1998 年，第 554 页。

③ 徐觉：《教育部出版品国际交换处概况》，《中央时事周报》1935 年第 4 卷第 15 期，第 59 页。

④ 徐觉：《教育部出版品国际交换处概况》，《中央时事周报》1935 年第 4 卷第 15 期，第 59 页。

⑤ 蒋复璁等口述，黄克武编撰：《蒋复璁口述回忆录》，台北："中研院"近代史研究所，2000 年，第 53 页。

载。1945年10月27日，南京国民政府修正公布《国立中央图书馆组织条例》，将交换处正式改归国立中央图书馆管理。战后复员建设各项资料的需求最属迫切，交换处便成为一个最繁忙的供应站。仅在战后短短的两年内，国外出版品输入者共计871箱又2662包；国内出版品输出者计零星邮件每3天寄1次，大箱每季交运一次，共有97箱又2188包，运往68个国家①。

民国时期的出版品国际交换，是中外文化交流的一项重要内容。出版品国际交换是一种官方行为，因之官方对之的重视程度会直接影响到该项事宜能否顺利进行。总体看来，在南京国民政府成立以后，对出版品的国际交换事宜在法规制度建设上比较重视，且政府委托了专门机构开展此项工作。通过出版品的国际交换，中国文化事业更好地融入了国际社会，同时也促进了国内学术事业的发展。

（三）中华教育文化基金董事会对中国图书馆事业的贡献

1924年9月，中华教育文化基金董事会成立，这是由中美两国政府协议、指定专人负责与支配美国退还第二次庚款余额的管理机构。中华教育文化基金董事会章程共10条，明确规定中华教育文化基金董事会设立的目的和任务：受理美国第二次退还的庚款余额；将这笔款存于一个或数个银行，或酌用其他生利方法生利；以其中一部分作为基金，其收入作为本会有关事业之用；使用该款促进中国教育及文化事业；接受其他用于教育文化的款项。顾维钧指出，中华教育文化基金董事会的主要任务"不仅限于分配中国文化教育所需的基金，而且还负责监督从美国政府定期得到的基金是否用于可靠的投资"②。在组织和人事安排方面，中华教育文化基金董事会设有董事15人，其中中国董事10人，包括外交部官员颜惠庆、顾维钧、施肇基，清华大学、南开大学、北京大学、北京师范大学、东南大学5所大学校长周诒春、张伯苓、蒋梦麟、范源濂、郭秉文，以及学术界名流丁文江、黄炎培。美国董事5人，包括孟禄、杜威、顾临、贝诺德、贝克，他们中既有教界的名流，又有在银行工作、在洛克菲勒基金会工作的专家。在中华教育文化基金董事会中，每届董事均有所变动，董事长始为颜惠庆，继为蔡元培，其后屡有更迭，但孟禄在董事会成立的

① 严文郁著：《中国图书馆发展史——自清末至抗战胜利》，新竹：枫城出版社，1983年，第148页。

② 中国社会科学院近代史研究所译：《顾维钧回忆录》（第1分册），北京：中华书局，1983年，第361页。

16年中，始终担任第一副董事长，实际控制了董事会[①]。

在中华教育文化基金董事会成立之前，由于国内政局动荡，财力有限，当时的文化事业缺乏资金支持。据王祖彝在《京师图书馆回顾录》中的记载，当时的京师图书馆主任徐鸿宝“苦心孤诣，奋力支撑”，甚至不得不以私人贷款来垫付馆中技工、馆役的工资及煤水杂事等费用[②]，来勉强维持京师图书馆的运转。1924年，中华教育文化基金董事会成立，京师图书馆的命运有了转机。1925年9月28日，在中华教育文化基金董事会召开的第一次执行委员会会议上，通过了与当时北京政府教育部合作办理国立京师图书馆的议案。10月22日，教育部与中华教育文化基金董事会正式签订《合办国立京师图书馆契约》，由中华教育文化基金董事会秘书长任鸿隽参与组织成立“国立京师图书馆委员会”的工作。任鸿隽希望胡适在“图书馆委员会”中占有重要位置，他致信邀请胡适：“此次的图书馆委员会，由教育部、基金会派出的委员（九人中陈、徐、高由教部派出，范、周、任由基金会派出）都是当然的，无足轻重的，我们所最属望的，乃在你及咏霓、君武三人。委员会不久开会，你若能来，于图书馆前途关系实非浅鲜呵。”[③]国立京师图书馆委员会最后人选分别是：委员长为时任教育部部长范源濂，委员会书记为北京大学教授胡适，同时任命任鸿隽、徐鸿宝、翁文灏、马君武等人为该委员会的执行委员。11月26日，教育部下达第206号令：“原设方家胡同之京师图书馆，应改为‘国立京师图书馆’，暂借北海地方。”[④]这是所见京师图书馆更名“国立京师图书馆”的第一份政府文件。12月2日，根据委员会的推荐，教育部聘梁启超、李四光分别为国立京师图书馆正、副馆长。

1926年2月中华教育文化基金董事会第一次常会正式议决建造北京图书馆，规定“北京图书馆建筑设备费一百万元，分四年支出。并通过聘请梁启超君为北京图书馆馆长，李四光君为副馆长”[⑤]。除了“临时费”（即建筑设备费）

---

① 陈鹤琴：《孟禄操纵“庚款基金”进行文化侵略的梗概》，见中国人民政治协商会议江苏省暨南京市委员会文史资料研究委员会编：《江苏文史资料选辑》（第二辑），南京：江苏人民出版社，1963年，第124页。

② 王祖彝：《京师图书馆回顾录》，《中华图书馆协会会报》1931年第7卷第2期，第2-8页。

③《任鸿隽致胡适》（1925年11月22日），见中国社会科学院近代史研究所中华民国史组编：《胡适来往书信选》上册，北京：中华书局，1979年，第352页。

④《教育部公报》，见中国第二历史档案馆编：《政府公报》，（1925年11—12月），上海：上海书店，1982年影印版，第225册，第696页。

⑤ 知者整理：《中华教育文化基金董事会报告》（1926年3月），见《近代史资料》总第101号，北京：中国社会科学出版社，2001年，第174页。

由中华教育文化基金董事会独立投入外，中华教育文化基金董事会还与教育部分担每月的“经常费”1000 元。嗣后建设北京图书馆的工作正式实施，1927 年虽一度受到南北战事的影响，但 1928 年以后在资料购买、目录分类等方面又有很大的成绩。关于北京图书馆建设的情况，任鸿隽有这样的回顾：“至北平图书馆之设立，虽认为永久文化事业之一，然当其经营之始，即具有特殊目的，盖此图书馆不但为普通性质之公共图书馆，而亦为特殊性质之参考图书馆也。故自该馆成立以来，每年添购书籍，中文则以材料书籍为主，西文则以各种科学书之旧刊杂志为主。经此六七年之缔造经营，不独外表矞焕辉煌，耸人观瞻，即其内藏之名贵充实，亦为国内首屈一指。目下无论何种学术，言及研究，莫不以北平为最适宜之地点，盖参考书籍之便利，无出此地之右者矣。”① 国立北平图书馆新馆的建成与投入使用，对中国的教育文化事业产生了长远的影响。

自 1925 年到 1949 年，中华教育文化基金董事会先后分别赞助了国立北平图书馆、私立武昌文华图书馆学专科学校、北京大学图书馆、清华大学图书馆、中国科学社明复图书馆等图书馆，有力地推动了中国图书馆事业的发展。自 1925 年至 1929 年，每年资助文华图书馆学专科学校 10 000 元，其中 5000 元为教习金，另外 5000 元为助学金（资助学生 25 名，每名 200 元）。1929 年，私立武昌文华图书馆学专科学校董事会成立时，其最大经费来源是中华教育文化基金董事会的补助费，每年总数高达 13 500 元；从 1930 年到 1932 年，连续每年补助 13 500 元；1933 年 7 月 14 日，中华教育文化基金董事会又决议在此基础上额外增加补助费和研究设备费 15 000 元；1934 年、1935 年又各补助 15 000 元；1939 年补助 15 000 元；1941 年拨发紧急补助 25 000 元用于建立新校舍②。另外，北京大学图书馆、清华大学图书馆、中国科学社明复图书馆也成为中华教育文化基金董事会资助的重要项目。中华教育文化基金董事会的资金援助，在一定程度上弥补了中国图书馆事业发展所需经费不足的情况，从而带动了中国国内图书馆事业的普遍发展。

任鸿隽在中华教育文化基金董事会的最初十年中做出了突出的贡献，这期间他努力实现发展科学的理想。任鸿隽的夫人陈衡哲也认为，在任鸿隽留美回

① 任鸿隽著，樊洪业、张久春选编：《科学救国之梦——任鸿隽文存》，上海：上海科技教育出版社，2002 年，第 487 页。

② 宋建成著：《中华图书馆协会》，台北：育英社文化事业有限公司，1980 年，第 143-146 页。

国后的事业中，“尤以中基会为最能使他发展其对于科学的抱负与贡献”[①]。中华教育文化基金董事会在发展中国科学方面做了许多极其重要的工作，对中国科学事业的推动所做出的贡献也是巨大的，胡适就曾“断言”：“如十年以来，若无中基会，则国中多处之科学研究必不能如此顺利发展”[②]，这之中当然离不开以任鸿隽为首的一批担任中华教育文化基金董事会董事的学人的艰苦努力和卓有成效的工作。

第三节　民国时期三大图书馆学期刊办刊特色之比较

诞生于20世纪20年代的《中华图书馆协会会报》《图书馆学季刊》《文华图书馆学专科学校季刊》(简称民国时期三大图书馆学期刊)，是民国时期三种非常重要的图书馆学专业期刊，是集中反映民国时期中国图书馆事业发展盛况与图书馆学学术发展成果的主阵地。在三大期刊办刊过程中，由于其办刊定位与办刊特色各异，因之对民国时期图书馆学学术转型承担的功能亦有所区别。学术界对三大期刊的研究，关注更多的是《中华图书馆协会会报》，而对《图书馆学季刊》与《文华图书馆学专科学校季刊》的关注相对不够，对三者的比较研究更是尚付阙如。本节将在分析三大期刊的办刊缘起与办刊特色的基础上，深入探讨其在民国时期图书馆学学术转型过程中所发挥的不同功用。

一、三大期刊的办刊缘起

进入 20 世纪之后，中国近代图书馆事业开始萌芽发展。特别是在 1917 年“新图书馆运动”兴起之后，如何通过更为广泛的交往来加速图书馆事业与学术的发展，便如此急迫地摆在了图书馆学界面前。1923 年，一些区域性的图书馆协会纷纷出现，为全国性图书馆界社会团体的成立奠定了良好的组织基础。

中华图书馆协会成立后，随即开始筹备出版机关刊物——《中华图书馆协会会报》。1925 年该刊创刊号刊载的《中华图书馆协会缘起》一文中，对图书

---

① 任鸿隽著；樊洪业、张久春选编：《科学救国之梦——任鸿隽文存》，上海：上海科技教育出版社，2002 年，第 747 页。

② 胡适著、曹伯言整理：《胡适日记全编（1931—1937）》(6)，合肥：安徽教育出版社，2001 年，第 486 页。

馆界的现状做了如下的描述："近虽取法欧美，颇有设施。顾尚馆自为政，不相闻问，将收远效，实待他山。同人服务典藏，行能无似，深苦观摩乏术，商榷莫由。"[①]因此成立协会的主要目的，正是要改变图书馆界"馆自为政，不相闻问"的现状。实际上这句话也可以看作是协会机关刊物创办的一个非常重要的动机。在《中华图书馆协会会报》办刊过程中，通过刊载中华图书馆协会通过的各类文告，以及对协会与各地方协会所开展各类活动的报道，尽力为中华图书馆协会的会员们服务，让他们通过《中华图书馆协会会报》的报道及时了解图书馆界的发展状况。尤其是《中华图书馆协会会报》着重对图书馆界重大事件的追踪报道，使得图书馆学界能够比较便利地了解到图书馆界的发展状况。例如，1925 年美国鲍士伟受美国图书馆协会委托，前来对中国图书馆事业考察的情况，《中华图书馆协会会报》不仅做了全程的跟踪报道，而且鲍士伟最终完成的考察报告，也是首先由《中华图书馆协会会报》全文刊发，引起社会各界对图书馆事业发展的广泛关注。

在筹备《中华图书馆协会会报》的同时，中华图书馆协会也开始筹划创办另一份机关刊物——《图书馆学季刊》。与《中华图书馆协会会报》不同的是，《图书馆学季刊》从一开始便侧重于图书馆学理论的探讨，这在由主编刘国钧撰写的《发刊词》中得到了充分体现。刘国钧将该刊定位在"本新图书馆运动之原则，一方参酌欧美之成规，一方稽考我先民对于斯学之贡献，以期形成一种合于中国国情之图书馆学"[②]。《发刊词》提出了学界应该努力的两大方向：一是力求图书馆学的普及，"使多数人得获有现代图书馆学最新之智识且谙习其运用以为改良旧馆增设新馆之资"，二是为形成"中国图书馆学"贡献力量[③]。正如《发刊词》中所言："图书馆学之原理原则，虽各国所从同，然中国以文字自有特色，故以学术发展之方向有特殊情形，故书籍之种类及编庋方法，皆不能悉与他国从同。如何而能应用公共之原则，斟酌损益，求美求便，成一'中国图书馆学'之系统，使全体图书馆学之价值缘而增重？"[④]

刘国钧之所以要将此时正在如火如荼进行中的"新图书馆运动"的基本原则——"以期形成一种合乎中国国情之图书馆学"，作为《图书馆学季刊》的办刊定位，是因为他深知：中国图书馆事业的发展，一方面离不开借鉴西方图

①《中华图书馆协会缘起》，《中华图书馆协会会报》1925 年第 1 卷第 1 期，第 3 页。

②《发刊词》，《图书馆学季刊》1926 年第 1 卷第 1 期，第 1 页。

③《发刊词》，《图书馆学季刊》1926 年第 1 卷第 1 期，第 1 页。

④《发刊词》，《图书馆学季刊》1926 年第 1 卷第 1 期，第 1 页。

书馆学理论。正如1923年他在谈及美国公共图书馆精神时所言："近代图书馆以用书为目的，以诱导为方法，以养成社会上人人读书之习惯为指归。"[①]另一方面又必须结合中国图书馆事业的特殊国情。至于如何做到将西方的图书馆学理论与中国国情相结合，刘国钧更是在实际操作层面提出了他的实现路径。他在1929年刊发的《中文图书编目条例草案》一文中，对如何结合中文书目的特点，提出符合中国国情的解决方案时认为："今之从事于图书馆事业者，多感分类与编目为二大难事。"[②]我们不难发现，在《图书馆学季刊》编辑过程中，基本上都是围绕以上两大主题展开的，从中也充分体现出了刘国钧的思想。

就《文华图书科季刊》(从1934年第四卷第一期起更名为《文华图书馆学专科学校季刊》)而言，从一开始纯粹为学生群体的杰作。该刊原名为《武昌文华图书科季刊》，由1928年入学的文华大学图书科的9位学生自发组织，次年1月正式创刊发行。该刊起初的工作重心，就与以上两份期刊有较大的不同。在由该校学生耿靖民撰写的《发刊词》中，对该刊的办刊宗旨做出了两点说明：一是希望通过该刊物的发行，引发学界更为广泛的讨论，"已经提出的，要荟集大家的智识，去追求解决的方法；没有提出的，也要大家去搜寻认识。即或有些问题在理论上已经想到了解决的方法，在实用上也还要辅以经验的参证"[③]。二是将目光瞄准对西方图书馆学理论的介绍，来充实中国图书馆学的内容。"要解决图书馆学上的种种问题，决不是凭空立论可以成功的，必定要有智识的贮积，作参考的资料，然后才有讨论的根据。"[④]此外，针对当时社会上大多数人还是把图书馆看作教育的附属品，却不知道其与其他教育机关应该立在一个对等地位的现状，耿靖民认为，对图书馆事业的宣传，也是当前非常重要的一项工作[⑤]。私立武昌文华图书馆学专科学校校长沈祖荣在《我对于文华图书科季刊的几种希望》一文中，充分肯定了学生们的办刊行动，并对他们提出了七点殷切期望，包括不要半途夭折，要特别重视图书馆实际困难问题，除了中文图书的分类方法、编目方法与汉字的排列方法外，尤其应该重视的是"如何引导民众，使能利用图书馆。民众既知利用图书馆矣，馆员应如何以应其需求"。同时他也指出，在图书馆学理论的探讨中应该包括海外各种高深学

① 刘国钧著：《刘国钧图书馆学论文选集》，北京：书目文献出版社，1983年，第12页。
② 刘国钧著：《刘国钧图书馆学论文选集》，北京：书目文献出版社，1983年，第61页。
③ 耿靖民：《发刊词》，《武昌文华图书科季刊》1929年第1卷第1期，第1-2页。
④ 耿靖民：《发刊词》，《武昌文华图书科季刊》1929年第1卷第1期，第1-2页。
⑤ 耿靖民：《发刊词》，《武昌文华图书科季刊》1929年第1卷第1期，第1-2页。

理，使中国图书馆学界中人“厕身其间”。[①]从以上沈祖荣对季刊的办刊者所提出的几点期望中可以看出，办刊伊始，校长对这些尚在校的学生提出的期望是能够做到有始有终，把刊物一直办下去，使之成为文华师生交流彼此心得的一个阵地。沈祖荣希望该刊的发行，能够使国内学界不仅着眼于当前的实际困难，而且如果做得更好一点，则是让学界中人了解国外图书馆学理论的发展趋势，使学界不至于落后太远。至于该刊后来在图书馆学界所产生的影响，倒可能出乎他事先的预料了。

二、三大期刊不同的办刊特色

从以上论述可知，三大期刊办刊缘起与定位的不同，导致其办刊过程中形成了不同的办刊特色。作为中华图书馆协会的机关刊物，《中华图书馆协会会报》具有其他刊物无法替代的独特性。《中华图书馆协会会报》每期刊发各地会员的消息，是该刊最具特色的地方。与《中华图书馆协会会报》对各地会员消息的报道一样，《文华图书馆学专科学校季刊》在每一期均刊载各地毕业生的相关消息，为一向被看作比较枯燥的学术刊物增添了不少亮色。与此同时，在报道世界图书馆学学术发展潮流方面，二者也有着相同的做法。比如，学界参加国际活动的介绍，以及对世界其他各国图书馆事业发展情况的介绍，都一直是《中华图书馆协会会报》与《文华图书馆学专科学校季刊》跟踪报道的重要内容。

如何将西方图书馆学理论与中国传统图书馆学理论相结合，从而开创出具有中国特色的图书馆学理论，是民国时期图书馆学界关注的焦点，也是各图书馆学期刊关注的热门话题。不过在实际操作过程中，各刊对之的关注度还是有所不同的。作为中华图书馆协会主办的一份理论刊物，《图书馆学季刊》从一开始便充分注意到了如何在传统的中国目录学与西方的图书分类和编目之间找到一个平衡点，因而该刊所刊载的论文中有大量是有关图书分类与编目方面的内容。而且如何实现传统中国图书分类与编目和西方图书分类与编目的结合，更是该刊关注的重中之重。在 1917 年“新图书馆运动”发起前后，一批自海外留学归来的学人，是此间中国图书馆学研究的主力军，不过总体而言这一群体人数还是很少。代表人物主要有沈祖荣、胡庆生、刘国钧、洪有丰、戴

① 沈祖荣：《我对于文华图书科季刊的几种希望》，《武昌文华图书科季刊》1929 年第 1 卷第 1 期，第 5 页。

志骞、袁同礼、李小缘、杜定友等。在20世纪30年代以后，虽然国内培养了多批专业人才，为图书馆学研究增添了新的力量，但总体上人数还是不多。在20世纪20—30年代，刘国钧作为《图书馆学季刊》的主编，在引领着该刊发展方向的同时，自己更是身体力行，将他的研究成果发表在刊物上，一方面说明刘国钧先生研究的领域广泛，研究的问题较深，并不断将同一领域的研究成果提高到新的高度；另一方面也从一个侧面反映出当时图书馆学研究领域人才和研究力量的不足，这也是造成众多研究成果集中于某一刊物上发表的主要原因。曾有学者对《图书馆学季刊》进行文献计量统计分析，发现载文量从多到少依次为文献学（56篇）、图书馆学相关学科（34篇）、文献标引与编目（32篇）、目录学、各类型图书馆（均为29篇）、世界各国图书馆事业（16篇）、图书馆学（14篇）、读者工作（6篇）、藏书建设与藏书组织、各种文献工作（均为4篇）、图书馆管理（3篇）①。除去传统的图书馆学研究领域如目录学、文献学研究外，从这里可以看出，近代范畴的图书馆学研究从对传统的目录学、文献学理论探讨，逐步转向于应用领域，偏重于以图书馆实务工作为主的微观领域的研究。

《文华图书馆学专科学校季刊》自办刊伊始，私立武昌文华图书馆学专科学校的学生群体便在刊物的编辑过程中发挥着非常重要的作用。甚至在办刊起初的几年中，基本上都是学生在处理相关事务。所以学生群体的特色在该刊表现得非常明显。不过尚需特别注意的是，与国内其他高等学校有所不同，私立武昌文华图书馆学专科学校在1941年之前所招收的学生不多，且都是从那些大学修业满两年的学生中招收，其中不乏燕京大学、齐鲁大学等校的学生慕名而来。因此在1941年以前的私立武昌文华图书馆学专科学校，虽然从名称上来看是一所专科学校，但在某种程度上却相当于高等学校中的研究所。此种招生体制采用的是美国图书馆学科人才培养通行的做法，也与欧美图书馆界对于图书馆从业人员的素质要求是一致的。

《文华图书馆学专科学校季刊》刊载的论文不以高深理论见长，偏重实用技术的研究，这与校长沈祖荣提出的特重实事的办刊宗旨密切相关。他认为“图书馆学为实用科学”②，因此在创刊号中提出了图书馆学术研究“要特重实事”，“今兹此刊，更当实事求是，特重图书馆实际困难问题。若中书分类法，中书

① 刘宇、宋歌：《〈图书馆学季刊〉载文计量研究》，《图书馆》2008年第3期，第50页。
② 沈祖荣：《我对于文华图书科季刊的几种希望》，《武昌文华图书科季刊》1929年第1卷第1期，第5页。

编目法，汉字排列法等等，皆应研究。而尤应急亟研究的，则如何引导民众，使能利用图书馆。民众既知利用图书馆矣，馆员应如何以应其需求。须一一作系统之研究，探求解决之方法，不稍蹈空言。至于图书馆各种高深学理，海内外专家，颇多研究之者，正不烦我们厕身其间”[①]。因此，《文华图书馆学专科学校季刊》着力于解决图书馆工作中的实际问题，反映了文华图书科在教学和学术研究上的强烈的实用主义色彩。

著名图书馆学家李小缘也非常认同《文华图书馆学专科学校季刊》注重实事的办刊风格，他在《中国图书馆事业一年来之进步》中写道：“其杂志之能以介绍图书馆技术者，当首推《图书馆学季刊》及《武昌图书馆专门学校校刊》。二者最注意介绍图书馆专门学术技能，兼及其他图书馆事业附属学科。”[②]《文华图书馆学专科学校季刊》对图书分类、图书编目、图书馆事业调查、图书馆事业建设、图书馆学教育等当时图书馆急待研究的实用技术问题讨论尤为激烈。在研究实用技术问题时，《文华图书馆学专科学校季刊》还注重翻译介绍国外图书馆学的重要研究成果，表明其特别关注世界特别是美国图书馆学的发展状况。据统计，该刊前后共发表论文433篇，其中译文93篇，占总数的21.5%[③]。仅讨论图书分类的代表性文章就有《布朗及其学科分类法》《布鲁塞尔分类法》《西洋分类法沿革略说》《增修杜威氏十进分类法一部份之商榷》等许多篇目，对国内图书分类的实践操作进行了很好的指导。

三、三大期刊在学术转型过程中各自不同的功能发挥

就整个民国时期而言，图书馆学学术转型过程中的三大期刊从办刊伊始，便承担了不同的功能，由此导致的是，所发挥的作用不同。图书馆学研究成果讨论、发表的园地，代表刊物有《图书馆学季刊》《文华图书馆学专科学校季刊》等。《图书馆学季刊》代表了民国时期图书馆学研究的最高水平，引领图书馆学学科体系的最前沿。该刊一以贯之地传承“如何而能使斯学普及——使多数人得获有现代图书馆学最新之智识”的理念，为追求“中国图书馆学”之系统而努力[④]。而作为图书馆学界共同的阵地，《中华图书馆协会会报》则为团

① 沈祖荣：《我对于文华图书科季刊的几种希望》，《武昌文华图书科季刊》1929年第1卷第1期，第5页。
② 李小缘：《中国图书馆事业一年来之进步》，《图书馆学季刊》1936年第10卷第4期，第509页。
③《文华图书馆学专科学校季刊》（第8册），北京：国家图书馆出版社，2009年，第690-712页。
④《本刊宗旨及范围》，《图书馆学季刊》1926年第1卷第1期，扉页。

结图书馆学界做出了重要贡献。

《图书馆学季刊》作为民国时期第一种图书馆学权威期刊，所刊发的多为长篇大论，它是传统中国图书馆学理论与西方图书馆学理论之间结合的典范。尤其是有关如何将西方的编目与分类方法，应用到国内图书馆的实务操作之中的问题，成为其引导学界共同探讨的热点话题。其在《发刊词》中提出“如何而能使斯学普及——使多数人得获有现代图书馆学最新之智识且谙习其运用以为改良旧馆增设新馆之资？……如何……成一‘中国图书馆学’之系统，使全体图书馆学之价值缘而增重？”[①]这两个命题，将建立“中国图书馆学”作为刊物的宗旨。其关于传统目录学和现代图书馆学二者皆不可偏废这一论断，在近百年后的今天依然成立。

就《文华图书馆学专科学校季刊》而言，它无疑引领了民国时期中国图书馆学学术转型的潮流，着重体现在其所刊发的研究论文中，有相当一批代表了当时国内图书馆学界的最新理论成果。例如，徐家麟便是在 1933 年的《论圕作业之学术化与事业化》（载《文华图书馆学专科学校季刊》1933 年第 5 卷第 2 期）一文中，最早向国内介绍芝加哥学派代表人物理论的。《文华图书馆学专科学校季刊》不但为密切中国图书馆学界之间的联系提供了有效的平台，而且也是展示私立武昌文华图书馆学专科学校办学水平的重要阵地。《文华图书馆学专科学校季刊》的出版，一方面体现了该校重视学术研究，是学校提供给文华师生学术研讨的园地，另一方面也是文华师生发表科研成果的平台，从而激发了文华师生们的科研热情。从 1929 年创刊至 1937 年停刊，《文华图书馆学专科学校季刊》共发表 400 余篇论文，有 138 名撰稿者，其中文华历届学生撰稿者就有 57 人，差不多占到了该刊整个作者群的半壁江山。

《中华图书馆协会会报》固然为团结图书馆学界贡献不小，但从学术高度来说，则不及《图书馆学季刊》和《文华图书馆学专科学校季刊》。《中华图书馆协会会报》在揭示全国图书馆界的状况、增强本行业的凝聚力方面所发挥的重要作用，是其他两个刊物无法替代的。正是通过这个独特的平台，有效强化了图书馆界人士的行业认同感。《中华图书馆协会会报》每期开辟的“图书馆界”栏目，报道了与有关图书馆法令颁布、图书馆特色馆藏、图书馆学招生、图书馆界的新发明等与图书馆相关的各类消息，甚至连湖北黄安七里坪设农民图书馆、香港轮渡上设图书室等都有相关报道。每期最后还有会员消息一栏，

---

① 《发刊词》，《图书馆学季刊》1926 年第 1 卷第 1 期，第 1 页。

介绍了协会会员的最新动向，使学界中人能很好地了解图书馆事业的发展。另外，当时日本侵略者对中国图书馆事业造成了极大的破坏，《中华图书馆协会会报》也报道了中华图书馆协会开展的一些工作，如致函各国图书馆协会争取国际上的同情与支持，促进了当时国际图书馆界的互相了解。

《中华图书馆协会会报》还对国外图书馆事业进行了介绍，是国内学界了解西方图书馆学发展状态的重要窗口，为中国图书馆界提供了睁眼看世界的机会。中华图书馆协会成立后，代表中国图书馆界参加国际图书馆协会年会，促进了与国外图书馆协会直接的沟通和交流，这些在《中华图书馆协会会报》上都有体现。例如，沈祖荣撰写的《参加国际图书馆第一次大会及欧洲图书馆概况调查报告》[①]，介绍了他在国外的所见所闻，以及从国外同行那里学到的先进经验，使许多无缘参会的同行能够吸取国外之所长，从而发展中国图书馆事业。1925 年 9 月，美国图书馆学家杜威被推举为中华图书馆协会名誉会员，《中华图书馆协会会报》刊登了杜威给中华图书馆协会信函的英文原文和中文译稿[②]。在信中，杜威回忆了美国图书馆协会的沧桑巨变。美国图书馆协会成立之初仅有会员 30 人，作为创始人的杜威不仅没有任何工作报酬，还要自己贴补费用维持协会的运转。而 49 年后的美国图书馆协会会员将近一万人，并获得了社会的广泛认可和各类基金会的资助。杜威以此鼓励中国同行克服草创时期的困难，以图将来协会和全国图书馆事业的大发展。毫无疑问，类似的国际交流大大鼓舞了中国同行的信心。

毫无疑问，新一代的图书馆学研究群体在接受图书馆学专业教育过程中逐渐成长起来了，通过对当时图书馆学研究群体进行调查，发现文华图书科的学生们从其在校期间，就在沈祖荣等老师的指导下，开始撰写论文、翻译国外的图书馆学论著，有的甚至开始撰写大部头的著作，成为图书馆学研究的生力军。1929 年 1 月创办的《武昌文华图书科季刊》是培养学生们发表其论文的第一个园地。虽然说该刊的大部分文章都是由学生们完成的，但是因为他们的写作和翻译是在老师的指导下进行的，所以显得计划性很强，其实用性和质量方面均有保证。这与沈祖荣的观点是分不开的，他认为“研究问题，出印刊物，正

① 沈祖荣：《参加国际图书馆第一次大会及欧洲图书馆概况调查报告》，《中华图书馆协会会报》1929 年第 5 卷第 3 期，第 3-29 页。

②《杜威博士来函》，《中华图书馆协会会报》1925 年第 1 卷第 31 期，第 19-21 页。

养成此两要素之一法”[①]。他们毕业以后，不仅将从文华图书科学到的知识传布各方，而且也将文华精神播撒到各地。

第四节 1945年《图书馆学报》的创刊及其学术影响

1945年6月，在四川璧山的国立社会教育学院，一份鲜为人知的杂志——《图书馆学报》创刊问世。这份首次以“学报”命名的图书馆学专业期刊，仅仅出版了它的创刊号之后便因各种原因停刊了。在很长一段时期，学术界基本上忽略了这份刊物的存在。直到20世纪80年代后，有人在论及徐家麟在1945年向国人介绍芝加哥学派代表人物巴特勒的《图书馆学导论》一书时，才提及该文是首先刊发在《图书馆学报》之上的[②]。也有论者在论及民国时期的图书馆学术团体时，对《图书馆学报》的办刊机构——1945年创办的中国图书馆学社做过简单的介绍[③]。以汪长炳为代表的学人是在什么样的背景下创办了《图书馆学报》，该刊代表了图书馆学理论发展什么样的方向，以及该刊所刊发的论文对后来的图书馆学理论发展又产生了哪些影响，本节将对之做出进一步的探讨。

一、汪长炳与中国图书馆学社的创立

自近代以来，随着国内图书馆事业的快速发展，对图书馆人才的培养提出了新的要求。从20世纪30年代开始，有关图书馆如何去推动社会教育发展问题，逐渐引起了图书馆学界的重视。1937年4月，俞爽迷就曾指出[④]，图书馆学教育的重心，既不是馆舍，也不是图书数量的多少和质量的好坏，更不是图书馆服务的对象，而是在图书馆的“馆员”问题之上。俞爽迷认为：“馆员在图书馆内施教，不论是动的，是静的，是呆板的工作，成是失于学问的指导，

① 沈祖荣：《我对于文华图书科季刊的几种希望》，《武昌文华图书科季刊》1929年第1卷第1期，第5页。

② 参见卿家康的《我国现代图书馆学基础理论奠基者事略》（《图书馆界》1988年第1期，第23-27页）与范并思的《中国理论图书馆学的先行者徐家麟》（中国图书馆学会编：《中国图书馆事业百年》，北京：北京图书馆出版社，2004年，第18-22页）。

③ 顾烨青：《民国时期图书馆学会考略》，《山东图书馆学刊》2009年第6期，第19-23页。

④ 中国图书馆学会主编的《百年文萃：空谷余音》一书（北京：中国城市出版社，2005年），在收录俞爽迷的《图书馆与社会教育》一文时，将其刊布时间误为1936年。

处处当竭用其精力，综括的说，当图书馆教育重心的馆员，是应当会想，会讲，会干，会写，方才对于处事，对于指导，对于教化，对于宣传，都能绰绰有余的应付。”[①]在他看来，馆员既是图书馆的动力，是图书馆的生命，也是图书馆服务对象的导师。这就必然要求馆员在学识、品性与工作方面有着较好的能力，才能更好地满足图书馆服务对象的需求。

然而如何才能培养出更多合格的馆员，来满足图书馆事业迅速发展的需求呢？虽然在进入民国以后国内也创办了几所图书馆学校（系），但这些学校（系）招收的学生人数不多，与图书馆事业发展对图书馆学人才的需求相比，真可谓杯水车薪。例如私立武昌文华图书馆学专科学校从 1929 年首次招生开始每年仅仅招收十几人，甚至有些年份还只是个位数。其他一些大学中的图书馆学系招生人数亦是与私立武昌文华图书馆学专科学校差不多的情形。自抗日战争全面爆发以来，急需利用社会教育事业来唤醒民众，使他们充分认识到抗日战争大业与国家的前途命运紧密联系在一起，而图书馆在社会教育事业中的作用显得越来越重要。但图书馆事业的发展急需一批拥有图书馆学专业技能的人才，因此如何才能培养出一批符合图书馆事业发展的合格人才，一时间成为大家共同关注的热门话题。1938 年 7 月国民参政会举行第一次会议，会上教育部提出了各级教育实施的具体方案，其中第 16 项第 3 条就列有“设立培植社会教育人员专科学校”一项，此案经大会通过并建议政府应着力推行。1939 年教育部在拟订第二期战时行政计划中，将以上方案具体化为“筹设国立社会教育学院培养社会教育高级人才并训练社会教育干部人员”，当即得到了行政院的核准施行。同年 4 月，教育部在重庆成立国立社会教育学院筹备处。不过在国防最高委员会审查后，认为当前抗日战争形势急迫，要求教育部延期至 1940 年之后筹设此学院。1941 年 1 月，教育部任命社会教育司司长陈礼江为国立社会教育学院筹备会主任委员，马宗荣等 9 人为筹备会委员，筹备工作总算正式启动[②]。同年 8 月，该学院在四川璧山正式成立，成为了国内第一家专门以社会教育见长的独立学院。

国立社会教育学院成立后，将图书馆学列为优先发展的学科，这在当时的国立高等院校系统中是仅有的一家。大概是在学院筹备期间的筹备委员马宗荣的推荐下，学院院长陈礼江邀请此时正在私立武昌文华图书馆学专科学校担任

① 俞爽迷：《图书馆与社会教育》，《中华图书馆协会会报》1937 年第 12 卷第 5 期，第 11-12 页。

② 国立社会教育学院编：《国立社会教育学院概况》，苏州：国立社会教育学院，1948 年刊，第 1 页。

教授兼教务主任的汪长炳，前来创办图书博物馆学系。

汪长炳（1904—1988），湖北汉川人，1922 年进入文华大学学习，4 年后从该校图书科毕业，旋即出任北京图书馆参考部主任。因在北京图书馆工作成绩卓著，1932 年秋汪长炳作为交换馆员被选派前往美国哥伦比亚大学图书馆中文部工作与学习，接替期满前往德国普鲁士邦立图书馆继续任交换馆员的严文郁[①]，两年后汪氏获得硕士学位。1934—1936 年，汪长炳留在美国国会图书馆东方部工作。1936 年汪长炳回国受聘于私立武昌文华图书馆学专科学校任教授兼教务主任，主要讲授“图书馆行政”与“参考工具书”等课程。1941 年汪长炳之所以接受邀请前来创办图书博物馆学系，是与他开始注重社会教育的理念分不开的。在美留学期间，他对美国 50 年的图书馆学教育发展历程感慨良多，更是对其在“事业社会化，学业专门化，作业分工化”方面的成就印象深刻[②]。为了实现图书馆“事业社会化”的愿望，汪长炳决定来到国立社会教育学院，开创一番新的事业。1941 年秋，国立社会教育学院图书博物馆学系在汪长炳的谋划下初具规模，开始正式招生上课[③]。汪长炳在图书馆学专业教师和专业书刊严重缺乏的艰苦条件下，完全凭借个人的声望与努力，先后聘请了徐家麟、严文郁、岳良木、杨家骆、顾颉刚、黄元福与钱亚新等七位教授（多为私立武昌文华图书馆学专科学校教授）前来任教；并通过多方搜集、筹借、商让、捐募等多种方式，向国内外有关机构广泛征集图书博物馆学方面的重要书刊。如该学院图书馆先后接受了美国图书馆协会、哥伦比亚大学图书馆学院，以及美国国会图书馆等团体的赠书，这使得国立社会教育学院图书馆的馆藏逐步得以充实。

20 世纪 40 年代的国立社会教育学院图书博物馆学系，在很短的时间内就聚集了大批从事图书馆学研究的学人，汪长炳开始谋划如何实现图书馆学界力量的大联合。在此之前，图书馆学界一直有着不同的地域派别，内部的斗争多少影响到了图书馆事业的发展[④]。为了更好地团结各派的力量，同时也是为了

① 国立北平图书馆编：《国立北平图书馆馆务报告》（民国二十一年七月至二十二年六月），北平：国立北平图书馆印，1933 年，第 33 页。

② 汪长炳：《哥伦比亚大学图书馆学研究院五十周年纪念》，见南京图书馆编：《汪长炳研究文集》，南京：南京大学出版社，2007 年，第 19 页。

③ 邱克勤、王可权：《记汪长炳先生》，见南京图书馆编：《汪长炳研究文集》，南京：南京大学出版社，2007 年，第 147 页。

④ 曾凡菊：《民国图书馆学学术转型中的三大地域中心探析》，《山东图书馆学刊》2014 年第 4 期，第 25-29 页。

让国立社会教育学院拥有更大的影响力，汪长炳产生了成立一个学术团体的想法。1945年3月30日，中国图书馆学社在国立社会教育学院成立，发起者为汪长炳、严文郁、徐家麟等人。该社经费来源为社员所缴纳的会费及捐助费，成立之初便拥有社员百余人，担任理事者为汪长炳、严文郁与徐家麟。学社内部组织设理事会及监事会，理事会下特设编辑出版委员会，计划陆续编印各种丛书和经常发行一种刊物《图书馆学报》①。

至于为何要发起成立这个社团，毛世锟在后来的《领导国内图书馆事业的两个会社》一文中，回顾中华图书馆协会成立之后，对国内图书馆界联络所做出的重要贡献，同时也感叹："我国新式图书事业自创始以来，因诸种障碍为梗，鲜有进步，时至今日，中国图书馆学术之建立，中国图书馆事业之推动，实至刻不容缓。"他对中国图书馆学社的成立给出了新的期许："中华图书馆协会经二十年之努力，虽功绩昭著，然此项事业艰巨，究非独力所能竣工，兹者中国图书馆学社乃应运而生，共襄伟业，实堪称幸事。考国外图书馆界会社并立之前例，则我国图书馆界之两该会社，固属并行不悖，愿彼此合衷共济，同建斯业，此不啻为著者所殷盼，即阖界人士亦寄有厚望焉。"②

二、《图书馆学报》的创刊宗旨

在中国图书馆学社成立3个月后，《图书馆学报》也于6月30日正式创刊。在该刊发行之前，中国图书馆界已经出版了较多的专业期刊，最具影响力的大概要数中华图书馆协会主办的《中华图书馆协会会报》与《图书馆学季刊》，以及由私立武昌文华图书馆学专科学校主办的《文华图书馆学专科学校季刊》。与以上三者有所不同的是，《图书馆学报》是在抗日战争期间非常艰苦的条件下创办起来的，承载了以汪长炳为代表的一批学人新的希望，这在由他亲自撰写的《发刊词》中得到了充分的体现。

一份刊物的创办，首先离不开它明确的办刊宗旨。作为由新成立的中国图书馆学社创办的一份新刊物，《图书馆学报》在办刊宗旨上与以上三者有些许的不同。例如，在《中华图书馆协会会报》创办之时，学界的状况正如其创刊号上所言："近虽取法欧美，颇有设施。顾尚馆自为政，不相闻问，将收远效，

① 陈铎：《培养图书博物馆人才的摇篮》，见苏州大学社会教育学院四川校友会编：《峥嵘岁月》（第二辑），苏州大学社会教育学院四川校友会，1989年，第37-38页。

② 毛世锟：《领导国内图书馆事业的两个会社》，《图书馆学报》1945年创刊号，第70页。

实待他山。同人服务典藏，行能无似，深苦观摩乏术，商榷莫由。”①因此成立学术团体与发行学术刊物的主要目的，正是为了改变图书馆界“馆自为政，不相闻问”的现状。而在《图书馆学报》创刊之时，学界交流已经有了很大的改观，但学术研究的现状却让汪长炳感到相当的不满意。在上文中，毛世锟对国内图书馆界状况尚描述得比较含蓄，而汪长炳在撰写《发刊词》中则说得更加直接：“本社同人认为不能不令人深抱遗憾的，乃是我图书馆界，在近一二十年内，的确并没有干出什么好的成绩来。本界多种事体，多只是在停顿的，或退化的状态中。”他继而更加严厉地指出：“在平时，在战时，本界未能努力谋贡献，求进展的事例，并不算少，固然，图书馆事业原有其本身的限制，它乃是一种最依赖外力支援，最易受外界影响的教育，文化，学术业务，然而将我等自己的不肖与不长进，全部掩饰起来，完全只诿过于时会与环境，我等却当认为这是最不应该，最失智，最危险的一种作风！”②正是在这样一种强烈的时代责任感的感召下，汪长炳对创办《图书馆学报》寄予了很高的期望。他说：“本社同人创刊本学报的旨趣留尽其荦荦大者，吾人等实自知能力薄弱，对上面所揭橥的种种，能做到多少，也并不敢自信。这一期创刊号能与读者见面，就是一件颇费心力的事。但吾人却敢相信，凡正当的事，是必应当有人出来干的，而其能成功，也是必然的。有所耕耘，必能有所收获。虽成功不必在我，却是并不消丝毫介怀的一件事。吾人今不自量力，编行这个学报，其能有以自慰的，仅此而已。至于督促并扶助本刊的长进，谨以企求于对它表同情，怀热望的诸君子！”③

汪长炳在《发刊词》中着重表达了两个层面的意见，作为该刊创刊的主旨。一方面是世界图书馆学发展的趋势，让他感到加强图书馆学研究迫在眉睫。汪长炳指出，“自本世纪以来，尤其在第一次世界大战之后，领导世界图书馆业务的美国图书馆界，对于图书馆服务有关的学理之研究，技术之改进，制度之建立，专业之创办各方面，都有了好些崭新的，精炼的学术研究作品问世。它们对于近年图书馆业务的进展，贡献尚大”④。正是在如此紧迫的时代背景下，他强烈认识到：“这种革渐的图书馆学，函有赖于我中国图书馆界同仁来共同介绍、研讨并创作，然后我等才得不为时代之落伍者，才有以自见于国际图

①《中华图书馆协会缘起》，《中华图书馆协会会报》1925年第1卷第1期，第3页。

② 汪长炳：《发刊词》，《图书馆学报》1945年创刊号，第1-2页。

③ 汪长炳：《发刊词》，《图书馆学报》1945年创刊号，第1-2页。

④ 汪长炳：《发刊词》，《图书馆学报》1945年创刊号，第1-2页。

书馆界，本刊的发行，愿为我国图书馆界供给一个图书馆学术研究发表的园地。”[①]另一方面他也是为了促进西方图书馆学理论与中国基本国情的结合，从而解决中国图书馆事业发展过程中的实际困难。他说：“图书馆学有其纯粹的学术内容，更有其属于地域性的学术内容。因此之故，想谋我国图书馆事业的发展，只移殖外来图书馆学术不为功，只学步于外国图书馆的设施，尤未见其可！本社同人窃以为我中国图书馆界，当多多研讨有关中国图书馆学术诸题材，解决中国图书馆各种实际问题，进以谋中国图书馆学术体系以及事业制度的建立，视为当务之急。”[②]

作为中国图书馆学社的机关刊物，汪长炳创办《图书馆学报》也是出于活跃图书馆界团体的需要。他说：“考察近代人类知识学术演进的史实，可知某一学术界进步与否，可以代表该学术界的团体组织，是否健全活跃，传布该学术界的言论与学术刊物，是否质与量都够好，作为一种衡量的尺度。这种例证，并不待远求，即犹目前我国某某学术界的情况来讲，那些是够标准的，那些是不够标准的，必都逃不过明眼人们的观察。”[③]汪长炳更是以高度紧迫的责任感指出了当时图书馆学界面临的艰巨任务：“这种责任，在我图书馆界同仁，实责无旁贷。外国的图书馆专家与学者，与本国的外界人士，对此能为力之处，究竟有限。兹事体大，头绪纷繁，自不必说。我国经历此次抗战，大小图书馆遭受极大的损失，只图谋恢复，已甚不易。这样一来更加重了我等的困难与负担。”[④]为了战后图书馆事业的发展，需要图书馆各界提出良方，而《图书馆学报》无疑将是他们进行广泛讨论的一个重要阵地。从以上汪长炳撰写的《发刊词》中可以看出，《图书馆学报》的创刊宗旨主要是在努力追逐世界图书馆学理论发展潮流的基础上，结合中国的国情，走出一条具有中国特色的图书馆学理论的研究道路。这一办刊宗旨在其创刊号所刊发的论文中得到了具体的体现。

三、《图书馆学报》创刊号刊文分析

《图书馆学报》创刊号一共刊载了 11 篇文章，其中 7 篇为专论，2 篇为译文，最后还有 2 篇为介绍性质的论文。在 7 篇专论文章中，尤以汪长炳、徐家

① 汪长炳：《发刊词》,《图书馆学报》1945 年创刊号，第 1-2 页。
② 汪长炳：《发刊词》,《图书馆学报》1945 年创刊号，第 1-2 页。
③ 汪长炳：《发刊词》,《图书馆学报》1945 年创刊号，第 1-2 页。
④ 汪长炳：《发刊词》,《图书馆学报》1945 年创刊号，第 1-2 页。

麟与顾家杰等 3 人的文章论述至深，且 3 人关注的焦点问题亦有所不同，从中大致能够看出该刊的办刊风格。

首篇汪长炳的《论图书馆施教目标》，是从 1939 年南京国民政府教育部新颁布的《修正图书馆规程》第三条开始说起的。该规程规定了“图书馆之施教目标，在养成健全公民，提高文化水准，改善人民生活，促进社会发展”四个层面。在汪长炳看来，该条规定阐述了图书馆从过去消极地等待读者来利用图书馆的馆藏，改为积极地推行图书馆事业的变动。汪长炳更是从培育一个人健全心理的角度，来分析图书馆在其中所能够发挥的作用。在他看来，要使一个人健全，必须先从心理上健全起，此即所谓正心诚意，心所表现于行为者，即形成一个人的品格。而品格教育的目的，在导人为善，因此，必需刻画一种典型，作为人的模范，如所谓圣人、贤人之类，皆是一种品格的教育方法。“孔孟朱（晦庵）陆（象山）诸哲，与我们相距或者有二千余年，或者八九百年，然而我们现在读其书录，想见其人，我们于熟读其书时，亦觉受其感召，无形中使其精神贯注于我们血脉之中。由此我们可知品格教育不必限于学校范围中，事实上，如我们于前所述，品格教育的典型——所谓圣人，或贤人者，不能与我们每一个人直接谈话，共同生活，但我们可于图书中，了解其为人。因此图书馆是实施品格教育的最好场所，图书馆于所藏名人传记及其品格教育书籍中，启发人的伦理观念，授予人以正当的行为规范。”[①]正如他在文末所言：“图书馆的施教目标，对于一国的学术文化社会文明均有密切关系，今后中国不言文化、文明则已，否则必须发展图书馆教育事业，以助成社会之进步。当前中国图书馆界的实际情形，距理想之境地正远。今后我们要由量的扩展，进而为质的充实，由静的工作，进而为动的教育，这是一个实际问题，究应如何改进规划，留待吾同仁同志共起研究之。”[②]

徐家麟的《关于图书馆学的认识几点观察》长达 1.8 万字，是该刊所有论文中篇幅最长的一篇。此文向国内介绍了以巴特勒为代表的芝加哥学派最新的图书馆学理论，更为重要的是他在该文的下篇中提出了他对图书馆学理论的新认识。此文距巴特勒 1933 年的著作《图书馆学导论》出版已经过去了十多年，因而徐家麟在开篇中，与汪长炳一样表达了对中国图书馆学理论研究进展不畅的忧虑。他说：“此书（指的是巴特勒的《图书馆学导论》一书——笔者注）

① 汪长炳：《论图书馆施教目标》，《图书馆学报》1945 年创刊号，第 1 页。

② 汪长炳：《论图书馆施教目标》，《图书馆学报》1945 年创刊号，第 3 页。

出版，足足十年有余，虽说图书馆专题研究的著作，已有好些种类，似白氏此书的，却仍无之。图书馆学研究的进步，诚然并算不得很快。”[①]正如他在上文中所言：“在本年上月，文华图书馆学专科学校，承美国图书馆协会赠送几册新出版的图书馆学书刊，托由华莱士副总统携带来华。其中一册，是该协会在去年刊行图书馆学之辞书，笔者有机会得快先睹，自感到欣慰。因个人向来对于图书馆学问题考虑的兴趣，仍不时有之，所以检阅这书的时候，首先便是看它对于图书馆学有何定义，可是结果是难令我满意的。”[②]徐家麟只看到了“图书馆业”与“图书馆学”两条，而如“图书馆服务”与“图书馆工作”等字样，大概是美国图书馆界认为并无任何特殊专门的意义，所以均未收入。该书将图书馆业定义为：“实用书的知识及某一些原则、理论、技术，于图书馆中书籍及其他资料收藏，设置，保藏，组织，与运用各方面，暨图书馆服务之推广。”[③]而对图书馆学的定义，则仅仅描述为“辨识，收集，组织，应用，印刷的或手写的文件之知识与技能”[④]。在徐家麟看来，图书馆学的定义绝不当平庸至此，但这个定义，也绝不会是胡乱写下来的。从这短短的词句中，徐家麟看到的似乎是美国图书馆界全体，特别那占绝大多数的普通图书馆员，对图书馆学并未深接受、深研讨，只算是承认有这回事罢了。

该刊第 7 篇是顾家杰的《图书馆员的修养》，探讨的是图书馆员在图书馆事业推广中的作用。顾家杰认为：“图书馆是什么？至今还有许多人不明白。简括一句。是：教育机构的一种。办理图书馆也就是办理一种教育。”[⑤]在他看来，只有将这一目标切实认识清楚，否则很容易让从事图书馆工作的人误入歧途：以为它只是旧式的藏书楼或新式的养老所。那图书馆何以是教育的机构或工具呢？在顾家杰看来，“知道图书馆融合中外古今的思想学术文化于一室，综合汇集，成为大观。称为知识之泉源，亦非过誉。图书馆是为读者预备的一个适宜于研究的环境，让读者尽量发掘智识的宝藏。美国的通识教育（Liberal Education）前人译为自由教育，觉为不妥，改译通识也可说是图书馆教育。这无非是特别注重图书馆，利用馆内资料，以造成一个通识之士。前人说过：欲通一经，须通群经。即是说欲通一门学科，非通与此有关的全部知识不可。图

① 徐家麟：《关于图书馆学的认识几点观察》，《图书馆学报》1945 年创刊号，第 5 页。
② 徐家麟：《关于图书馆学的认识几点观察》，《图书馆学报》1945 年创刊号，第 14 页。
③ 徐家麟：《关于图书馆学的认识几点观察》，《图书馆学报》1945 年创刊号，第 14 页。
④ 徐家麟：《关于图书馆学的认识几点观察》，《图书馆学报》1945 年创刊号，第 13 页。
⑤ 顾家杰：《图书馆员的修养》，《图书馆学报》1945 年创刊号，第 51 页。

书馆便是为这项工作预备的一种事业。也可说图书馆是为他人做学问的一种准备工作，它是百分之百的服务性质，决不带有一分功利性的”[①]。

顾家杰继而指出，图书馆的目标因施教的对象不同而各异，大致可分为学校图书馆与公立图书馆，前者的目标是辅助教学，供给学生和教职员以教学上需要的精神食粮。一个理想的图书馆员，不仅是一位事务人员、技术人员，还是兼备教师的学识与胸怀的人员。除供给课程所需资料及一般修养常识所必需的读物外，对读者应予以阅读之指导。读者有问题，尽可能为之解答。例如，各国的大图书馆常有参考部之设立，主要目的是代读者解答疑问。小而查考一个人名，大至专门学术之研讨，代查资料，编制书目，帮助读者贡献极大，据闻尚有在馆内设立讲座，聘请著名学者担任，专为读者解决难题，这样教学效率自然提高，对于传播知识，促进文化，增加人类幸福上有何等贡献，不难想象得到了。公立图书馆是社会教育的好工具。它的对象是全社会，施教范围较学校为广，受教的有各种人。影响所及，更为广大。如养成保护公物、守法、守秩序、守时间、清洁、勤勉、求真、懂礼貌等好习惯。图书馆是终身享受不尽的好地方，愈利用愈觉得它可爱。顾家杰最后提出，“图书馆员的修养可以归纳成三句话：以学者的态度求得‘真’，以宗教家的热忱求得‘善’，以艺术家的胸襟求得‘美’”[②]。顾家杰有关图书馆员应有的“真”“善”“美”三个层面的修养，是当时所有论者中最为精练的概括。

从以上三篇论文可以看出，它们的共同主旨均对图书馆与社会之间的关系，有了一些新的认识。与此时期关于图书馆与社会之间关系的新见解比较，该刊的创刊亮点是他们更加深刻地认识到，无论是从图书馆自身层面来看，还是从图书馆员群体来看，均对之提出了更高的要求。他们在此问题上的新认知，表明 20 世纪 40 年代国内学界在此问题上的认识达到了一个新的水平。

《图书馆学报》也非常重视对外域图书馆学界发展趋势的介绍。在创刊号中有两篇文章，分别介绍的是美国图书馆学理论发展与图书馆事业发展过程中有关中美图书馆事业的计划。《目录学与“事”同“人”的关系》是严文郁翻译乔治·施耐德（George Schneider）所著《目录学的原理与历史》（*Theory and History of Bibliography*）一书的第一部分。该文从广义上的目录学开始谈起，就目录学究竟有哪些功用，提出了作者的一些新思考。

---

① 顾家杰：《图书馆员的修养》，《图书馆学报》1945 年创刊号，第 51 页。

② 顾家杰：《图书馆员的修养》，《图书馆学报》1945 年创刊号，第 53 页。

四、《图书馆学报》的学术影响

汪长炳在其撰写的《后记》中，对今后图书馆事业的发展提出了殷切期望。他指出："图书馆在中国历史不久，社会对它的认识不够透彻，徐家麟先生《关于图书馆学的认识几点观察》一文，强化科学的图书馆学研究。正如他在文中所言：'在我国不少无书之图书馆，也尽多无图书馆无读者之书，更多无书无图书馆之读者，这话无论是图书馆从业员或非图书馆从业员读起来同样是感到问题的严重。徐先生在国立社会教育学院图书博物馆学系及文华图书馆学专科学校执教多年。'"[①]他对皮高品的论文亦称赞有加，认为"一部七略不足以范围今日之图籍，新编之分类法又各有短长，皮著中国图书分类法一书，早为多数图书馆所采用，兹又出其结余专就语言文字学一类作详细之论，识议超卓虽'语言文学'之应否并合为类，见仁见智各有不同，然学术之进步，专赖研讨"[②]。政府近年来对于图书馆法令之订布，巨细无遗，国立社会教育学院教师兼图书博物馆学系主任汪长炳先生《论图书馆施教目标》一文，论述了教育部所规定之图书馆施教目标，以学理之论据，配合政府法令，作精神之引申，颇堪体味[③]。

在《图书馆学报》创刊号所刊发的文章中，最有影响力的当然要数徐家麟的《关于图书馆学的认识几点观察》一文。值得注意的是，1939 年从美国留学归来的徐家麟，在 1945 年发表的《关于图书馆学的认识几点观察》一文中，不仅详细介绍了芝加哥学派代表人物巴特勒的思想，还用了更多的篇幅来阐释他对世界图书馆学理论发展的深刻思考。徐家麟认为，巴特勒的最大贡献，在于提出了使图书馆学科学化的命题。这一命题简单来说，就是："图书馆业务之推进，须与现代的科学精神无违背，须将科学研究方法应用到能如此处理之种种图书馆业务上面去，并向其他学科之研究，互相借镜，互换研讨的结果。"徐氏进而指出，巴特勒的理论给广大的图书馆工作者提供了一个全新的空间，"图书馆学如能努力于科学化的图书馆学的创获，则图书馆员们将有一种新天地"[④]。在该文的结尾部分，徐家麟还从图书馆是否能够继续存在下去的角度，首次提出图书馆观念与图书馆精神的问题。在他看来，"甚而

① 汪长炳：《后记》，《图书馆学报》1945 年创刊号，第 71 页。
② 汪长炳：《后记》，《图书馆学报》1945 年创刊号，第 71 页。
③ 汪长炳：《后记》，《图书馆学报》1945 年创刊号，第 71 页。
④ 徐家麟：《关于图书馆学的认识几点观察》，《图书馆学报》1945 年创刊号，第 6 页。

至于再更进一步说，如图书馆观念，图书馆精神，岂只是图书馆才能有之，才能实行？图书馆界的创始者，必先有图书馆的观念与精神，然后才能建立起图书馆来。反之，若无图书馆观念与精神，即有多好的图书馆，亦必遭毁灭！”[①]

与同时代的中国图书馆学家相比，徐家麟是站在世界图书馆学理论最前沿的一位。当时无论是中国还是美国，从事具体业务的普通图书馆员对图书馆学界有着很大误解，他们对图书馆学理论相当陌生，认为图书馆学研究算不上是什么学问。面对中外图书馆学界共同的局面，徐家麟提出了他的观点：“设若在图书馆学研究方面，能迎头赶上外人，我们同时却需承认，能从学习的也尽多。这也是我们应努力的事。”[②]徐氏随后指出，中国图书馆学界当前最根本的任务，是在自尊本业与业界中人的图书馆精神共同影响下，去做好图书馆服务之事。他说：“愚以为我图书馆界人士，当勿忘所经营的是图书馆，当以图书馆本行的种种事为急务，当有图书馆精神，自尊本业与本界中人；凡图书馆界能将自身业务办好，是为解决本界困难，并取得外界信任的最好办法。此业务为何？不用说，最根本的仍是图书服务一事。”[③]徐家麟《关于图书馆学的认识几点观察》一文中，对图书馆学理论的阐发，代表了国内图书馆学探索的最高水平。

皮高品的《中国语言文字学书籍分类的研究》一文，是《图书馆学报》创刊号所刊发的论文中一篇探讨图书分类的论文，是他对以往所创作的《中国十进分类法及索引》的深入研究。该文深入分析了中国历代关于语言文字类书籍的分类体系，阐述了对分类法中语言文字类的内容范围的看法，并就当时一些学者主张分类法中语言文字与文学联类的观点，提出了与他人不同的独特的看法，论证了“语言与文学分开并无不合，两者并无合并或联类的必然道理”这一新颖的学术见解。该文为后来人们编制图书分类法，将语言文字与文学分别列类，提供了理论依据[④]。俞君立对皮高品于1945年在《图书馆学报》中刊文所提出的“语言与文学分开并无不合，两者并无合并或联类的必然道理”这一观点，给予了很高的评价[⑤]。

国立社会教育学院图书博物馆学系这一平台，对汪长炳来说意味着得以用

① 徐家麟：《关于图书馆学的认识几点观察》，《图书馆学报》1945年创刊号，第16页。

② 徐家麟：《关于图书馆学的认识几点观察》，《图书馆学报》1945年创刊号，第15页。

③ 徐家麟：《关于图书馆学的认识几点观察》，《图书馆学报》1945年创刊号，第13页。

④ 俞君立主编：《中国文献分类法百年发展与展望》，武汉：武汉大学出版社，2002年，第165-166页。

⑤ 俞君立：《文华图专学者对图书分类理论与实践的贡献》，见马费成主编：《世代相传的智慧与服务精神——文华图专八十周年纪念文集》，北京：北京图书馆出版社，2001年，第217页。

更多的精力来推动社会教育。早在 1942 年国立社会教育学院创立不久，他就曾对图书馆与社会教育之间的关系，提出了他的看法。他说："图书馆之施教对象为图书馆所在区之全体民众，并包括本区内寄居之外国人士，及本区外之各种社会团体学术机关，是其范围影响普及于整个社会。社会之良窳，胥赖于图书馆教育之推进与否，其社会文化固在一般水准之上，得图书馆而进步益显。其社会文化不及一般水准，得图书馆而进步日上，以趋及于一般水准。图书馆之施教目标，在于促进社会发展，故图书馆之设施，以策动一切社会活动为中心工作。"①汪长炳不仅在此文中指出了图书馆与社会教育之间的关系问题，还提出了一个长期以来没有引起图书馆学界高度重视的课题，那就是图书馆如何去积极主动地推动社会教育事业发展的问题。

1945 年创刊的《图书馆学报》虽然仅仅出版了一期便因各种原因停刊了，但这份以学报名义刊布的图书馆学期刊，是以汪长炳为代表的一批图书馆学人，对提升图书馆学研究水平做出的艰辛努力。从该刊刊发的论文中可以看出，他们希望开辟出一片新的阵地，为图书馆推动社会教育探索出一条新的道路。

本章小结

本章着重探讨的是学术转型过程中，不同的机构所承担的不同的功能。对于学术转型时期的人才培养，由以武昌文华大学图书科发展而来的私立武昌文华图书馆学专科学校等为代表的一批学校（系）承担了此项重任。这些教育机构在办学过程中，大多采用的是美式人才培养模式，这为学术转型所急需的大批图书馆学领军人才的培养提供了良好的条件。以中华图书馆协会为代表的图书馆学社会团体，则承担了广泛联络图书馆各界力量的重任，并通过与国外图书馆学界的交流，让国内学界更加了解世界图书馆学的发展趋势。诞生于 20 世纪 20 年代的三大图书馆学期刊，在学术转型中发挥的功用更是不容小觑。此外 1945 年创刊的《图书馆学报》则是图书馆学期刊中的一大亮点。作为发起人，汪长炳希望通过此刊的办理为图书馆学界提供一个新的发展方向，从中反映出他在追随世界图书馆学发展潮流中所付出的努力。

---

① 南京图书馆编：《汪长炳研究文集》，南京：南京大学出版社，2007 年，第 22 页。

第三章　借镜海外：学术转型中的图书馆学基础理论建构

图书馆的内涵究竟为何？图书馆学又是一门什么样的科学？这是自近代以来，图书馆学界一直在努力追问的核心话题。在民国时期中国图书馆学基础理论发展过程中，美国图书馆学理论所产生的影响在所有西方图书馆学理论中占有独一无二的地位。大致说来，国内图书馆学基础理论的建构过程，主要受到了美国图书馆学界两大派别的影响：一是自 19 世纪美国图书馆学理论兴起以来一直占据独特地位的哥伦比亚学派；二是在 20 世纪 30 年代兴起的芝加哥学派。正是在此两派理论的影响下，到 20 世纪 40 年代，中国学界对图书馆学基础理论的认识走向成熟。

第一节　何为“图书馆”的理论追问

自近代以来，藏书楼虽然在各地依然存在，但藏书楼的传统观念逐渐在“新图书馆运动”的推动下退出了历史舞台，近代意义上的图书馆理念开始为广大民众所接受。在这一过程中，学界中人对于何为图书馆以及何为图书馆学的讨论甚为激烈。这场讨论基本上都是在追随西方图书馆学理论的发展，且经历了从学习日本向学习美国转变的过程，其中尤以受哥伦比亚大学图书馆学院的影响最深。随着学人对以上问题讨论的不断深入，到 20 世纪 30 年代，中国图书馆学界对有关图书馆内涵的认知呈现出阶段性的变化。

一、清末民初借法日本的起步阶段

自 19 世纪末 20 世纪初以来，国内图书馆学在借鉴国外先进理论时首先是“以日为师”的阶段，这一阶段主要在 1909—1918 年。1894 年甲午中日战争的失败，彻底打破了国人“天朝上国”的迷梦。知耻而后勇，一些有识之士开始意识到，日本的成功不仅仅是在政治制度革新方面，更为重要的是在输入西学、消化并吸收西学方面也取得了成功。仿效和学习日本，从日本来吸收西学经验，成为当时爱国志士的共同理念。1897年，湖广总督张之洞的《劝学篇》应时而生，几乎成为当时倡导国人留学日本的宣传书。1899年，总理各国事务衙门奏陈“遵议遴选生徒游学日本事宜片”，初步拟定了派员出洋游学日本的章程[①]，由此也就拉开了清末中国留学生大规模留学日本的序幕。据有人统计，1904年在日的中国学生尚只有2400多人，到1906年留日高峰时期人数高达一万二三千人[②]。借助日本来了解西方的另一个重要表现是在翻译日文书籍方面，从1850年国内翻译第一部日文书籍开始，到1899年中国翻译引进的日文书籍为86部，但自1895年以后至辛亥革命爆发，在短短的十几年间国内翻译日文书籍数量高达1014部。进入民国时期以后，翻译日文书籍的数量开始下降，到1940年只有969部[③]。由此可见，19世纪末20世纪初是中国翻译引进日文书籍的高潮期，此间“学习日本”的氛围也达到了高潮。

清末民初，国内基本上都是受日本图书馆学思想的影响。例如，1906年罗振玉在《京师创设图书馆私议》一文中，对图书馆定义为：“保固有之国粹，而进以世界之知识，一举而二善备者，莫如设图书馆。”[④]罗振玉是近代著名的考古学家、金石学家、敦煌学家、目录学家、校勘学家与古文字学家，是中国近代考古学的奠基人之一，他主要从事甲骨文字的研究与传播，并做出了卓越的贡献。仔细考察他对图书馆的定义可以发现，一方面固然还是有着传统藏书楼的理念在内，但另一方面他所言及的“进以世界之知识”，反映出当时的日本图书馆学思想的延续。

在这一阶段较为系统地介绍国外图书馆学思想的，是孙毓修1909年所译撰的《图书馆》一文，该文是进入近代以来国内学人系统介绍国外图书馆事业与图书馆学思想之始。孙毓修的《图书馆》一文，对何为图书馆做出了另外一番定义。他说：“图书馆之意，主于保旧而启新，固不当专收旧籍，亦不当摒弃外国文，示人以不广。”他更是将图书馆与正在蓬勃发展的新式教育联系起来，来阐述图书馆的社会功能。他说：“自科举盛行，天下之士，非功令之文不读，古书浸以亡矣。学校既兴，后进之士，驰思校课，功不遑他及，教不及

① 陈学恂、田正平编：《中国近代教育史资料汇编》（留学教育），上海：上海教育出版社，2007年，第338页。

② 李喜所：《清末留日学生人数小考》，《文史哲》1982年第3期，第29页。

③ 潘玉田、陈永刚著：《中西文献交流史》，北京：北京图书馆出版社，1999年，第254页。

④ 罗振玉：《京师创设图书馆私议》，《教育世界》1906年第130期，第1页。

陈言。五经三史，不举其名；八素（索）九丘，安知其典。忧时之士，悯国学之日亡，而思所以救之，乃有存古之堂，有扶古之社。要之学堂之力，所存者几何？学社之力，所扶者几何？且专在保旧，而必与新学如鸿沟之画界，则冒刘舍人见东墙而不见西墙之讥。主于金石书画，而不及经籍，则于孟氏忘本逐末之诫。是皆非今日之先务也。”孙毓修对图书馆的功能的认识，是从保存古籍与促进新式教育两方面来叙述的。他说：“欲保古籍之散亡，与策新学之进境，则莫如设地方图书馆，使一方之人，皆得而阅之。著作之家，博览深思，以大其文。专家之士，假馆借阅，以蓄其德。即一艺一业之人，亦得于职务余闲，藉书籍以慰其劳苦，长其见识。而高等学堂，遍设为难。有一藏书楼，则校外之生，可以入内浏览，温其故课，而启其新知。就学儿童，休业之日，亦可入馆，以书为消遣。如近日商务印书馆所出之童话及儿童教育书，皆为此辈设也。邑中子弟有读书之便，则移其作为无益之嗜好心而嗜书，其有益于风俗社会非细故矣。”①

除了孙毓修之外，顾实 1918 年出版的《图书馆指南》一书，可谓日本图书馆学思想影响中国的最后余音。尽管在 1918 年以后也仍然存在着学习、吸收日本图书馆学思想的现象，但是，这一状况已和“以日为师”阶段有着很大的不同。自此以后，学习、介绍日本图书馆学思想已退为其次，取而代之的是“以美为师”的新阶段，其中正在进行的“新图书馆运动”最具代表性。对于顾实的《图书馆指南》的学术价值，1926 年刘国钧曾有过较为客观且辩证的评价，他认为此书是“我国人今年所著图书馆学中之有系统的著作也”②。他同时也肯定了该书深受日本图书馆学思想的影响，首先体现在其与 1915 年由日本图书馆协会出版的《图书馆小识》一书在书籍体例上几乎完全相同。《图书馆小识》一书是日本“国内士夫，咸思创建有益事业”，“意指在使用图书馆之概念，深入于有众之脑海。记列经营图书馆者之职司。输入必备之知识”③。该书共分为 22 章，比较巧合的是顾实的《图书馆指南》是 24 章。顾实早年留学日本，回国后投身教育，对教育与图书馆之间的相互促进作用有着切身感受。在《图书馆指南》的第一、二章中，顾实就指出“图书馆之目的，固在使国民广求知识于世界也”，且认为除学校教育之外，图书馆必要之理由在于“夫教

① 孙毓修：《图书馆》，《教育杂志》1909 年第 1 卷第 11 期，第 47-48 页。
② 刘国钧：《现时中文图书馆学书籍评》，《图书馆学季刊》1926 年第 1 卷第 2 期，第 346 页。
③ 刘国钧：《现时中文图书馆学书籍评》，《图书馆学季刊》1926 年第 1 卷第 2 期，第 347-348 页。

育之种类虽繁，不越自育他育两大别。在学校受教于教师，偏倾于他育者也。图书馆自力修养，偏倾于自育者也”。顾实认为，一个人进入学校受教时间有限，而图书馆与学校教育最大的不同是，它能使大多数国民不分等级，均能接受普通以上的教育。所以从这个层面来讲，图书馆在推进教育上的功绩足以与学校教育相媲美，甚至有过之而无不及。[①]顾实的这种观念与 19 世纪末早期维新思想家郑观应的思想不谋而合。而在此之后不久，刘国钧在《美国公共图书馆概况》一文中也曾提到“图书馆在教育上的价值，有时竟过于学校”，“学校之教育止于在校之人数，图书馆之教育则偏于社会”，“学校之教育有规定课程为之限制，而图书馆之教育则可涉及一切人类所应有之知识；学校教育常易趋于专门，而图书馆教育则为常识之源泉”[②]。

二、20 世纪 20 年代图书馆学思想的初步形成

在“新图书馆运动”时期，戴志骞在 1923 年发表的《图书馆学术讲稿》，将欧美图书馆学思想引入国内，集中反映了此时学界风向的转变。戴志骞 1888 年出生于江苏省青浦县（今上海市青浦区）珠溪镇，1908 年考入上海著名的教会学校——圣约翰大学，并于 4 年后获得文学学士学位[③]。早在上学期间的 1909 年秋季开始，戴志骞就兼任了圣约翰大学图书室主任之职。在他的主持下，圣约翰大学图书室延长开放时间，增聘图书室管理人员，扩大图书室规模，初步展现出了他优秀的图书馆管理才能。1914 年夏，戴志骞离开服务长达 5 年之久的圣约翰大学图书室，前往北京出任清华学校图书馆馆长。

1916 年 4 月，在校长周诒春的主持下，清华学校开工建造新的图书馆馆舍，此项工作一直到 1919 年 3 月才最后完工。新落成的清华学校图书馆不仅是当时东亚地区首屈一指的学校图书馆，而且后来也成为清华园有名的四大建筑之一。为了提高新馆落成后图书馆的管理水平，校方未雨绸缪决定派遣馆长戴志骞作为庚款津贴生，于 1917 年 8 月赴美专修图书馆学。戴志骞先是进入纽约州立图书馆学校学习，一年后获得图书馆学学士学位。此时清华学校图书馆尚在建设之中，于是戴志骞赴任哥伦比亚大学图书馆馆员，且兼任爱布顿军营

① 顾实著：《图书馆指南》，上海：医学出版社，1918 年，第 1-14 页。

② 刘国钧：《美国公共图书馆概况》，见刘国钧著：《刘国钧图书馆学论文选集》，北京：书目文献出版社，1983 年，第 11 页。

③ 郑锦怀：《戴志骞生平与图书馆事业成就考察》，《中国图书馆学报》2011 年第 4 期，第 115-117 页。

图书馆参考部主任、副馆长、代理馆长等职务，并于1919年8月回国。

回国后的戴志骞决定利用图书馆新馆先进的硬件设施，将美国图书馆先进的管理理念和管理方法运用到图书馆的管理上，推行大幅度的改革举措。首先，他确定了图书馆在校园中的参考性质，首次在图书馆建立起参考部门，并健全其组织系统。其次，他还建立起了图书馆的预算制度，利用较为宽裕的经费预算来大力添置各类图书。当然更为重要的是，他决定采用美国先进的图书分类编目方法，并在图书馆大力推行开架阅览制度，大大提高了图书馆图书的利用度。

1923年，戴志骞应国立北京高等师范学校举办的图书馆学讲习会之邀，发表了题为《图书馆学术讲稿》的学术演讲。在这篇讲稿中，戴志骞在回顾美国图书馆事业发展历程的基础上，集中阐述了当时美国图书馆学“免费”“开放”的理念。他指出，中国“如欲设立实用之图书馆”，应从六个方面着手开展工作。前三项主要是针对图书馆设置与图书采购问题：一是切不可将图书馆设在地理位置偏僻、交通不便之处；二是图书馆虽然不必有极华丽屋宇，但总体而言要整齐、清洁、干燥，且要有利于空气流通与采光；三是多数图书馆限于款项的不足，所采购的书籍“不必出重价购善本希珍之书籍，应先购有实用而多参考资料之书籍”。后三项则着重于图书馆运行问题：一是在书籍采购任务完成后，应对之进行详细的分类编目，以方便读者借阅，省去他们查找的烦恼。同时也可避免因为编目的不善，书籍陈列架上终无阅览者。二是图书馆为读者服务，开门借书时刻应实行全天候开放。此点是为利便人民起见，唯此项举措对读者极有益，而于图书馆款项上稍有妨碍，因须加增馆员人数，并值星期及假日馆员之薪金应稍优，以示鼓励。三是馆长之对于书籍，“切不可有守财奴对于金钱之观念。应想各种方法，使人民多用书籍杂志，而少窖藏书籍；须具商铺掌柜之资格，望每日夜皆有主顾，愈多愈善，切不可具局长之威严，有‘图书馆重地，闲人莫入’之牌示”①。

从以上六项要求中可以看出，戴志骞关于开办与运行普通图书馆六个方面的注意事项，虽然更多的是言及图书馆设置的基本要求，但我们也应注意到他所引用的美国图书馆管理委员会（后来称美国图书馆协会）中的一句格言：“出少数之金钱，购多数有用之书籍，与大多数人民享受。”②他认为此句格言应被

① 戴志骞：《图书馆学术讲稿》，《教育丛刊》1923年第3卷第6期，第2-5页。

② 叶继元主编：《南京大学百年学术精品·图书馆学卷》，南京：南京大学出版社，2002年，第155-156页。

每一位图书馆管理员当作金科玉律，铭记在心。实际上从这句格言也可看出，如何吸引更多民众来图书馆利用馆藏资源，是图书馆工作人员必须时时牢记在心的。

在戴志骞的《图书馆学术讲稿》之后，国内翻译欧、美、日图书馆学术著作在当时形成风潮，此间最早对图书馆做出系统论述的要数杨昭悊。1923 年，杨昭悊的《图书馆学》（上、下册）由商务印书馆出版。相对于孙毓修的《图书馆》与戴志骞的《图书馆学术讲稿》，杨昭悊在该书中对图书馆的功能，给出了更为明确的定义。他说："图书馆是搜集有益的图书，随着大家的知识欲望，用最经济的时间，自由使用的地方。"[①]在阐释图书馆基本功能的基础上，杨昭悊进一步阐述了现代图书馆所应该具有的两个基本含义：一是要把有益的图书汇集起来保存在那里；二是要使所汇集的图书随大众的需要自由活用。

刘国钧 1926 年在《现时中文图书馆学书籍评》中指出："戴氏所论大半，皆根据美国之办法，自是以还，美国氏之图书馆观念，逐渐靡布全国，与民国初年步武日本之趋势对立。而综合两大潮流，为有系统序述者，则杨昭悊之图书馆学是。"[②]很显然，刘国钧认为杨昭悊的《图书馆学》一书中关于图书馆的定义，已经把欧、美、日的图书馆学思想进行了一定程度上的融合。正是在融合的基础上，杨昭悊在《图书馆学》序言中针对此时翻译国外图书馆学著作出现的热潮，提出了他的看法："（一）外国图书馆学的著作，属于分科的多，属于通论的少，倘若把他译出来，只合于图书馆员参考，不足供一般人研究；（二）外国图书馆学的著作，关于应用的多，关于原理的少，倘若把他译出来，只可供应用不能示提倡；（三）外国图书馆学的著作，多半是发表自己的意见，或叙述本国的状况，倘若把他译出来，只能供参考，不能资比较。"[③]从以上论述可以看出，杨昭悊开始思考图书馆学如何结合中国国情的问题，正如范并思所言：杨昭悊的《图书馆学》以编译结合的方式打破了一味译书的局面，走出了图书馆学本土化的第一步。[④]

也就是在此时，刘国钧也开始了对何为图书馆的探究，且从一开始便有浓厚的美国气息。他从美国图书馆发展史的角度，来分析其在促进学术研究与推

① 杨昭悊编著：《图书馆学》，上海：商务印书馆，1923 年，第 3 页。

② 刘国钧：《现时中文图书馆学书籍评》，《图书馆学季刊》1926 年第 1 卷第 2 期，第 347-348 页。

③ 杨昭悊编著：《图书馆学》，上海：商务印书馆，1923 年，第 1-6 页。

④ 范并思等编著：《20 世纪西方与中国的图书馆学——基于德尔斐法测评的理论史纲》，北京：北京图书馆出版社，2004 年，第 211-213 页。

进社会教育中的作用。从图书馆发展的历史而言，美国图书馆无疑是后进者。但在发展进程中“特其目的与办法悉与欧亚所固有者不同。当其始创，人或訾其狂妄。然数十年来成效大著，社会人民之视图书馆渐如其私有书室之不可以一日无。图书馆之数乃日增无已，而其办法亦日趋完密，遂为世界上图书馆最发达之国。欧洲且从而学步焉”[①]。刘国钧继而论及美国公共图书馆精神指出：美国公共图书馆之精神，“一言以蔽之，曰：公共图书馆者，公共教育制度中之一部也”[②]。他此处所言“公共教育制度中之一部也”，并不是说图书馆应该成为学校教育的一部分，辅佐学校来达到教育目的，而是说其在教育上的功用、责任与目的，与学校教育处于相同的位置，因此其在教育中的地位、所享受的待遇，以及所采用的方法，也应该与学校教育相同。他还引用闵斯德堡于其所著《美国人》一书中的观点：“美国图书馆之异于欧洲者，即美国图书馆非但为学术之机关，而亦为普及教育之机关也。”“美国在文化事业上可以为旧世界取法者，殆以此为最。”[③]美国联邦教育局局长台格提（Sakti）于其演说中亦云：“旧世界之图书馆为研究探讨之所，学者科学家与研究特种问题者之所至也。美国之图书馆则为民众启迪、娱乐与改进之所，一切人民皆使用之。观于此，则美国图书馆之为普及教育机关，显然可见矣。”[④]正如美国图书馆学家巴斯威克（Bastwick）所言，美国图书馆的理想，在使图书馆中无一社会不读之书，社会上无一不读图书馆中书籍之人。现代图书馆的性质与旧式图书馆的性质显然有着太多不同之处：一是以往图书馆对于阅览者有资格上之限制，而今则公开的。二是以往图书馆多以搜罗秘本，珍袭什藏，为图书馆第一要务，如今则举凡日用所需之知识，若烹饪、园艺、游戏、卫生，乃至科学、哲学之书籍、报章、杂志、公文、小册之流，只要是人类思想的产品，对他人思想或知识能产生影响的，皆在图书馆收罗之列。三是以往图书馆于阅读者既有限制，而于合乎资格者之究竟来不来图书馆阅书，图书馆一概不问，如今则是图书馆惟恐社会中人得不到阅读图书的机会。因是之故，图书馆普遍利用各种布告来鼓动读者；担心读者不知使用图书馆的方法，于是利用刊种种指南以示开导；深恐读者不知有新出版的书籍，图书馆则特开陈设处以方便读者取阅；对于那些欲研究问题的读者来说，如不知其材料在何处，图书馆则刊种种参考书目以帮助

① 刘国钧著：《刘国钧图书馆学论文选集》，北京：书目文献出版社，1983 年，第 11 页。
② 刘国钧著：《刘国钧图书馆学论文选集》，北京：书目文献出版社，1983 年，第 12 页。
③ 刘国钧著：《刘国钧图书馆学论文选集》，北京：书目文献出版社，1983 年，第 12 页。
④ 刘国钧著：《刘国钧图书馆学论文选集》，北京：书目文献出版社，1983 年，第 12 页。

他们找到理想的参考书目。四是以往图书馆是以消极的容纳方法来迎接读者，如今普遍认识到应以积极诱导的方法来吸引读者利用图书馆。刘国钧最后总结指出："总之，近代图书馆以用书为目的，以诱导为方法，以养成社会上人人读书之习惯为指归。所谓公共图书馆者，即近代图书馆运动最著之产物也。"①

三、图书馆"要素说"的提出与图书馆学思想认识的进一步深化

从20世纪20年代开始，各种形式的图书馆学教育兴起，中国图书馆学界对图书馆功能的认识进一步深化。不仅如此，人们对图书馆学教育应当担负的职责和教育目标都有明确定位。杜定友就明确表述了中国图书馆学校应该肩负的六大使命：一是提倡图书馆专门学术；二是养成图书馆专门人才；三是研究欧美图书馆管理法；四是发展中国图书馆学术；五是培养图书馆服务精神；六是谋图书馆事业之发展。目的在于："非但要养成一般通俗图书馆或学校图书馆管理人员，而且要养成一班高深的图书馆学者，以建设中国图书馆学。"②1926年，杜定友在《图书馆学的内容和方法》一书中，首次提出了构成图书馆的"三位一体"思想，并于次年出版的《图书馆学概论》一书中，从图书馆学学科化的角度明确提出了图书馆的三要素学说。

杜定友首先明确提出，图书馆学已经成为一门专门的学科。他认为："凡是成为专门的学科，至少要有两个根本的条件：第一是原理，第二是应用；而应用是根据于原理而来的。图书馆学若是只有目录分类方法、书籍排列方法那种机械的事——在一般人眼光看来，图书馆实只有干这些事——那么当然不值得研究；只能称为技艺，不能称为科学。但图书馆学所以能成为科学，是因为图书馆现在已成为一种活的教育机关，好象学校教育、社会教育一样。我们研究教育的人，除了学习教授法、管理法之外，还有所谓教育原理、教育哲学等等；而所有教授法、管理法，都是由教育原理、教育哲学出来的。因此在图书馆学内，我们所谓编目分类的方法，就是和教授法、管理法一般，是图书馆学中的应用方面，不能说图书馆学尽在于此。我们还要根据种种原理，研究种种方法，去利用图书馆内的书籍和各种设备，使图书馆成为教育化、社会化、科学化。那末，这种事业，方才有研究的价值，有研究的必要。因此，图书馆学方才成为专门的科学。"杜定友最后指出："图书馆学既成为专门科学，那末，

① 刘国钧著：《刘国钧图书馆学论文选集》，北京：书目文献出版社，1983年，第12-13页。
② 钱亚新、白国应编：《杜定友图书馆学论文选集》，北京：书目文献出版社，1988年，第17页。

它的范围是怎样呢？图书馆学这个名词，应该怎样解释呢？据 H. B. Meyer 说：‘图书馆界是一种专职（Profession）。它的内容应包含着一种学识或科学。好象医学界内有医药化学、植物学、诊断学等等。’但是到底图书馆学能成为一种科学吗？我们任图书馆事的人，以为是的。因此近月以来，我们就着手研究这个问题。先定了这一个界说：‘图书馆学是人类学问中的一部分。专研究人类学问记载的产生、保存与应用。’”①

杜定友的图书馆“要素说”，被誉为可与巴特勒“社会学说”相媲美的理论。1934 年，刘国钧出版了《图书馆学要旨》一书，提出了著名的构成图书馆的“四要素说”，正是在杜定友的基础上发展而来。而对近代图书馆的基本任务，他总结为三句话：“以用书为目的，以诱导为方法，以养成社会上人人读书之习惯为指归。”②当时社会上许多人对公共图书馆还不十分了解，即便是在图书馆内部，守摊子的作风还十分严重。而刘国钧与当时的其他几位图书馆界的开明之士如沈祖荣、杜定友等人的文章、讲演等，对于倡导与宣传近代图书馆的性质与作用，使社会上更多的人了解图书馆，并推动图书馆工作的进展，无疑起了积极的作用。刘国钧《图书馆学要旨》一书的出版，代表中国图书馆学基础理论达到了较高的水平。

由于把图书馆看作是一种文化教育机构，所以刘国钧认为图书馆员应是一个教育工作者。他在 1932 年写的《图书馆员应有之素养》一文中，谆谆教诲图书馆员“对阅者应持和蔼态度”。在他看来，“一馆名誉之优劣，皆系于此”③。刘国钧提出构成图书馆的“四要素说”是有迹可循的。实际上早在 1921 年，他在《儿童图书馆和儿童文学》一文中，就提出了儿童图书馆不可或缺的三要素。他说：“完善的儿童图书馆实在是国民教育所不可少的利器。但是一个完善的儿童图书馆必定要有三种要素：合法的设备，适宜的管理员和正当的书籍。三样之中，尤以书籍最为重要。”④刘国钧有关儿童图书馆构成的三要素说，成为他后来提出图书馆构成四要素说的开端。1934 年，他在《图书馆学要旨》一书中指出：“图书馆成立的要素，若加以分析，可以说是有四种：（一）图书，（二）人员，（三）设备，（四）方法。图书是原料；人员是整理和保存这原料的；设备包括房屋在内，乃是储藏原料、人员、工作和使用图书的场所；而方

① 钱亚新、白国应编：《杜定友图书馆学论文选集》，北京：书目文献出版社，1988 年，第 8 页。
② 刘国钧著：《图书馆学要旨》，上海：中华书局，1934 年，第 6-8 页。
③ 刘国钧：《图书馆员应有之素养》，《浙江省图书馆月刊》1932 年第 1 卷第 9 期，第 30 页。
④ 刘国钧著：《刘国钧图书馆学论文选集》，北京：书目文献出版社，1983 年，第 6 页。

法乃是图书所以能与人发生关系的媒介，是将图书、人员和设备打成一片的联络针。分别研究这四种要素便成为各种专门学问。”[①]

刘国钧的《图书馆学要旨》一书，侧重于图书馆学理论的阐发，其主要目的在于说明现代图书馆学的基础理论。刘国钧认为，现代图书馆是：“自动的而非被动的，使用的而非保存的。民众的而非贵族的，社会化的而非个人的。”[②]他特别强调现代图书馆的特征，是在于“主动服务读者”，办理图书馆的首要目的，是在于“以谋图书的使用”。在他看来，图书馆所承担的教育职能，是现代图书馆与古代藏书楼的本质区别。他将图书馆活动分解成若干要素，在此基础上来研究图书馆整体结构。他所提出的图书馆学就是要研究图书、人员、设备、方法四大要素，进一步提出了“图书馆学便是研究图书馆的组织法、管理法和使用法的学科”[③]。

俞爽迷于 1936 年出版的《图书馆学通论》一书中，则以三要素的框架来构建全书。俞爽迷（1906—1986），浙江平阳人。上海复旦大学文学院毕业。先后任江苏教育学院讲师，温州、平阳、金华等地中学教师、校长。20 世纪 30 年代曾任厦门大学图书馆馆长，主编《厦门大学图书馆馆报》。著有《图书馆学通论》《图书馆概论》《图书流通法》等。

俞爽迷在《图书馆学通论》一书中，提出了构成图书馆的“三要素说”。他的图书馆“三要素”思想，是建立在德国图书馆学家的理论基础之上的。正如他在书中所言：“现在把德国休叶氏所下的定义写在下面：‘图书馆是搜集有益的图书，随着大众的知识欲望，用最经济的时间，自由使用的地方。’”正是从这一定义出发，俞爽迷进而分析出图书馆的三个要素：“图书馆的设立，实包含以下三大要素：（一）要把有益的图书积极的保存。（二）要用科学的方法处理之。（三）要能够活用图书馆，以增进人民的知识和修养。图书馆能够办到这三件事，才能称为完善。至于图书馆的任务，可以从文化、学术和社会三方面来说。”[④]

俞爽迷提出构成图书馆的“三要素说”，他提出图书馆是“活用的而非保管的”，这既是对当时图书馆界先进理念的归纳总结，也是根据其本人的学术背景而提出的一种创新思想。他将“活用”作为图书馆的要素之一，与“图书”

---

① 刘国钧著：《图书馆学要旨》，上海：中华书局，1934 年，第 11-12 页。
② 刘国钧著：《图书馆学要旨》，上海：中华书局，1934 年，第 6 页。
③ 刘国钧著：《图书馆学要旨》，上海：中华书局，1934 年，第 2 页。
④ 俞爽迷著：《图书馆学通论》，南京：正中书局，1936 年，第 2-3 页。

和“方法”二要素并列，具有一定的创新意义。他引用了杜威有关图书馆是“贮水池”和“喷水池”的比喻，来引申出他的“图书是智识的泉源”的思想。俞爽迷回顾了西方图书馆发展历程，将之分为三个不同的时期：保守时期、被动时期和自动时期。他认为，保守时期的图书馆与中国传统的藏书楼相似，被动时期图书馆以“公开”和“流通”为目标，吸引读者来馆利用图书。他认为当时中国图书馆界的整体阶段，大概正处于第一、二时期之间，欧洲的图书馆发展水平大致已达到第二时期，美国图书馆事业领先于世界各国之上，大致已在第二、三时期之间。俞爽迷所提倡的活用图书馆，实际上就是他认为的图书馆的“自动时期”。

在俞爽迷看来，活用图书馆乃是当时图书馆最高层面的服务。“活用”之要素则是将当时有关活用图书馆的论述与思想提高到了“要素”的地位，使之成为图书馆学研究对象之一。“活用”要素是他在综合各种要素的基础上，提出的图书馆的终极目标。可以说，俞爽迷所论述的关于现代图书馆的意义、管理、开放、业务、读者心理，以及图书馆与社会之关系、学校教育与图书馆学教育等，其根本思想都是由“活用”而生。这种引领图书馆学理论发展方向的思想，标志着20世纪30年代国内图书馆学界对图书馆与图书馆学认识达到了一个新的发展水平。

四、中国图书馆学界与哥伦比亚大学图书馆学院

20世纪20—30年代中国图书馆学界对何为“图书馆”的认识，经历了一个从仿效日本到参照美国的过程。在这一过程中，国内图书馆学界对西方图书馆学思想照抄照搬的痕迹十分明显。特别是在20世纪20年代以后，学人对图书馆的认识，集中反映了美国图书馆学思想在中国的延续。无论是刘国钧的“四要素说”，还是俞爽迷的“三要素说”，无不是从图书馆技术层面来展开论述的。

在20世纪20—30年代的美国，杜威图书馆学思想仍然占据主流，哥伦比亚大学图书馆学院在美国图书馆学界有着不可替代的突出地位。杜威一生在很多方面都取得了重大成就，而发起成立哥伦比亚大学图书馆学院，是他对美国图书馆学做出的重要贡献。1876年9月，在刚刚创刊的美国《图书馆杂志》第1期上，有识之士刊文指出，美国目录学和图书馆学学校的缺乏，严重阻碍了美国图书馆事业的发展。只有尽快创办此类学校来培养图书馆专业的学生，才能更好地指导图书馆事业的快速发展。正是在这一提议的倡导下，杜威次年

开始着手创办一所正规的馆员培训学校。1877 年，美国图书馆协会派代表去伦敦参加第一届国际馆员大会，杜威作为代表团团长，与代表团其他成员一起讨论了这个议题。1883 年 5 月 7 日，杜威被任命为哥伦比亚大学图书馆馆长之后，便开始为着手建立一所正式的图书馆学校而进行各项准备。也就是在这一年，在美国图书馆协会召开的布法罗会议上，杜威向与会代表详细介绍了建立哥伦比亚大学图书馆学院的计划，包括将传授的主要教学内容等。

杜威的此项计划得到了时任哥伦比亚大学校长 F.A.巴纳德（F.A.Barnard）的大力支持。1887 年 1 月 5 日，哥伦比亚大学图书馆学院正式成立。美国图书馆学家格林（Green）认为，哥伦比亚大学图书馆学院的创立，是美国图书馆运动史上具有划时代意义的重大事件，且该图书馆学院的建立，可以说完全归功于杜威在美国图书馆学界所拥有的崇高地位和声望，以及他为此所付出的不懈努力。对于此开先河之举，杜威从一开始就奠定了该学院的发展方向。杜威还亲自拟定了学院的教学计划，决定采用讲座、阅读、研讨会、参观图书馆、提问和实践等教学方式。这种完全实用性质的课程设置，充分反映出杜威的实用主义思想[①]。

中国学界与哥伦比亚大学图书馆学院的关系较为深远。自进入民国时期以来，中国留学生就前往美国学习图书馆学，大多数都是进入哥伦比亚大学图书馆学院，或者是纽约州立图书馆学校。例如，首位赴美留学学习图书馆学的沈祖荣，进的便是纽约州立图书馆学校。正是由于如此多的学人进入以上两校学习，我们能够明显感觉到整个民国时期中国图书馆事业的发展与图书馆学研究，无不深受杜威学派的影响。这些影响主要体现在人才培养与学术研究两个方面。

在图书馆学人才的培养上，我们发现从一开始便几乎是完全照搬美国的体系。以图书馆学教育的重镇——文华大学图书科以及后来的私立武昌文华图书馆学专科学校为例，创始人韦棣华在其办学之初的课程设计上，具有美式大学图书馆学研究院与公共图书馆学校“中间物”的特征，但由于中国当时对图书馆员的实际需求，加之创办者韦棣华个人图书馆学教育背景的因素，如她曾就读于波士顿西蒙斯（女子）学院（Simmons College）的图书馆学专科，该学院图书科“创办伊始，本校两种课程并驾齐驱。其后普通课程渐获重视，至一九

① 郑永田著：《美国公共图书馆思想研究（1731—1951）》，北京：社会科学文献出版社，2015 年，第 115-119 页。

二五年至一九二六年普通课程遂规定于前三年讲授，图书馆学课程则于第四年讲授。此种改变，乃符合美国图书馆协会图书馆教育委员会之条件也”[①]。其他几所图书馆学教育机构的情况，与私立武昌文华图书馆学专科学校大致相同，在人才的培养目标上，人们更多关注的是合乎图书馆工作要求的人才，至于如何研究图书馆学的高深学问，则尚在其次。

在图书馆学学术研究上，杜威学派基本上占据了中国图书馆学的主流，因之在研究领域上，学人更多关注的是图书馆技术与服务层面。从20世纪前30多年学界中人对何为“图书馆”、何为“图书馆学”的探究中，我们更加能够明显感觉到，无论是刘国钧的“四要素说”，还是俞爽迷的“三要素说”，均没有脱离图书馆技术与服务层面。在一定程度上对于何为“图书馆学”的探讨，图书馆与图书馆学之间的关系究竟如何，基本上还处于探索的初级阶段。此种状况直到40年代以后，随着芝加哥学派在中国的影响不断加深，才开始有所变化。

第二节　芝加哥学派对中国图书馆学理论建构的影响

1989年2月，一个已经运行长达60多年之久、在全世界享有广泛声誉的图书馆学教育与研究机构——芝加哥大学图书馆学院（The Graduate Library School of Chicago University，GLS）宣布不再接收新的学生。次年6月，芝加哥大学图书馆学院正式关门，学界中人无不为之扼腕叹息。不过从该学院诞生的芝加哥学派，却是在其关门之后，才开始引起中国图书馆学界的广泛关注。有关芝加哥学派与中国的研究，学者们多从20世纪80年代以来该学派理论在中国传播的角度入手，探讨其对中国图书馆学产生了哪些影响。近十多年来，一些论者开始关注以巴特勒为代表的芝加哥学派理论于民国时期在中国的传播。

在20世纪20—30年代，中国图书馆学界基本上受到的还是以杜威为代表的哥伦比亚大学图书馆学院的影响。无论是在办学模式上，还是在图书馆学学术研究上，均以杜威的实用主义哲学为指导。尤其是在学术研究方面，从以上的几种主要流派来看，不管是刘国钧的“四要素说”，还是俞爽迷的“三要素

① 范国仁译：《美国图书馆学校史略（续）》，《文华图书馆学专科学校季刊》1937年第9卷第3-4期合刊，第398页。

说”，均是从图书馆自身来展开论述，倾向于技术层面的探讨。自 20 世纪 30 年代以后，芝加哥学派开始影响中国，有少数学人开始接受芝加哥学派的几位代表人物的思想观点，由此开始使得图书馆学研究的导向出现一定的变动，尤其值得关注的是图书馆与社会之间关系的探讨。

一、中国图书馆学界关注芝加哥学派的历史回顾

从 19 世纪后期开始，美国图书馆学界基本上是在哥伦比亚大学图书馆学院的主导之下，以杜威经验主义哲学为代表的图书馆学理论，成为美国图书馆学的主流。哥伦比亚大学图书馆学院的最大贡献，在于它“鼓励图书馆工作人员着眼于实际工作，多做有益于读者的事情，从而推动了图书馆学实践的发展”。不过由于该学院更多注重的是图书馆“实际工作”的技术层面，由此带来的是“禁锢了人们的思维，延缓了图书馆学的科学化进程”的消极影响。[①]1928 年，芝加哥大学图书馆学院正式成立，是全美第一家颁发图书馆学博士学位的学院。该学院先后涌现出了道格拉斯·韦普尔斯（Douglas Waples）、伯纳德·鲁本·伯埃尔森（Bernard Reuben Berelson）、皮尔斯·巴特勒（Pierce Bulter）与杰西·霍克·谢拉（Jesse Hauk Shera）等一批引领图书馆学研究风向的杰出人物。对于“作为一门科学的图书馆学”，他们采用一种全新的图书馆学研究规范，将图书馆学放在社会的大视野中进行研究，形成了风格独特的芝加哥学派，对此后美国乃至世界图书馆学的发展均产生了深远影响[②]。

中国图书馆学界对芝加哥学派的关注度似乎一直不够，以至于在很长一段时期，国内很少有人提及芝加哥学派，直到进入 20 世纪 80 年代以后，才逐渐得到学界的关注。例如，林嘉在 1987 年的《评介图书馆学的芝加哥学派》一文中，对该学派的几位代表人物做了简单的介绍[③]。卿家康则在 1988 年的《我国现代图书馆学基础理论奠基者事略》一文中，着重谈到了徐家麟在 1945 年第一次向国人介绍芝加哥学派代表人物巴特勒的《图书馆学导论》的情况[④]。综观 20 世纪 80 年代的这些研究成果，学者们更多关注的是巴特勒与谢拉等人的理论，大多也局限于对什么是图书馆学的理解，以及从中国图书馆学如何受

① 孟广均、徐引篪主编：《国外图书馆学情报学研究进展》，北京：北京图书馆出版社，1999 年，第 68 页。

② 黄纯元：《论芝加哥学派（上）》，《图书馆》1997 年第 6 期，第 1 页。

③ 林嘉：《评介图书馆学的芝加哥学派》，《高校图书馆工作》1987 年第 4 期，第 74-77 页。

④ 卿家康：《我国现代图书馆学基础理论奠基者事略》，《图书馆界》1988 年第 1 期，第 26 页。

到芝加哥学派影响的视角来展开论述。甚至在一些论者眼中，芝加哥学派所关注的似乎只是图书馆学的基础理论研究。

在20世纪90年代，学界对芝加哥学派的理解开始走向深入，其中黄纯元1997年发表的《论芝加哥学派》一文，首次对芝加哥学派理论做出了较为完整系统的阐述。进入21世纪之后，对芝加哥学派理论在中国传播的研究引起了一些学者们的高度重视。2004年，范并思在《中国理论图书馆学的先行者徐家麟》一文中认为：1939年留美回国后的徐家麟对芝加哥学派的认识已经进入了一个新的阶段，其标志便是徐家麟1945年在《图书馆学报》创刊号上发表的《关于图书馆学的认识几点观察》一文。该文对国外最新图书馆学理论做出了较为详细的介绍，其中尤以对美国著名的图书馆学家巴特勒1933年出版的《图书馆学导论》的介绍最为引人注目。范并思进而指出，徐家麟在1945年第一次向国人介绍了巴特勒的《图书馆学导论》，让巴特勒的理论提前40年引入中国。[①]

此后有论者指出，徐家麟并非是将巴特勒的理论介绍到国内的第一人。早在1936年3月，李永安在《文华图书馆学专科学校季刊》第8卷第1期上发表的《图书馆学问题》一文，便是对巴特勒的《图书馆学导论》进行的全文翻译介绍。不过由于李永安在翻译时将“巴特勒”译成“卜特勒”，而且采用的是文言文的叙述方式，加之李永安在民国时期图书馆学界的影响力有限，因此在很长一段时期内，以巴特勒为代表的芝加哥学派并未引起中国图书馆学界的广泛关注。该论者同时指出，李永安对《图书馆学导论》的翻译，使得芝加哥学派进入中国的时间提早到1936年[②]。

不过以上两位论者的说法与20世纪30年代中国图书馆学界的实际情况是不符的。最早向国内介绍芝加哥学派的，应该是1933年徐家麟的《论圕作业之学术化与事业化》一文，实际上此时芝加哥大学图书馆学院尚诞生不久。徐家麟在此文中提到了芝加哥大学刚刚创刊的《图书馆学季刊》。该刊创刊号刊载了韦普尔斯的《芝加哥图书馆学研究流派》（“The Graduate Library School at Chicago”）和查尔斯·威廉逊（Charles C. Williamson）的《图书馆学研究评价》（“The Place of Research on Library Science”）两篇论文。前者是一篇介绍芝加

① 范并思：《中国理论图书馆学的先行者徐家麟》，中国图书馆学会编：《中国图书馆事业百年》，北京：北京图书馆出版社，2004年，第18-22页。

② 周余姣：《一篇被忽略了的译文——巴特勒〈图书馆学导论〉在中国的首次译介》，《图书馆杂志》2011年第1期，第12页。

哥大学图书馆学院的论文，而后者则着重于图书馆学研究方向的探讨。两篇论文中均有如何处理图书馆的“学”与“术”之间关系的论述，这引起了徐家麟的关注。这大概也是我们从现有的文献中能够查阅到的徐家麟首次关注到芝加哥学派，同时也应该是国内图书馆学界最早介绍芝加哥学派的一篇论文。虽然徐家麟在该文中还只是对刚刚诞生不久的芝加哥学派的两位代表人物的学术思想有所涉及，但该文的重要意义就在于，表明国内图书馆学界对西方图书馆学理论的发展趋势一直在密切关注之中，而这正是近代以来中国图书馆学学术转型过程中必然要经历的核心要义。通过进一步考察我们发现，20 世纪 30—40 年代国内对芝加哥学派感兴趣的学人还不少。这些关注芝加哥学派的学人，从他们的论述中大致可以划分为两种情况：一种情况是直接宣传与介绍芝加哥学派的理论，他们或直接翻译芝加哥学派代表人物的著述（如上文提及的李永安等），或是在他们的著述中将其理论介绍到国内（如徐家麟等）；另一种情况则是虽然并未在著述中提到芝加哥学派代表人物的思想理论，但从他们的论述中能够反映出受到了芝加哥学派的影响，进而提出了一些与之相类似的学术观点（如下文将提及的汪长炳等人）。所有这些学人对芝加哥学派理论的介绍与论述，不仅对 20 世纪 30—40 年代中国图书馆学理论的发展产生了积极的影响，而且对 20 世纪后半叶的理论发展也产生了一定的影响。

二、对图书馆学基础理论发展所产生的影响

在芝加哥学派诞生之前，中国图书馆学界正处于广泛的“新图书馆运动”潮流之中，所借鉴的基本上都是以杜威经验主义哲学为基础的哥伦比亚大学图书馆学院的理论。从 20 世纪 20 年代开始，一些学人对图书馆学定义做出了相应的描述。例如，1923 年杨昭悊便从图书馆学“可以增进办理图书馆的人的能力”与“可以增进利用图书馆的人知识”两方面作用的角度，提出“图书馆是一种教育，和学校教育相平等，因为管理和设备种种问题，和社会学、心理学、经济学尤有密切的关系”①。杨昭悊对图书馆学的定义最大的亮点是，看到了作为一种教育的图书馆与其他学科之间的关系。不过其本意更多还是从图书馆自身的角度出发，要求从事图书馆工作的人，要拥有一些其他学科的知识而已，对与之相关联的其他因素多未涉及。

① 杨昭悊编著：《图书馆学》，上海：商务印书馆，1923 年，第 7 页。

与20世纪20年代相比，20世纪30年代的学界中人对何为图书馆学的认识开始进入一个新的阶段。对有关图书馆学内涵的探讨，取得了较大进展，如上文中所提到的徐家麟在1933年便认识到了图书馆学如何与其他学科相互借镜的问题。在他看来，需要通过图书馆内外两条途径来实现图书馆作业的学术化："一则曰，自圕自身已有之学术予以整理，累积，系统，实验，发挥之工作；一则曰自圕学术以外相关之学术，予以沟通，印证，引用之工作。"[①]1935年，李景新在《图书馆能成为一独立的科学吗？》一文中，对图书馆学究竟能否成为一门科学更是做出了肯定的回答。一年前，李景新在《图书馆释义》一文中，为图书馆下了一个临时的定义："图书馆，是搜集古今中外有益的图书，妥善保藏之，使公众由各人的知识欲望，用最简单的方法，经济的时间，得自由阅览研究的教育总机关。"[②]而在一年之后，他对图书馆学究竟能否成为一门独立的科学的发问，与此前的论述有着相当大的区别。他认为，图书馆学"是以有系统的科学方法，专研究人类知识学问及一切动态的记载底产生，保存，与应用；使它成为教育化，学术化，社会化，科学化的一种科学"。简单说来，"图书馆学就是以科学方法研究关于图书馆的一切事项的学问"[③]。不过，李景新此文更多的是从回顾科学与图书馆发展历史的角度，来谈图书馆学作为一门专门的科学研究的重要性，而对于应该采用哪些科学方法，尚未做出完整的回答。

1936年12月，刚刚从美国归来的汪长炳，在《一种研究图书馆学之方法》一文中着重谈到了图书馆学所应研究的科目，以及研究图书馆学应有之相关基础科学之间的联系问题。他认为图书馆学的发展必须以其他学科为理论基础，"凡研究图书馆学者，须有相当的基本科学之知识如自然科学，应用科学，哲学，宗教学，物理学，人类学，历史学，地理学，教育学等等。上述各种均与图书馆学发生直接或间接关系。欲求对于图书馆学作彻底之研究者，对于此等科学非加以相当之研究不可"。汪氏有感于图书馆工作人员地位之低下，图书馆工作不能得到社会承认等现实情形，提出了"图书馆事业之基本工作，图书

① 徐家麟：《论圕作业之学术化与事业化》，《文华图书馆学专科学校季刊》1933年第5卷第2期，第181-182页。

② 李景新：《图书馆释义》，《文华图书馆学专科学校季刊》1934年第6卷第3期，第458-459页。

③ 李景新：《图书馆学能成一独立的科学吗？》，《文华图书馆学专科学校季刊》1935年第7卷第2期，第291页。

馆学之性质与范围，图书馆馆员之地位为今日研究图书馆学者之主要问题”。[①]在他看来，图书馆学应有之基础包括国学知识、社会科学基本知识、统计学之应用知识，以及与图书馆学相关之学科知识。汪长炳所提出的此种思想，对图书馆学这门学科究竟应该如何去深入发展，提出了一个新的方向。

综观20世纪30年代中国图书馆学人对图书馆学究竟是一门什么样的科学的论述，我们不难发现有一个共同的特点：那就是与巴特勒的图书馆学理论有着较多的相近之处，参考借鉴的痕迹较为明显。关于他们对图书馆学的定义，在巴特勒的论述中，便有类似的表述：“图书馆事业之能成为科学，在能适合新思想之惯例，智识学问，无论其类别为何，必以其可观现象为起点，并以科学严谨之态度观察之。”巴氏认为：图书馆事业的发展，不仅需要图书馆自身“发明新法”，而且“更须继续不断，与其他科学门类，互通声气，交相借镜”。[②]且总体看来，此间学界对芝加哥学派的理解尚有一些欠缺，因之无法达到芝加哥学派那样的深度。

在20世纪30—40年代关注芝加哥学派的学人中，1939年从美国留学归来的徐家麟是最为典型的一位代表。他在1945年发表的《关于图书馆学的认识几点观察》一文中，详细介绍了芝加哥学派代表人物巴特勒的思想。而且他还用了更多的篇幅来阐释他对图书馆学理论发展的深刻思考。在徐家麟看来，作为芝加哥学派代表人物的巴特勒最大的贡献，是提出了如何使图书馆学这门学科科学化的命题。这一命题简单说来，就是“图书馆业务之推进，须与现代的科学精神无违背，须将科学研究方法应用到能如此处理之种种图书馆业务上面去，并向其他学科之研究，互相借镜，互换研讨的结果”。徐家麟进而指出，巴特勒的理论给广大的图书馆工作者提供了一个全新的空间，“图书馆学如能努力于科学化的图书馆学的创获，则图书馆员们将有一种新天地”。[③]在该文的结尾部分，徐家麟还从图书馆是否能够继续存在下去的角度，首次提出图书馆观念与图书馆精神的问题。在他看来：“甚而至于再更进一步说，如图书馆观念，图书馆精神，岂只是图书馆才能有之，才能实行？图书馆界的创始者，必先有图书馆的观念与精神，然后才能建立起图书馆来。反之，若无图书馆观念

① 南京图书馆编：《汪长炳研究文集》，南京：南京大学出版社，2007年，第6-8页。

② 卜特勒原著，李永安译：《图书馆学问题》，《文华图书馆学专科学校季刊》1936年第8卷第1期，第12页。

③ 徐家麟：《关于图书馆学的认识几点观察》，《图书馆学报》1945年创刊号，第5-6页。

与精神，即有多好的图书馆，亦必遭毁灭！"[①]从以上论述中可以看出，徐家麟不仅是那个时代对芝加哥学派理解最为深刻的一位学人，而且还提出了关于图书馆学如何做到科学化的一些新见解，使中国图书馆学理论发展水平在20世纪40年代达到了一个新的高度。

三、对图书馆的社会功能认识深化的影响

在20世纪30—40年代，芝加哥学派基本上可以划分为两条不同的发展路线：以巴特勒为代表的图书馆学基础理论发展路线，以及以韦普尔斯为代表的运用社会科学研究方法对图书馆学进行实证性研究的路线。作为该学派后期代表人物的谢拉，在20世纪60年代回顾芝加哥大学图书馆学院时曾指出：20世纪30年代的芝加哥学派的代表人物中除了巴特勒试图建立起图书馆事业的科学原则之外，其他代表人物的关注点各有不同。例如，韦普尔斯超越了图书馆事业本身转而研究读者阅读社会效应的根本问题，克尔顿·乔克尔（Kelton Jocker）鼓励在图书馆的操作中应用科学技术的管理，威廉·兰德尔（William Randall）将他的注意力集中在知识评定类别和书目组织一般原则的组织理论运用之上，路易斯·威尔逊（Louis R. Wilson）院长则在《阅读地理学》一书中提出，图书馆和图书馆资源的地理分布同样会受到社会、文化、经济和其他环境方面的影响[②]。芝加哥学派对图书馆学的实证性研究，对20世纪30—40年代中国图书馆学界对图书馆社会功能认识的加深，也产生了一些积极影响。

从传统的藏书楼到近代意义上的图书馆转型过程，也是中国新式教育体系逐渐确立的过程。从近代意义上的图书馆创立伊始，多将之看作一种承担社会教育功能的机构。因此有关图书馆如何去承担这种社会功能的认识，便开始引起少数学人的关注。例如，1924年马宗荣在《现代图书馆的研究》一文中，在分析现代意义上的图书馆与古代藏书楼之间区别的基础上，着重谈到如何让读者方便利用现代图书馆的问题。在他看来，图书馆不仅是"自教自学的良机关"，"亦为不可少的教化机关"[③]，同时图书馆与学校教育之间的关系，也是他特别关注的一个问题。

如何让图书馆来进一步推动教育体系的发展，在20世纪30年代成为学界

① 徐家麟：《关于图书馆学的认识几点观察》，《图书馆学报》1945年创刊号，第16页。

② Jesse H. Shera. Darwin, Bacon, and research in librarianship. Library Trend, 13(1): 145.

③ 马宗荣：《现代图书馆的研究》，《学艺杂志》1924年第5卷第9号，第3-4页。

共同关注的热门话题。他们对图书馆社会功能的认识，也开始多从如何推进社会教育的角度来加以分析。1932 年，吕绍虞在《我国教育前途与圕》一文中提到："图书馆之目的，除保存旧有文化外，当为利用图书，灌输新智。"不过图书馆界的实际情形，却令他感到"咨嗟叹息"。大多数图书馆只是社会、学校与机关的点缀品而已。吕绍虞呼吁："圕之在我国，实宜有其特异之活动，以适应社会需要，不背国情。犹如美国圕，带有侵略性质的努力，使民众常和圕接近，普遍的美国化 Americanization。"[①]吕绍虞此处所言"侵略性质的努力"，指的是图书馆应该主动出击，去做好吸引读者前往图书馆的工作，以便图书馆的社会功能得到更大程度的发挥。1936 年，俞爽迷在关注图书馆的工作者如何推进社会教育的问题时，也有与吕绍虞差不多的表述。他说："图书馆对于图书应怎样去处理，对于阅览者应怎样去指导，以及一切事业应怎样去推广怎样去改进；研究其原理，而应用适当的方法，这种学术，就是所谓图书馆学。"俞氏认为图书馆应该是社会教育的重心，而图书馆学教育的重心则又在图书馆的"馆员"，这就必然要求馆员在学识、品行与工作等方面有着指导读者的能力。[②]

20 世纪 30 年代学界对图书馆社会功能的认识，更多关注的是图书馆与社会教育的关系问题。这与芝加哥学派实证性研究方向有着一定的区别。不过到了 40 年代，这种状况开始有了一些变化。最具代表性的著述便是私立武昌文华图书馆学专科学校校长沈祖荣在 1944 年发表的《我国图书馆之新趋势》一文，他在该文中对图书馆如何做好推广工作提出了新见解。他认为："图书馆在新的意义之下，已经不是静的仅止发书的地方，而是动的推广教育的机关。一个完备的图书馆，绝不是仅止打开大门让人进去借书阅读即可了事。他的内部必然是一个有机的组织来履行教育读者的使命。"沈祖荣此处所言"履行教育读者的使命"，无疑指的是如何让更多的读者被吸引加入到使用图书馆资源的群体中来。他说："我们从事图书馆事业的人，亟应看准这一点，并分析来馆阅读的民众，究竟有怎样的程度，做什么职业，有什么习性，然后分门别类的把他们组织起来，教育起来，使之来活用你的图书馆。引导他们以图书馆为做学问、求知识、寻娱乐的中心。使他们从各自不同的起点，不断前进，达到

① 吕绍虞：《我国教育前途与圕》，《文华图书馆学专科学校季刊》1932 年第 4 卷第 1 期，第 33 页。
② 俞爽迷著：《图书馆学通论》，南京：正中书局，1936 年，第 28-30 页。

提高本身素质，从而提高为社会服务的水平。”[①]在他看来，作为教育事业的重要组成部分，图书馆应在教育推广过程中发挥出更重要的作用。这就必然要求图书馆事业的主持者们，用更优化的组织形态，让图书馆来担负起教育读者的使命。

20 世纪 30—40 年代中国图书馆学界对图书馆社会功能的认知，更多是从如何推广社会教育的角度来加以分析。不过总体看来，与芝加哥学派有着较大的不同的是，他们对图书馆社会功能的探讨，更多还是从图书馆辅助功能的角度来分析它的作用。而对于图书馆的工作如何主动来推进，尤其是如何吸引读者前来利用图书馆的资源，以及图书馆的工作者究竟应该如何去做好民众利用图书馆资源的推进工作，大都没有进行较为深入的探讨，也无法达到芝加哥学派那样的广度。在这些学人中间，唯一例外的是沈祖荣。他的着眼点在于如何将图书馆事业的发展与读者的教育问题密切联系起来。他认为应该根据读者不同的需要，来推广图书馆事业。他还开始意识到应该在经济条件许可的情况下，让图书馆向纵深与广阔两方面发展（如设立各种专门图书馆与儿童图书馆等），来满足不同读者的需要。他的观点与芝加哥学派对读者阅读习惯的研究有着密切的关系，也是这些学人中对芝加哥学派有关图书馆学实证性研究理解最深的一位。

四、芝加哥学派对中国图书馆学界影响较小的原因

尽管芝加哥学派对 20 世纪 30—40 年代的中国图书馆学产生了积极的影响，不过总体看来，中国图书馆学界中人对芝加哥学派关注得并不太多，因而该学派对中国图书馆学理论发展所产生的影响也不够大。导致这一局面的主要原因，除了与民国时期中国图书馆学学术转型的工作重心和芝加哥学派理论的发展理念不同有关外，同时也与芝加哥学派自身在 20 世纪 30—40 年代发展受限有着一定的关联。

20 世纪 20—40 年代，正是中国图书馆学学术转型的重要历史时期。这一时期学术转型工作的重心，主要还是在技术性的图书分类与编目等方面，而对图书馆学理论等其他方面的学术创新则有所欠缺。首要的欠缺便是来自西方图书馆学的经典著作。1935 年，私立武昌文华图书馆学专科学校教师毛坤就曾经发出这样的感叹：“我们对于图书馆学术，在著作一方面，最近五年或十年之内，应该特别努力于外国图书馆学书籍之翻译。外国的方法固然不一定合乎

① 丁道凡搜集编注：《中国图书馆界先驱沈祖荣先生文集》，杭州：杭州大学出版社，1991 年，第 237 页。

我国的情形，但可以供我们无限制的采择。”[①]毛坤的这种认识，反映出 20 世纪 30 年代中国图书馆学界所面临的一种困境。这种困境着重表现在当图书馆学界中人在处理最为中心的“中国化”的工作时，对西方图书馆学理论的欠缺是显而易见的。由于对国外图书馆学经典著作的翻译工作比较滞后，就国内图书馆学界对图书馆学研究的整体状况而言还是比较落后的。

自近代以来，中国图书馆学在学术转型过程中一直处于学习西方的阶段，且一直在追随世界图书馆学理论发展的前沿。大批学人前往欧美各国留学，为追求学术前沿创造了良好条件。不过此时前往美国留学的中国图书馆学人，大多进入的是纽约州立大学图书馆学校或者是哥伦比亚大学图书馆学院完成学业。由于此间中国图书馆学学术转型的重心在图书的分类与编目之上，这导致以杜威经验主义哲学为基础的图书馆学理论对中国图书馆学的影响是如此之深。但民国时期在美国获得图书馆学博士学位的三位图书馆学人，均出自芝加哥大学。据著名汉学家钱存训先生回忆，民国时期在美国获得图书馆学博士学位的三位中国人桂质柏、谭卓垣和吴光清都是芝加哥大学图书馆学院出身。而 1947 年前往美国芝加哥大学进修的他，则是第四位获得芝加哥大学图书馆学院博士学位的中国人（1957 年）[②]。颇具意味的是，三位从芝加哥大学图书馆学院毕业的博士回国后，似乎对芝加哥学派理论的介绍相当少。例如近代中国第一位在美国获得图书馆学博士学位的桂质柏，回国后在《文华图书馆学专科学校季刊》1932 年第 1 期发表的《纽约哥伦比亚大学图书馆学专校杂述》一文中，主要记述了在芝加哥大学留学生活的情况，且此后桂质柏在他的著述中没有阐发与芝加哥学派相类似的理论。

芝加哥学派在中国的影响如此之小，与 20 世纪 40 年代之后美国图书馆学研究方向的转变也有一定的关联。第二次世界大战爆发之后，芝加哥大学图书馆学院被迫关门，威尔逊与他的同事们刚刚开始的研究项目也被迫中断，而且此后再也没有恢复。而在二战结束之后，美国图书馆学的研究方向开始过于重视方法论的运用，几乎差不多成为纯粹的统计调查[③]。所以当 1961 年巴特勒的《图书馆学导论》再版时，李斯特·阿西姆（Lister Asim）为之撰写序言时曾表示：尽管距该书初版已经将近 30 年，但巴氏当年希望他的小册子随风而逝

① 梁建洲等编：《毛坤图书馆学档案学文选》，成都：四川大学出版社，2000 年，第 224-225 页。

② 钱存训著：《回顾集：钱存训世纪文选》，桂林：广西师范大学出版社，2012 年，第 17 页。

③ Jesse H. Shera. Darwin, Bacon, and research in librarianship. Library Trend, 13(1): 146.

的愿望不仅没有实现，而且对于他的有关科学研究价值观的一些基本介绍，很多图书馆员理解起来仍然是如此肤浅。在阿西姆看来，巴特勒当年所希望的“图书馆应该尽快完成从过程到功能转换的理念”，即便是到了 20 世纪 60 年代，在很多图书馆和图书馆学院的课程体系中都还没有实现[①]。

特别值得注意的一点是，在 20 世纪 30—40 年代的中国，关注芝加哥学派的学人有一个非常有趣的现象，那就是他们大都出自私立武昌文华图书馆学专科学校的师生群体。这一现象的发生，无疑与私立武昌文华图书馆学专科学校这一时期特别的办学模式有关。作为国内唯一的图书馆学专科学校，早在办学之初便基本上效仿的是美国纽约州立图书馆学校的办学模式，而且多数教师也是从美国学成归来，因之私立武昌文华图书馆学专科学校在图书馆学界的影响力是有目共睹的。“这些在美国学成后回校任教的教师使得文华图专在办学风格上更加接近美国，他们从国外也带回了有关图书馆教育、图书馆学和图书馆事业的最新发展动态和科研成果，让文华图专始终紧跟国际图书馆界的发展步伐，以在国内图书馆界始终保持领先地位。”[②]从私立武昌文华图书馆学专科学校师生们对芝加哥学派的密切关注可以看出，“文华派”在民国时期引领着国内图书馆学理论发展的方向。

自近代以来，大力引入与借鉴西方图书馆学理论，无疑是中国图书馆学从传统到现代转型过程中的一项重要内容。从芝加哥学派诞生伊始，学界便开始密切关注该学派的发展，并及时地将其理论引介到国内。不过由于在此时期中国图书馆学学术转型的中心任务是，要将传统图书馆学理论与来自西方的图书馆学理论相结合，因此以杜威经验主义哲学为基础的传统图书馆学理论，依然在中国图书馆学界占据主流。而在 1949 年之后，随着中美图书馆学界交流的中断，中国图书馆学界对芝加哥学派的理论更加陌生。这不能不说是中国图书馆学理论发展进程中的一大遗憾。

第三节　徐家麟对民国时期图书馆学学术转型的贡献

从民国肇始到中华人民共和国成立的 30 多年间，是中国图书馆学从传统

① Pierce Butler. An Introduction to Library Science. Chicago : Chicago University Press, 1961, p.vi.

② 周洪宇著：《不朽的文华：从文华公书林到文华图书馆学专科学校》，武汉：华中师范大学出版社，2013 年，第 348 页。

到近代转型的重要时期。在这一学术转型的进程中，大批从事图书馆学理论研究的学人，为之进行了艰难的探索，徐家麟便是他们中间最为杰出的一位代表。学术界有关徐家麟的研究，成果可以说是相当之少。陈光祚在后来的回忆文章中，对徐家麟的学术敏锐性给予了很高的评价[①]。范并思在《中国理论图书馆学的先行者徐家麟》一文中，着重分析了徐家麟的图书馆学理论特色，并称其为“我国现代图书馆学基础理论的重要奠基者之一”[②]。柯愈春的《追求中国图书馆现代化的思想家徐家麟》一文，主要回顾了徐家麟一生的图书馆学学术追求道路，高度评价他是“近百年来图书馆界杰出人物之一”[③]。其他一些论著对徐家麟虽也有所涉及，但大多仅限于简单的介绍。徐家麟与近代中国图书馆学学术转型之间是一种什么样的关系，他为民国时期的图书馆学学术转型做出了哪些贡献，是值得深入探讨的话题。

一、徐家麟的赴美留学经历与他对世界最新图书馆学理论的引入介绍

徐家麟（1904—1975），又名徐行、徐徐行，湖北荆州市人，幼年在老家读过几年私塾，1914 年随父亲来到长沙，进入中华圣公会三一学校初中部就读。1918 年，徐家麟升入文华中学，并于 1922 年考入文华大学图书科，开始了他的图书馆学学术追求之路。1926 年，徐家麟从文华大学毕业后前往北京，先后担任中华教育改进社图书馆主任、清华大学图书馆中文编目员与燕京大学图书馆中文编目主任等职务。1929 年，近代中国第一所也是唯一的一所图书馆学专门学校——私立武昌文华图书馆学专科学校成立。校长沈祖荣亲自邀请徐家麟来校任教，徐家麟欣然接受。他于 1930 年来到私立武昌文华图书馆学专科学校，先后讲授“图书分类法”“图书经营法”“英文参考书”等课程。

1935 年 9 月，徐家麟获得韦棣华基金会的资助，远赴美国留学。有关此段留美经历，论者们说法不一。徐家麟同窗好友严文郁在回忆文章中提到，徐家麟是在 1941 年远赴美国，次年获图书馆学硕士学位，并于 1943 年回到祖

① 陈光祚：《见证人与参与者——来武大四十三年的经历》，见马费成主编：《世代相传的智慧与服务精神——文华图专八十周年纪念文集》，北京：北京图书馆出版社，2001 年，第 115 页。

② 范并思：《中国理论图书馆学的先行者徐家麟》，见中国图书馆学会编：《中国图书馆事业百年》，北京：北京图书馆出版社，2004 年，第 18-22 页。

③ 柯愈春：《追求中国图书馆现代化的思想家徐家麟》，《图书情报知识》2009 年第 4 期，第 5-16 页。

国的[①]。美国匹兹堡大学东亚图书馆馆长徐鸿也持此说，大概是援引了严文郁回忆文章的说法[②]。但据程焕文编撰的《裘开明年谱》披露，早在1934年秋，正在美国担任哈佛大学图书馆汉和文库主管的裘开明，就已开始为徐家麟赴美之事做各种准备。在他的积极斡旋下，徐家麟于1935年赴美担任哈佛大学图书馆汉和文库的首席技术助理，开始了半工半读的留学生活。1936年4月，在裘开明与鲍士伟等人的帮助下，徐家麟获得洛克菲勒奖学金的资助，进入哥伦比亚大学图书馆学院学习，并于次年获得硕士学位。1937年9月，徐家麟担任哈佛燕京学社汉和图书馆代理馆长至1939年7月辞职，9月动身回到祖国[③]。而据1939年11月出版的《中华图书馆协会会报》（第14卷第2、3期合刊，第17页）所载消息，沈祖荣于此年9月在私立武昌文华图书馆学专科学校创办“档案讲习班”，聘请毛坤与刚刚回国的徐家麟担任主讲教授。南京国民政府教育部有关1941年之前国内高等学校的统计资料（1942年由迁至重庆的正中书局出版）也显示，在私立武昌文华图书馆学专科学校的师资介绍中，徐家麟已经在美国取得硕士学位，并已回国继续在私立武昌文华图书馆学专科学校任教授[④]。故综上所述，徐家麟于1935年远赴美国留学，1939年回国当是没有任何疑问的。

徐家麟1939年回到已迁至重庆的私立武昌文华图书馆学专科学校继续任教，两年后他接受好友汪长炳的邀请，前往位于四川璧山的国立社会教育学院图书博物馆学系担任教授。1945年，徐家麟在《图书馆学报》创刊号上发表了《关于图书馆学的认识几点观察》一文，全文近2万字，分上下两篇。上篇讨论何谓图书馆学，下篇则是徐家麟个人对于图书馆学的几点认识。在上篇的讨论中，徐家麟实际上主要是介绍了国外最新图书馆学理论，尤其是对美国著名的图书馆学家巴特勒1933年最新出版的《图书馆学导论》一书的介绍最为引人注目。

巴特勒是美国著名的图书馆学家，美国图书馆学芝加哥学派的代表人物。1928年，美国第一所设有图书馆学博士学位的学院在芝加哥大学成立。此前

① 严文郁：《悼念汪长炳、徐家麟二位同窗同年好友》，见苏州大学社会教育学院四川校友会编：《峥嵘岁月》（第二辑），苏州大学社会教育学院四川校友会，1989年，第130页。

② 徐鸿：《美国模式对中国现代图书馆学教育的影响——以文华图专为例》，见徐鸿、马小鹤主编：《天禄论丛：中国研究图书馆员学会学刊》（第2卷），桂林：广西师范大学出版社，2012年，第170页。

③ 程焕文编：《裘开明年谱》，桂林：广西师范大学出版社，2008年，第144-222页。

④ 教育部编：《全国专科以上学校要览（上）》，重庆：正中书局，1942年，第406页。

美国各大学的图书馆学院，一直奉行的是实用主义教育原则，学院所聘请的教师也大多是来自图书馆管理一线的人员。这些教员甚至大多没有接受过正规的大学教育，采用的教学方式也类似传统工匠、师傅教授徒弟的形式。芝加哥大学图书馆学院成立之后，对“作为一门科学的图书馆学”，开始采用一种新的图书馆学研究规范，形成了独树一帜的“芝加哥学派”，对此后美国乃至世界图书馆学的发展均产生了深远影响[①]。1933 年，巴特勒出版了他的专著《图书馆学导论》。该著作从学术、社会、科学、心理、历史等五个方面，来阐述什么是真正的图书馆学。巴特勒认为，图书是保存人类记忆的一种装置，图书馆则是在现代人类意识中传播这种人类记忆的一种社会机构，“为社会组织必要之原素”。在他看来，“图书馆事业之能成为科学，在能适合新思想之惯例，智识学问，无论其类别为何，必以其客观现象为起点，并以科学谨严之态度观察之”。除此之外，“更须继续不断，与其他科学门类，互通声气，交相借镜”。而且更为重要的是，“图书馆事业在发展之途径，获得新希望，当致力于功能，而不注重程序”。这是因为科学的图书馆学是要“寻求学问于代表之现象中，而非特殊之事件。研究图书馆事业，并非研究图书馆”。巴特勒对图书馆学的思考，是图书馆学理论发展新时代到来的重要标志。正如他自己所言：这是把图书馆学作为一门学问进行研究的一次综合尝试，是舍去技术一面而决心采用图书馆之哲学考察的最初论述。[②]巴特勒所提出的有关图书馆学理论的思考，一直以来成为图书馆学人努力追求的目标。

已有论者指出，徐家麟并非第一个将巴特勒的《图书馆学导论》介绍进中国之人[③]。不过在笔者看来，此论点仍然值得商榷。实际上早在 1933 年，徐家麟便已关注到了芝加哥学派，并将其理论介绍到国内。他在 1933 年发表的《论圕作业之学术化与事业化》一文中，介绍了芝加哥大学图书馆学院所出版的《图书馆季刊》第 1 卷第 1 期刊载的威廉逊与韦普尔斯的两篇论文。两位学者对如何处理图书馆的“学”与“术”之间关系问题的探讨，引起了他的极大关注[④]。

与李永安在翻译巴特勒著作并未加入任何个人见解不同的是，徐家麟在介

① 黄纯元：《论芝加哥学派（上）》，《图书馆》1997 年第 6 期，第 1 页。

② 卜特勒原著，李永安译：《图书馆学问题》，《文华图书馆学专科学校季刊》第 8 卷第 1 期，第 3-12 页。

③ 周余姣：《一篇被忽略了的译文——巴特勒〈图书馆学导论〉在中国的首次译介》，《图书馆杂志》2011 年第 1 期。

④ 徐家麟：《论圕作业之学术化与事业化》，《文华图书馆学专科学校季刊》1933 年第 5 卷第 2 期，第 181 页。

绍巴特勒图书馆学理论之后，用了更多的篇幅来阐释他对世界图书馆学理论发展的深刻思考。他认为，巴特勒最大的贡献在于，提出了使图书馆学科学化的命题。他进而指出，巴特勒的理论给广大的图书馆工作者提供了一个全新的空间，“图书馆学如能努力于科学化的图书馆学的创获，则图书馆员们将有一种新天地：过去只注意到各别零星技术步骤，今则知讲求整个效用；过去只知图书馆成绩或功劳表现，今则并知留心理解；过去只求了解特殊事物，今则知解索事象的类型；过去信奉若干观念，当作金科玉律，今则作求实的考虑，实事求是”①。

二、徐家麟的图书馆学本土化理念

近代中国图书馆学的发展，无疑深受来自西方图书馆学理论的影响。但西方理论传入中国后，如何与传统中国的图书馆学理论相结合，是近代中国图书馆学学术转型过程中首先要解决的问题。早在 20 世纪 20 年代，图书馆学人就充分认识到图书馆学的发展，固然需要大力引入西方的理论，但这些来自西方的理论如果不经过本土化的改造，则很难为中国所用。正如 1921 年从菲律宾大学毕业回国的杜定友所言：“没有一所外国的图书馆学校能够养成完全的图书馆学者，以应中国图书之用。”②在他看来，由于中国传统图书馆学与西方存在巨大差别，因而中国图书馆学的近代转型必须与中国传统图书馆学理论紧密结合。梁启超在 1925 年中华图书馆协会成立大会上，也提出了建设“中国的图书馆学”的艰巨使命。

如何将西方图书馆学理论与中国传统图书馆学理论结合起来，从而构建出“中国的图书馆学”，当时图书馆学家们对此普遍感到困惑。在他们看来，西方图书馆学理论与中国传统的图书馆学理论有着太多的格格不入之处，其中最先感到棘手的便是图书的编目与分类诸问题。1929 年 1 月南京召开了中华图书馆协会第一次年会，徐家麟本人并未出席此次年会，但向会议方提交了两篇论文，一是《〈中国编目论略〉之论略》，二是《关于图书分类法之图解与中籍分类法及表之编制的研究发展》，由他的好友毛坤在会上代为宣读。前者后来刊载在《图书馆学季刊》第 3 卷第 1、2 期合刊（1929 年 6 月）上，题目改为《中文编目论略之论略》。徐家麟在文中首先指出，尽管中国图书馆学中文编目已

① 徐家麟：《关于图书馆学的认识几点观察》，《图书馆学报》1945 年创刊号，第 5-6 页。

② 转引自王子舟、廖祖煌：《图书馆学本土化问题初探》，《图书情报工作》2002 年第 1 期，第 24 页。

经引起了学界的广泛重视，“先后曾见到查修、黄维廉、杜定友诸氏之论文或专书，但考其内容，惜多只得其偏而不能得其全。大概于西洋编目之义例，或详或略，均尝逐类及之，求其能适应中文之一切书之编目需要，则容有未及顾到者”[①]。在他看来，“今欲发达中文编目学，一方面固须破除纯粹西洋式编目学之迷信与盲从，一方面亦须得自固有之目录学版本学之桎梏中求解脱，以见于事之所至，理有固然。学无古今中外，胥择其善者而从之，倘学不同科，自亦可分道扬镳，各事所事”[②]。徐家麟此处所指出的“各事所事”，当指中文编目过程中，不能拘泥于西方编目的传统，而是要“择其善者而从之”。对于如何“择其善者而从之”，徐家麟的同窗好友毛坤在1936年发表的《图书馆的中国化问题》一文中，也提出了与徐家麟类似的观点。毛坤认为，西方图书馆学理论“因是外国输入进来的，所以它的意义和方法同我们固有的思想方法和情况都有些不同，其间已经融会贯通的固然也有，生吞活剥的地方不能说全无”[③]。毛坤批评了当时图书馆学界存在的“生吞活剥”的态度，认为要“洋为中用”，也就是中国化的问题。他说：“我们所谓中国化，应该要以适用为原则或以能达到我们的高尚广在的目的为原则。”[④]

我们在查阅20世纪20—30年代中国图书馆学人在图书馆学本土化的相关论述时，不难发现一个非常有趣的现象，那就是他们对诸如编目与分类等图书馆业务操作层面的探讨相当之多，而对图书馆学基础理论本土化的探讨则少有人问津，徐家麟早年也是走的同样的道路。不过与其他图书馆学人不同的是，他在探讨图书馆学本土化过程中，涉及理论层面的探讨要更多一些，同时困惑也更多一些。正如他在论述编目如何本土化时所言：“再者编目一项，原多本诸欧美现代圕之学术与事业，以为研讨进行之根据。惟统观彼方现有之诸编目学书，对于此类，皆详办法而不及理论，详其然而不详所以然，是岂此种学术本身之原若何学理的根据耶？抑有之，然以其不关重要，或过于艰深，因而忽略之，避免之耶？”他也曾经试图对之进行一番探讨，但“稍有所玩索，结果似尚不无有若干近是之揣测者”。[⑤]

在经历了20世纪30年代美国图书馆学理论的洗礼后，徐家麟对图书馆学

① 徐家麟：《中文编目论略之论略》，《图书馆学季刊》1929年第3卷第1、2期，第43页。
② 徐家麟：《中文编目论略之论略》，《图书馆学季刊》1929年第3卷第1、2期，第48页。
③ 毛坤：《图书馆的中国化问题》，《文华图书馆学专科学校季刊》1936年第8卷第4期，第453页。
④ 毛坤：《图书馆的中国化问题》，《文华图书馆学专科学校季刊》1936年第8卷第4期，第454页。
⑤ 徐家麟：《中文编目论略之论略》，《图书馆学季刊》1929年第3卷第12期，第44页。

本土化的认识提高到一个新的水平。他对图书馆学本土化的最大贡献是，提出了要建构一套符合中国国情的图书馆学术事业体系的梦想。徐家麟认为："我国图书馆学术落后既是当然的事，也是无可讳言的事。愚以为我图书馆界学人，当急起协力研讨图书馆学术。为目前需要说，应尽量创制并实施可以供应我图书馆界需要的种种制度与技术方法。欧美的图书馆学术事业，可以借镜，但不可以拘泥。""我们自身问题的解决，全有赖于我们自己的努力。我们并应有创制一种适合我国需要与事实的图书馆学术事业体系的企图。"[①]徐家麟此处所言的"适合我国需要与事实的图书馆学术事业体系"，无疑是指在中国图书馆学的学术体系中，必须要与中国的国情相结合。如何才能做到这一点，他并未对此进行深入探讨，只是粗略地列出了他对图书馆学学术体系的大致构想："一本完善的图书馆法规，一种适用的图书馆课程，一本详实的中国印刷史，以及其他许多研究成果。我们样样都需要，我们自身问题的解决，全有赖于我们自己的努力。"[②]应该指出的是，虽然徐家麟并未对中国图书馆学术事业体系做出详细的阐述，但难能可贵的是，当同时代的其他学人对图书馆学本土化的思考大多局限于编目与分类等具体的业务层面时，徐家麟就已经提出了中国图书馆学本土化的理想目标。与同时代的图书馆学人相比，他大概是第一位提出应该建立起符合中国国情的图书馆学理论体系之人。因此从这个层面而言，他无疑是那个时代图书馆学人中在追求图书馆学本土化过程中看得最为深远的一位。

三、徐家麟对图书馆学科学化的思考

在20世纪20—40年代的中国，中国图书馆学界在引入国外图书馆学理论时，学人对图书馆学究竟是不是一门科学，如果是一门科学的话，究竟是一门什么样的科学，直到20世纪30年代才基本上开始有了一些深入探讨。1934年，刘国钧的《图书馆学要旨》一书便是其中最具代表性的著作。刘国钧提出了图书馆学的"四要素说"，即图书、人员、设备与方法，并将之称为广义的图书馆学；而狭义的图书馆学则是"研究图书馆管理方法"，也就是"新图书馆运动"之后图书馆学界共同关注的对象[③]。不过从他的论述中可以看出，他对图书馆学的理解更多的还是停留在图书馆自身层面，而对与图书馆有关的其

① 徐家麟：《关于图书馆学的认识几点观察》，《图书馆学报》1945年创刊号，第12页。
② 徐家麟：《关于图书馆学的认识几点观察》，《图书馆学报》1945年创刊号，第12页。
③ 刘国钧著：《图书馆学要旨》，上海：中华书局，1934年，第16页。

他层面则少有涉及。

1935年，李景新发表的《图书馆学能成一独立的科学吗？》一文，是图书馆学人有关图书馆学理论探讨的一个新成果。李景新认为："现在的图书馆的任务，日益扩大，图书馆的意义也不仅为一种活的教育机关。所以从今日的立场说图书馆学的意义，是包含人类知识学问的记载关于人类的历史和精神文化及物质文化两方面的一切事项。"[①]从以上论述可以看出，李景新的最大贡献是，已经看到了图书馆学的社会功能，看到了"图书馆学是人类学问中的一部分"。更加难能可贵的是，李景新已经意识到图书馆学"是以有系统的科学方法，专研究人类知识学问及一切动态的记载底产生，保存，与应用；使它成为教育化，学术化，社会化，科学化的一种科学"[②]。

就在20世纪30年代中国图书馆学界对图书馆学究竟是一门什么样的科学进行艰难探索时，美国图书馆学芝加哥学派的出现，给图书馆学理论发展带来了新的方向。从上文徐家麟对巴特勒理论的介绍中我们可以看出，芝加哥学派所思考的问题，也是近代以来中国图书馆学人一直在思考的一个命题：如何将图书馆学作为一门科学的理论来加以研究，从而更加有力地推动图书馆事业的发展。他在1933年发表的《论圕作业之学术化与事业化》一文中，着重谈到了他对图书馆学科学化路径的思考。他说："窃以为若即美国如火如荼之图书馆事业，及在彼已经着手研究之图书馆学术，吾人对之，似仍未能遂认为满足，更未可以自馁，自限，自暴，自弃。不尽其在我，就我中国之图书馆作业，对此学术事业不谋有所贡献；意以为对图书馆本身求进益，即对我国图书馆学术事业求改进，一举固可以两得也。"至于如何使图书馆作业学术化，徐家麟提出了两条途径："一则曰，自圕自身已有之学术予以整理，累积，系统，实验，发挥之工作；一则曰自圕学术以外相关之学术，予以沟通、印证、引用之工作。"徐家麟还提出在研究方法上，除了应用图书馆治学方法外，更须尽量应用科学方法，以及各科独具有效的方法，通过相互借镜，来推动图书馆事业的发展。[③]

---

① 李景新：《图书馆学能成一独立的科学吗？》，《文华图书馆学专科学校季刊》1935年第7卷第2期，第291页。

② 李景新：《图书馆学能成一独立的科学吗？》，《文华图书馆学专科学校季刊》1935年第7卷第2期，第291页。

③ 徐家麟：《论圕作业之学术化与事业化》，《文华图书馆学专科学校季刊》1933年第5卷第2期，第181-182页。

颇具意味的是，在20世纪20—40年代，中国图书馆学人前往美国留学主要是进入纽约州立图书馆学校或哥伦比亚大学图书馆学院等美国东部地区的学校。在以哥伦比亚大学为代表的图书馆学理论占据主流的时代，国内的图书馆学人中很少有人关注芝加哥学派。与国内其他图书馆学人一样，徐家麟前往美国留学也是进入哥伦比亚大学，但为何他对芝加哥学派产生了如此浓厚的兴趣？我们在追溯徐家麟学术思想的源流时，发现一个非常有趣的现象，那就是他在前往美国之前，也就是在巴特勒的理论尚在酝酿之时，他就已经隐约地提出了与之相类似的构想。正如范并思所言，从一开始他就与芝加哥学派有着天然的亲近性[①]。

徐家麟在1945年发表宏文时，距巴特勒的著作出版已经过去十多年，而他在该文开篇中就表达了对图书馆学理论研究进展不畅的忧虑。他说："此书（指的是巴特勒的《图书馆学导论》一书——笔者注）出版，足足十年有余，虽说图书馆专题研究的著作，已有好些种类，似白氏此书的，却仍无之。图书馆学研究的进步，诚然并算不得很快。"正如他在上文中所言："在本年上月，文华图书馆学专科学校，承美国图书馆协会赠送几册新出版的图书馆学书刊，托由华莱士副总统携带来华。其中一册，是该协会在去年刊行图书馆学之辞书，笔者有机会得快先睹，自感到欣慰。因个人向来对于图书馆学问题考虑的兴趣，仍不时有之，所以检阅这书的时候，首先便是看它对于图书馆学有何定义，可是结果是难令我满意的。"[②]徐家麟只看到了"图书馆业"与"图书馆学"两条，而如"图书馆服务"与"图书馆工作"等字样，大概是美国图书馆界认为并无任何特殊专门的意义，所以均未收入。该书将图书馆业定义为"实用书的知识及某一些原则、理论、技术，于图书馆中书籍及其他资料收藏，设置，保藏，组织，与运用各方面，暨图书馆服务之推广"。而对图书馆学的定义，则仅仅描述为"辨识，收集，组织，应用，印刷的或手写的文件之知识与技能"。[③]在徐家麟看来，图书馆学的定义绝不当平庸至此，但这个定义，也绝不会是胡乱写下来的。从这短短的词句中，徐家麟看到的似乎是美国图书馆界全体，特别是那占绝大多数的普通图书馆员，对图书馆学并未深接受，深研讨，只算是承认有这回事罢了。

① 范并思：《中国理论图书馆学的先行者徐家麟》，见中国图书馆学会编：《中国图书馆事业百年》，北京：北京图书馆出版社，2004年，第20页。

② 徐家麟：《关于图书馆学的认识几点观察》，《图书馆学报》1945年创刊号，第5页。

③ 徐家麟：《关于图书馆学的认识几点观察》，《图书馆学报》1945年创刊号，第14页。

从以上论述可知，与同时代的中国图书馆学家相比，徐家麟可谓站在世界图书馆学理论最前沿的一位。他看到了美国图书馆学界与从事具体业务的图书馆员之间的相互隔膜。在美国一般的图书馆从业者看来，图书馆学研究是图书馆老学究的事情，也还算不上是什么博大精深的学问。大多数从事具体业务的普通图书馆员对图书馆学理论相当陌生，因此距离二者达成一片的程度还相距甚远。美国图书馆学界的情况如此，中国图书馆学界的情况更是如此。面对中外图书馆学界共同的局面，徐家麟提出了期许与实现途径。他说："我们在图书馆学研究方面，迎头赶上别人的可能性也就大很多。同时也需承认的是，中国图书馆学界能从学习的也尽多。这也是我们应努力的事。"徐家麟随后指出，中国图书馆学界当前最根本的任务是，在自尊本业与业界中人图书馆精神的共同影响下，去做好图书馆服务之事。他说："愚以为我图书馆界人士，当勿忘所经营的是图书馆，当以图书馆本行的种种事为急务，当有图书馆精神，自尊本业与本界中人；凡图书馆界能将自身业务办好，是为解决本界困难，并取得外界信任的最好办法。此业务为何？不用说，最根本的仍是图书馆服务一事。"①

本章小结

对何为图书馆、何为图书馆学的理论探讨，是民国时期图书馆学学术转型过程中基础理论探讨中的一项重要内容。自 20 世纪 20 年代开始，学人对之的探讨，更多是在借鉴西方图书馆学思想的基础上提出各自不同的看法。在这些借鉴中，美国哥伦比亚大学图书馆学院的影响最为深刻。不过进入 30 年代以后，芝加哥学派在中国也开始显现出较大的影响力。一些学人纷纷开始关注芝加哥学派，其中尤以徐家麟对之的认识最为深刻。他在 1945 年发表的《关于图书馆学的认识几点观察》一文，大概是国内对芝加哥学派认识最为深刻的一篇。尤其难能可贵的是，徐家麟在 20 世纪 40 年代所提出的一些独到的见解，大致代表了那个时代中国图书馆学界在此问题认识上的最高水平。

① 徐家麟：《关于图书馆学的认识几点观察》，《图书馆学报》1945 年创刊号，第 13 页。

第四章　中西融通：学术转型中的图书馆学应用理论探讨

如何对图书进行分类与编目，是图书馆从业者在掌握图书馆学基础理论之后，在具体操作业务时需要解决的首要问题。在中国传统藏书楼时代，无论是图书分类与编目的指导思想，还是具体的方法运用，均与现代的图书馆理念有太多不相容之处。从 20 世纪初开始，图书馆学界中人就如何进行图书分类与编目展开了积极探讨，其中尤以刘国钧为代表的一批学人取得的成就最为显著。经过学界的共同努力，到 20 世纪 30 年代与中国国情相结合的图书分类与编目方法体系基本成熟。与此同时，对图书馆其他业务的探讨也在进行之中，其中尤以对图书馆员服务问题与图书馆建筑问题等方面的讨论最多，这在一些具体方案的制订中得到了充分的体现。

第一节　有关中西文图书分类方法的探讨

在传统藏书楼时代，中文书籍已经形成了独有的且运行长达千年之久的经、史、子、集四部分类方法。新式教育出现之后，面对外来学科知识体系，传统分类方法让人感到力不从心。自 20 世纪初各地在创办图书馆时，工作人员面临的首要难题就是，中西文文献如何在一个统一的分类标准之下进行分类的问题。正如刘国钧所言："图书馆内分类的工作极为重要，因为它和流通、参考、编目都有密切的关系。图书分类也是一件极不容易的工作，因为一方面要明瞭图书的内容，决定其性质；一方面又要知道图书分类法的原理体系和运用的规则。而在现在中国的图书馆中，图书分类又有许多别的困难，也无怪乎从事图书馆的把它看作一个重要问题了。"[①]自 1904 年古越藏书楼开创的分类法开始，经历几代学人的共同努力，到 20 世纪 30 年代一些充分结合中国国情的图书分类法不断涌现出来。在所有这些分类法中，尤以刘国钧撰写的《中国

① 刘国钧著：《刘国钧图书馆学论文选集》，北京：书目文献出版社，1983 年，第 48-49 页。

图书分类法》影响最为深远。

一、传统四部分类法所面临的问题与分类法的初步尝试

中国是一个有着数千年文明的古老国度。在悠远的历史长河中，书籍作为记录人类文明发展结晶的重要载体，起到了其他载体如语言等均无法替代的作用。在古代中国，如何将先人们的思想与活动完整地记载下来，形成了从竹木简到纸张转换的一整套技术体系，在世界文明发展史上都有着独到之处。尤其是在造纸术与印刷术的发展进程中，古代中国的先人们所做出的贡献是其他任何国家都无法比拟的。早在公元前后，造纸术由中国人首先发明，并在经历了几百年的演变后，发展为非常成熟的造纸技术。在唐代初期开始出现的雕版印刷术，则是国人通过反体取得正文的原理发明而来，并在唐中期得到了广泛应用。学者普遍认为，在古代社会，各国之间的文化交流过程中，造纸术及印刷术所发挥的作用是其他发明创造所无法替代的，二者对现代文明的传承同样有着深远的影响。正如著名的图书馆学家钱存训先生所言：人类的历史，大部分多赖文字记录的流传，才得以保存至今。甚至到了 21 世纪的今天，虽然新型传播媒介花样繁多，但至今我们还无法看到新型传播媒介完全替代纸张和印刷术在人类文化传承上所具有的基本功能①。

与传统竹木简相比，纸张从汉代发明之后通过不断改良后的广泛应用，使文献的传承变得更加方便快捷。面对日益增多的文献，如何将之分类收藏显得尤为重要。文献分类在中国已经有了两千多年的历史。中国最早的文献分类，大概要从西汉时期由刘歆编纂的《七略》开始算起。《七略》原文已经失传，班固在编纂《汉书·艺文志》时对之有过简单的陈述："有《辑略》，有《六艺略》，有《诸子略》，有《诗赋略》，有《兵书略》，有《术数略》，有《方技略》，虽列《辑略》于首，而原书则未必然也。"②至西晋时期，荀勖开创了一套新的以甲、乙、丙、丁为序列的四部书目分类体系。至唐代，在魏征的主导下，又将之改换成经、史、子、集的四部分类法，此种分类方法一直延续到近代。正如刘国钧所言："四库分类法在唐以前，可以谓为孕育时期；唐以后可谓之确定时期。确定时期中类目之变迁，虽互有得失，而无关宏旨。"③在经、史、子、

---

① 钱存训著：《书于竹帛：中国古代的文字记录》，上海：上海书店出版社，2006 年，第 1-2 页。
② 转引自姚名达：《中国目录学史》，长春：吉林人民出版社，2014 年，第 48 页。
③ 刘国钧著：《刘国钧图书馆学论文选集》，北京：书目文献出版社，1983 年，第 21 页。

集四部分类法的运用中，尤以清乾隆时期编纂的《四库全书总目》(共计 200 卷，是古代中国官方编修的一部大部头丛书）最为典型。该丛书将所收录的文献按照经、史、子、集四大类进行分类，再在每一大类之下复分若干个小类，并且将其中一些比较复杂的小类再细分子目。每一大类、小类的前面均有一个小序来介绍相关内容，而在子目的后面还有按语，简明扼要地说明这一类著作的源流，以及之所以要分出这一类目的理由。《四库全书总目》所沿用并得到创新发展的分类法，后来也被人们称为“四库法”。有关经、史、子、集四部分类法的研究，刘国钧后来曾经发表了这样的感慨：“我国图书分类之法导源于刘向、刘歆父子。自是以还代有损益。其中历史之久，推行之广，影响之深，殆不能不推四库之制度。此制滥觞于魏、晋，确定于唐、宋，至清乾隆间开四库馆，刊《四库全书总目提要》(简称《四库提要》)，而集其大成。乾、嘉以后，虽非难者不乏其人，而言目录者，鲜不以此为圭臬，盖骎骎乎有定于一尊之势矣。”[①]经、史、子、集四部分类法作为以儒家思想为指导的中国封建社会书目分类的主要方法，在封建时代尚能运用自如。但进入近代以后，随着经济、社会与文化的发展，图书类型和数量的急剧变化，尤其是在西学东渐的冲击下西文书籍的大量涌入，使得四库分类法的弊端日益显现出来。其中最根本的要害之处，就在于该分类法容量实在过于狭小，使为数众多的西方知识体系的图书无类可归或无所适从，其中关于自然科学类的书籍如何进行分类的问题显得尤为突出。正如刘国钧所言：“近年欧西学说输入，书籍种类往往轶出四库以外。于是四部分类法能否适用于今日，乃成为图书馆界一大问题。或是之，或否之，群言庞杂，竟无定则。然则于其得失，不可不稍稍讨论之也。”[②]他认为四库分类法适用于传统中国，但自近代以来随着西学的大规模传入，该分类法不能适应新的形势，这成为学界不得不面对的一大问题。

在西方，图书分类方法的演变亦经历了一个长期的过程。据相关文献记载，早在公元前 250 年左右的古希腊时期，亚历山大图书馆的卡利马考斯就曾经编制过类似分类法的体系。他将图书根据著者的不同，按照六大类型来进行分类。在中世纪以前，与东方世界相比，欧洲的政治、经济、文化发展水平较为落后，图书分类方法的发展也极其缓慢。那时的欧洲大多数图书馆在组织藏书和编制目录时，并不采用分类的方法，而是采用固定排列或按著者姓名字顺排列的方

---

① 刘国钧著：《刘国钧图书馆学论文选集》，北京：书目文献出版社，1983 年，第 19 页。

② 刘国钧著：《刘国钧图书馆学论文选集》，北京：书目文献出版社，1983 年，第 19 页。

法。自印刷术传入欧洲之后，图书资料的急剧增长，促进了图书馆事业的迅速发展，人们对揭示书内容的目录的需要也就显得日益迫切。1545 年，被称为“西欧书目之父”的瑞士学者康拉德·盖士纳（Conrad Gessner，1516—1565）编制出版了《世界书目》。该分类法所采用的分类体系，被视为欧洲第一部比较完整的图书分类法体系（又被称为“万象图书分类法”）[①]。这部分类法将所有图书分为四大部、21 大类。所谓的“四大部”，就是字学、数学、修养和高等学科。不过总体说来，西方图书分类方法的飞跃发展，还是有赖于 19 世纪后期美国图书馆事业的发展，它使得图书分类法得以成为一门显学。

从 19 世纪 70 年代开始，伴随着欧美各国资本主义的快速发展和科学技术的飞速进步，图书馆事业在西方资本主义国家也得到迅速发展，其中尤其表现在图书馆普遍开始面向公众开放。正是为了适应图书馆工作内容和工作方法的新变化，一些具有现代特征的图书分类法开始出现。1870 年，美国圣路易斯市公共图书馆馆长威廉·哈利斯（William Torrey Harris，1835—1909）编制了一种新的排架分类表，该分类法将所有的知识体系分为科学类、美术类和历史类三种类型，在此基础上再细分出一百多个小类。哈利斯的分类法是根据著名的英国哲学家弗朗西斯·培根（Francis Bacon，1561—1626）的知识分类体系来进行分类的，该分类法可谓开了西方图书分类法的先河。1876 年，美国图书馆学家杜威在哈利斯开创的分类法的基础上，编成了著名的《杜威十进分类法》。杜威十进图书分类法的贡献主要有三点：首先，首次开创了用阿拉伯数字代表类目的方法，从而为此后图书分类与排架、图书目录的组织等提供了共同使用的排列依据。使用数字既有利于图书的记录、信息的读取，也有利于图书的排列能够按照内容系统来组织藏书和开展服务工作，在杜威十进分类法之后的各种分类法，均是采用数字来代表类目。其次，在图书标记制度方面采用小数制的排列方法，并且初步地应用了组配的方法，为后来的分类法开辟了道路。最后，杜威十进分类法首创了分类法类目的相关索引，提供了从主题查找类号的工具。总之，杜威的十进图书分类法是图书分类法史上的里程碑。作为十进分类法的先河，该分类法对后来世界各国的图书分类法产生了极大的影响，后来的图书分类法大多是在此基础上的改进与创新[②]。

清末各地在管理图书馆时，首先面临的就是西学新书的分类问题，旧有的

① 白国应：《外国图书分类法简介》，《图书馆工作与研究》1980 年第 2 期，第 27 页。

② 储节旺、郭春侠、吴昌合编：《信息组织学》，北京：清华大学出版社，2007 年，第 89-90 页。

四库法不能容纳来自西方的新式书刊，而国外新的分类法此时尚未引入国内。这一时期，国人对分类法的探索就显得尤为可贵。在刘国钧等人的分类法问世之前，先后出现的几种分类法以古越藏书楼分类法与孙毓修的分类法最为典型。

（一）古越藏书楼分类法

“其事集议于庚子，告成于癸卯”[①]，创办于1900年，建成于1903年的古越藏书楼，是由绍兴缙绅、著名的藏书家徐树兰创办的。徐树兰抱着“存古开新”的宗旨，除了搜集了不少古籍善本外，还收集了不少新学之书。他在编写《古越藏书楼书目》时，除了将所有图书按照传统的经、史、子、集分类之外，还增加了“时务”一部，并将之分为学、政两大类，打破了传统的四库分类方法，将以往四部没有涵盖的学科一并划分到学部或政部。

作为近代中国的第一部图书分类法，古越藏书楼分类法在近代图书馆学理论发展进程中的作用不容忽视。中国著名的图书馆学家蒋元卿对古越藏书楼的分类法予以了肯定，认为“考我国最初编制新法以容新旧图书者，当以古越藏书楼为首”。虽然该法“距科学之途径尚远，然能彻底打破我国已成为金科玉律之四部，另创新的图书分类法，其创造之勇气，是值得吾人钦佩的”[②]。作为近代中国图书馆学人的第一次尝试，古越藏书楼分类法起到了开风气之先的作用。由于该分类法拼凑的痕迹比较明显，而且在类名的描述上亦有含糊之处，在具体分类时又有些武断杂乱，所以该分类法在实际运用过程中的使用范围相当有限，后来出现的其他图书馆并没有采纳此种分类法。

（二）孙毓修的分类法

近现代新分类法的编制是个循序渐进的过程。最初阶段为新旧并行制时期，除了以上的古越藏书楼分类法之外，开始在此新旧交替阶段从事尝试工作的还有近代编译家孙毓修。孙毓修（1871—1923），字星如，号留庵，早年就读江阴南菁书院，曾经考中清末秀才，但此后乡试屡试不中，决定放弃科举之路。后来到无锡教堂跟随牧师学习英文和各类西学，并决心从事著译，来实现人生价值。1909 年，中国近代第一部儿童文学读物《童话》丛书出版，孙毓

① 张謇：《古越藏书楼记》，见李明勋、尤世玮主编：《张謇全集·艺文杂著》，上海：上海辞书出版社，2012年，第308页。

② 蒋元卿著：《中国图书分类之沿革》，上海：中华书局，1937年，第151-152页。

修就是该丛书的编辑，因此他也被誉为“中国童话的开山祖师”（茅盾语）。不过这位童话大师更为重要的影响，还是在于他作为近代中国图书馆学重要奠基者之一，为近代图书馆学所做出的重要贡献，他还是近代中国第一位出版图书馆学专著的学人。

早在 1907 年，孙毓修进入由张元济等人创办的上海商务印书馆编译所，所长张元济是近代著名的出版家。张元济学识渊博，又洞悉世界潮流，在创办商务印书馆的过程中非常重视对图书资料的收集整理。孙毓修旧学根底比较深厚，加之又懂英文，进入商务印书馆后不久，张元济就选他作为筹建图书室的主要助手。孙毓修在后来的回忆中曾经写道：“岁在戊申（1908 年），上海商务印书馆购得绍兴徐氏、太仓顾氏、长洲蒋氏之书，设图书馆于其编译所，即世称涵芬楼者也。征毓修为之典签，所见即多，稍窥版本目录之学，而有收藏之志。”[①]

张元济于 1909 年在上海创设图书馆，馆名曰“涵芬楼”，附属于商务印书馆之编译所。张元济将搜集的 12 000 余种古籍善本，其中包括宋、元两朝刊刻、精校的旧钞之本 500 余册，影印重新面世。“楼中附藏西文书三千八百有奇，和文书五千有奇，中外报章及图画各四百余种，照片三千余张，此皆就辛亥以前言之也。楼所藏之书，中有明《永乐大典》。”[②]由于涵芬楼地处上海市宝山路，临近沪宁车站，涵芬楼名噪四方，慕名参观的专家学者络绎不绝。在张元济的安排下，孙毓修负责接待前来参观的学者，是名副其实的涵芬楼首任“馆长”。孙毓修在旧书的选购、版本的鉴别，以及联系配抄、组织古旧善本的修补等事宜上，无不亲力亲为。在张元济的支持下，他还编制了涵芬楼最初的一份善本书目，制订了涵芬楼《借阅图书规则》。据 1910 年的《南洋劝学会商务印书馆出品说明书》一文介绍，当时涵芬楼收藏中文书 8000 余种（其中善本 300 余种）。

1909 年，杜威的《杜威十进分类法》成功引进到中国，首次介绍该分类法的就是孙毓修。是年孙毓修在《教育杂志》“名家著述”栏目中连载《图书馆》，在该文中首次向国人介绍了此分类法。孙毓修在介绍新式分类法后，尖锐地批判了当时一些图书馆仅以收藏旧书为主旨，将一些新书排除在外的做法。他说：

---

① 柳和城：《近代图书馆学奠基者孙毓修》，见无锡市政协文史委编：《无锡文史资料》（第 49 辑），哈尔滨：黑龙江人民出版社，2005 年，第 93 页。

② 熊月之主编：《稀见上海史志资料丛书》（第 1 册），上海：上海书店出版社，2012 年，第 482 页。

“今天开图书馆者，大率意在保旧，汲汲皇皇，以其竭蹶之经费，广搜宋椠旧钞……而新书则不屑一顾。呜呼！误矣！”这里作者极力批评当时各地“奉旨”开办的所谓图书馆因循守旧，仅收藏中文古籍，而对新书大加排斥的做法。孙毓修讥讽说，这样的地方只能称为“国粹保存处”，根本不配叫图书馆！[①]他还在杜威十进分类法的基础上“量为变通”，制订出了一部适合中国国情的新书编目分类法。

孙毓修认为：“新书分类法。断不能比附旧书。聊为一集者。以其统系至广且博。非四部之界。所能强合也。惟事方草创前乏师承。适当为难耳。”[②]所以他把欧美通行的类别进行变通，分为 22 部，用于新学之书的分类。他在对欧美分类法比较深入了解的基础上，提出了一部新书分类法。虽然该分类法还没有类号，但是已经借鉴了欧美分类法的一些优点，例如，在每个大部下，差不多都先设总记类，其下再设字书、学史等小类，反映出孙毓修已经基本掌握了分类法的编制原理和体系结构。孙毓修对当时新旧图书一刀切的分类方法提出了他的解决之道：旧书依四库法，新书依自编分类法。孙毓修的新旧并行制一经提出，响应者蜂起，如江苏图书馆、浙江图书馆起初均采用此种方法进行图书的分类。

杜威的十进分类法有着使用便利、标记符号整齐，以及便于读者与图书馆员记忆等多方面的优点，但同时也存在着容量比较狭小、号码过于冗长等方面的缺陷。该分类法中有关中国书籍的类目，包括索引在内也仅仅有 30 项，根本无法容纳浩如烟海的中国传统书籍。正是因为如此，在该分类法进入中国后的很长一段时期内，国内图书馆仅仅将之运用于西文书籍的分类，而中文书籍的分类依然使用传统的四库法。

古越藏书楼分类法和孙毓修的分类法，被蒋元卿称为编制新法以容纳新旧图书的开创之举和新旧并行制的一大创举[③]。这两种分类法代表了在以杜威分类法为代表的西方分类法尚未在国内产生重大影响之前，中国图书馆学界对图书分类的探索成就。它们是基于当时图书馆藏书的实际状况和人们对于知识体系的认识而提出的切实可行的图书分类方案。尽管这些分类法有着很大的弊端，但作为国人对分类法的早期探索成果仍然是值得肯定的。同时这也说明，

① 柳和城：《近代图书馆学奠基者孙毓修》，见无锡市政协文史委编：《无锡文史资料》（第 49 辑），哈尔滨：黑龙江人民出版社，2005 年，第 95 页。

② 孙毓修：《图书馆续》，《教育杂志》1909 年第 2 卷第 9 期，第 42 页。

③ 蒋元卿著：《中国图书分类之沿革》，上海：中华书局，1937 年，第 157-159 页。

中西方在以分类法为代表的图书馆管理方法和理念上存在着较大的差异。

二、民国时期四种最有影响的分类法介绍

图书分类从一开始便是两条腿走路，一条继续沿袭传统经、史、子、集的分类方法，一条则是对新式图书采用西方通用的图书分类方法。在 20 世纪之初，各大图书馆采用的大多是杜威的十进图书分类法。该分类法最大的特点，便是充分体现了实用主义的原则：一是结构比较简单，等级层次清楚；二是用阿拉伯数字作为类目标记，易记、易排；三是有详细的相关索引；四是该分类法有常设机构，保证分类法不断修订再版，增强了它的生命力。在美国，除了杜威十进图书分类法之外，美国国会图书馆分类法（简称国会法）也是影响颇为广泛的一种分类法。国会法创始于 20 世纪初，由国会图书馆编目部编制完成。国会法是以 1891 年编订的克特分类法为基础编制的，在类目的设置与次序的编排上并没有遵照严格的科学系统，也没有细致地照顾到学科之间的亲疏远近、并列从属等关系，而是以一个具体图书馆藏书的实际情况为依据，由各门类的有关专家就自己的学科领域逐类列类，许多不同的类被安排成便于实用的次序。国会法所采取的这种以图书作为分类法的对象的原则，被英国图书分类理论家赫尔姆（Helm）称为“文献保证”的原则，并认为这是图书分类的重要原则。正是在以上两种分类法的基础上，学界纷纷开始了与中国国情相结合的分类法探索。在 20 世纪 20—30 年代，被各地图书馆广泛采用且影响较深的分类法主要有以下四种。

（一）沈祖荣、胡庆生编制的《仿杜威书目十类法》

《仿杜威书目十类法》是沈祖荣与胡庆生二人“取杜威之法，参以己见”，于 1917 年编定的一部分类法。起初命名为《中国书目十类法》，后来称之为《仿杜威书目十类法》，于 1922 年由文华公书林正式发行。这部分类法包括分类表与检字目录两大部分，分类表将古今中外书籍分为 10 个大类：000 经部及类书；100 哲学及宗教；200 社会学及教育学；300 政法及经济；400 医学；500 科学；600 工艺；700 美术；800 文学、语言学；900 历史。整个分类总表共有 700 余个类目，类目的划分一般至 4 级。沈祖荣在“自序”中曾经指出：“仿美儒杜威《十类法》，强分图书总目为十类以一千号，数为次序。如零数至九数，分总目为十类；每类分十部，每部分十项。例如五百为科学类，五百一十

为算学部，五百一十一为珠算项，余以此类推。如某项书多，十数不能容纳，则于十数之后，以小数志点之法代之，以济其穷。例如三百为政法经济类，三百七十为财政部，三百七十二为租税项，三百七十三又点一，为海关税，余亦以此类推。据此编法所有书籍，均以类部项三者依次分列以某数目，代表某书名，开明某数，取阅某书，较为简便。惟书属创始不免大雅所噱，然开馆伊始，编集目录，但求便于取阅，不惜略变成规，勉成草率之章，以供同人之用，疏略之愆，自无逃避，所期海内鸿博，随时指正，逐一改良，俾臻完善。”[①]由于《仿杜威书目十类法》是中国最早仿效杜威十进分类法并“参以己见”而编制的图书分类法，自出版伊始就引起了国内图书馆界的共同关注，后来国内一些图书分类法也大多在此基础上仿效得来。

沈祖荣、胡庆生的《仿杜威书目十类法》虽然是仿照杜威十进分类法而来，但其积极意义仍不容小觑。在沈祖荣之前，无论是古越藏书楼分类法，还是孙毓修的分类法，均采取的是新旧并行的做法，且新制与旧制并无相容之处。《仿杜威书目十类法》则完全打破了新旧之间的界限，按照西方学科划分的标准来重新分类，这是他们走出一条中西融合道路的新探索。这种分类法也是西方学科体系在中国开始萌芽的一个重要反映。

（二）杜定友编制的《世界图书分类法》

1922年，杜定友用英文撰写、穆耀枢翻译的《世界图书分类法》由广东全省教育委员会编辑出版，1925年又撰写了《图书分类法》，由上海图书馆协会出版，到1935年正式改称《杜氏图书分类法》，成为20世纪20—30年代在全国范围内较有影响的分类法之一。该分类法的编制宗旨是“以中西书籍，合并庋藏，而归纳于同一分类之下”。该分类法的编制方式“完全根据Dewey之分类法，而加以改良”。不过他同时也指出“亦非全依原法，不过采取其十分主义与号码标记方法而已”。具体操作方法“实由增减添删DC之法而成，而所增减添删者，约百分之四十”。[②]《世界图书分类法》由大纲、类表、总表、助记表、索引等五个部分组成。类表分为10个大类，依次为000总类、100哲理科学、200教育科学、300社会科学、400美术科学、500自然科学、600应用科学、700语言学、800文学、900史地学。在杜氏分类法中，所有的类名

① 刘宝瑞、秦亚欧、朱成涛编校：《民国图书馆学文献学著译序跋辑要》，北京：国家图书馆出版社，2012年，第71页。

② 转引自俞君立、陈树年主编：《文献分类学》，武汉：武汉大学出版社，2001年，第25页。

与注释均采用中英文对照的记录方式。该分类法还有一个特别之处是四个助记表，分别用于对图书的类型、国家、时代与学科类别进行再次划分。

《世界图书分类法》是一部使用广泛、影响深远的图书分类法。穆耀枢在翻译此书并撰写的弁言中，对 20 世纪 20 年代中国图书馆学理论进展不畅表达了遗憾，“晚近国人颇注意图书馆事业，谓足以补学校教育之不逮。故图书馆专门学者无多，论述图书馆之书籍尤少。虽报章杂志间有刊载，不过零编短简无当斐然，而一二坊本亦属剽窃涂说，挂漏綦多。使图书馆业者读之非特不能进其知识，将愈增其惶惑耳”。此书出版之时，正值广东全省教育委员会举办图书馆管理员养成所。穆耀枢对杜定友所编纂的分类法赞誉有加，“因先将分类法一种付诸枣梨。一以为教授之用，一以贡于全国图书馆界为分类之商榷，诚以今日我国之办理图书馆者诸事草创，聚讼最多，而以分类问题为尤甚，将此短编早日付印，或不无小裨于图书馆界欤”[①]。杜定友 1922 年编写的《世界图书分类法》，虽是以杜威十进分类法为蓝本，但他并未全面照搬，而是根据中文文献实际，吸取了四库法的优点，做了一些必要的调整和增删。如他打破了杜威原有的学术体系，取消了“宗教”一大类，代之以“教育”[②]。此种划分方法为当时的首创，后来一些学人编纂与修订分类法时也有所借鉴。

（三）刘国钧编制的《中国图书分类法》

刘国钧编制的《中国图书分类法》于 1929 年正式出版，由南京金陵大学图书馆印行初版，1936 年增订再版。该分类法将所有文献分为 9 个大类，依次为：000 总部、100 哲学部、200 宗教部、300 自然科学部、400 应用科学部、500 社会科学部、600/700 史地部、800 语文部、900 美术部。在类表编制过程中，刘国钧采用了新旧分开编制类目的办法。“关于中国固有之类目，则大率采自《汉书·艺文志》、《通志·艺文略》、《文献通考·经籍典》，张之洞《书目答问》,《四库全书总目》。”对于新出现的学科“则采自美国国会图书馆分类法为最多，而杜威十进分类法次之，布朗、克特两氏之分类法亦多资参考”。标记制度采用纯数字小数十进制，但“不拘拘于十进”，“常见之类，号码求其简短”。[③]该法还采用了参见类目、多重列类、仿分法、复分、互见和类目注释等编制技术，并编有 8 个通用附表。刘国钧的《中国图书分类法》对中国图书

① 杜定友著、穆耀枢译述：《世界图书分类法》，广州：广东全省教育委员会，1922 年，第 2 页。

② 黄增章、杨恒平著：《中国图书馆事业开拓者：杜定友》，广州：广东人民出版社，2009 年，第 58 页。

③ 刘国钧著：《刘国钧图书馆学论文选集》，北京：书目文献出版社，1983 年，第 58-59 页。

分类法的编制与发展影响深远，并为许多图书馆所采用。

刘国钧在“自序”中特别指出，他编著的分类法是针对中国图书的现状而创作的，尤其是要突破各地图书馆将新旧图书分开处理的不当做法。“至于时贤主张中外图书用一致之分类者，其陈义固甚当，然如何可以达此目的，似尚当以实验之方法求之。本法固未尝以统一中外为职志，然所谓西方科学在表内咸各有其位置。中等学校图书馆及通俗图书馆中，外国文书籍不居绝对重要地位者，应用本分类法以统御之，亦似无若何之困难。虽简略在所不免，然扩而充之，请俟异日，要非绝对不可能之事也。”他继而指出：“本法为图书馆之使用而编纂，所谓实际的分类也。此项分类法，私意必具四部分，始得谓为完全。一曰系统表；二曰理论的基础；三曰索引；四曰分类条例。而以系统表为尤要。盖此为部居之次第，即今之所印者是也。理论乃其说明，索引乃其锁钥，条例因之始能运用。故分类法之当否，恒视其系统表。是以先发表此部分以待大雅之教正。本法骤视之有若杜威之十进分类法，然有不同者。杜氏以十进为主，每类几皆十分，其弊流于强类目以就数字，而成机械的分类。今虽仍以数字为号码，且用层累之原则，然每类不必十分，而同等序之数字亦不必用以表同等序之类目。此观于史地文学诸类而可见者也。至于细目有采自杜氏注者，亦有采自他书者，读者必能辨之，无俟喋喋。”①

（四）皮高品编制的《中国十进分类法及索引》

皮高品是中国著名的图书馆分类学专家，他从 1926 年开始研制《中国十进分类法及索引》，历时 8 年，五易其稿，于 1934 年由私立武昌文华图书馆学专科学校出版。该分类法包括四个部分：类表、中文索引、英文索引、附录。类表分为十大类：000 总类、100 哲学、200 宗教、300 社会科学、400 语言文字学、500 自然科学、600 实业与工业、700 美术、800 文学、900 历史。全表类目共计约为 13 000 个，有些类目展开到 7—8 级。所有类名及注释亦采用中英文对照方式呈现，类表的基本框架与标记制度以杜威十进分类法为基础，但在类目的设置上则力求突出中国哲学、文化、教育、语言、文学与历史，将经学图书集中列类。且在类表中广泛采用复分、仿分与互见、参见等方法。有较完善的类目注释，还多处采用了多重列类法。其中编制的中英文索引也具有相关索引的某些特点。

---

① 刘国钧著：《中国图书分类法》，南京：金陵大学图书馆，1929 年，自序。

沈祖荣在给皮高品的《中国十进分类法及索引》撰写的序言中，对此书的出版给予了肯定。他从自己曾经撰写的《仿杜威书目十类法》开始谈起，该书为中国图书馆最早的一本工具书，虽然“以后看来，是一本很简单的书”，但在图书分类领域的开创作用还是不容忽视的。在他的《仿杜威书目十类法》之后，接连有杜定友、王云五、刘国钧诸位编纂的图书分类法，“给国内图书馆在新进之中有一个很大启示。近数年来，我国图书馆在各处之建设，有日新不已之势，对于图书馆应用工具的书籍，常感缺乏，今皮君能编成这样一部分类法的书籍以贡献于本界，由此可以看出图书馆在中国之进步，而此书正是应运而生的。希望此书，在国内得着很大的贡献；并希望采用此书的诸位同仁，见到书内有何缺点，多方指导，使此书得到复版的机会，再行更正，以成为一个完备的分类法，才不辜负皮君数年的心血！”①。姚名达也曾对之做出非常中肯的评价说：皮高品的《中国十进分类法及索引》对 DDC“增改最少而细目最详，可备一般图书馆员参考者”②。刘国钧后来在评价民国时期的各种图书分类法时也认为，在进入近代以来的一百年中，“这时期内所出的各种分类法相当多……在上述分类法中比较有影响的，有杜定友、刘国钧、皮高品三家。直到解放后还有图书馆沿用它们”③。可见，皮高品所编的《中国十进分类法及索引》在中国图书分类法发展史中占有非常重要的地位。

从 19 世纪末开始，传统的经、史、子、集四部分类法已经明显无法适应时代的需求。在 20 世纪上半叶有识之士开始了在图书分类领域的探索，针对传统古籍编制的新分类法有 20 种之多，具有代表性的主要有两种类型：一是柳诒徵 1923 年创设的新史籍分类体系。1923 年，柳诒徵向中华教育改进社历史研究组提出了“拟编全史目录议”的提案。他认为，应该改革传统史籍分类方法，建立新的史籍分类体系。在他编制的新史籍分类体系中，把传统史籍划分为“甲、乙、丙、丁”四大系统，以时间（甲：分代史）、学科（乙：分类史）、地域（丙：分地史；丁：分国史）为划分标准④。柳诒徵采用如此别出心裁的分类办法，把同类史料进行集中分类，这是针对中国传统史籍分类首次明确提出破旧立新的方案，也是按照西方分类方法对传统古籍分类的一大尝试。

① 沈祖荣著：《沈祖荣文集》，武汉：武汉大学出版社，2013 年，第 267 页。

② 姚名达著：《中国目录学史》，长春：吉林人民出版社，2014 年，第 120 页。

③ 俞立君、黄葵：《中国百年文献分类学名著研究（上编）》，《高校图书馆工作》2001 年第 6 期，第 1-8 页。

④ 叶继元主编：《南京大学百年学术精品 · 图书馆学卷》，南京：南京大学出版社，2002 年，第 24-30 页。

二是王云五所创设的中外图书统一分类法。王云五是近代著名的出版家，1924年3月，商务印书馆新开办的东方图书馆落成，由王云五兼任馆长。就在该图书馆即将对外开放之时，馆藏数十万册中外图书还没有进行分类与编目工作。王云五认为，杜威的十进分类法可繁可简，排列顺序基本上符合学术研究工作，是最适用于中国的分类法，但对于中国传统古籍却仍然没有找到好的解决办法。他从街道小巷编门牌的办法中得到启发，自行创设为中国图书特增的类号“+”，以别于杜威的原类号，同时杜威的原类号还是一点没有变动。在此类号“+”的基础上，再扩充为“+”、“廾”与“±”三种附加符号，用以表示中国特色的书籍，排在杜威十进分类法相当或有关号码前面，与原有号码先后排列[①]。这样不仅可以不断为分类法增加新的内容，而且可以兼收中国传统经、史、子、集等图书。以上两种分类法更多的是要解决中国传统古籍如何分类的问题，是中西融通的大胆创新，不过实际上在各大图书馆并未得到广泛运用。

三、民国时期图书分类法的总体评价

1935年，吴光清为纪念中华图书馆协会成立10周年，专门撰写了《中国十年来的分类和编目》一文。该文回顾了10年来学界有关图书分类与编目方面的进展，在纵观以上分类法的基础上制定出一些认为可行的标准。在他看来，一套最完备、最系统化的分类法，一般是各方共同努力的结果，而且好的分类法通常应具备四个方面的特征：一是该分类法必须是综合性的，能够“足以容纳中国传统学术和西方近现代科学”的所有学科体系；二是无论是分类体系还是标记符号，必须富有一定的弹性，足以包含可能会出现的新问题；三是该分类法必须可以自由添加注释或互见等信息，来作为对文献的补充；四是必须有一个索引[②]。

按照吴光清的评价标准，我们来分析20世纪20—30年代出现的四种分类法。在“足以容纳中国传统学术和西方近现代科学”这一点上，四种分类法均有异曲同工之处。刘国钧对此曾经专门写道：“现在中国图书馆内分类方面所最重要的，便是新旧书是否应当采用同一的分类法。”[③]刘国钧所言的新书，指的是来自西方世界有关科学、哲学与实业等方面的著作；所谓的旧书，便指的

① 王云五著：《王云五全集·八十自述》(上)，北京：九州出版社，2013年，第99页。

② 转引自周余姣：《图书馆界的林语堂：吴光清》，《图书馆论坛》2016年第12期，第81-91页。

③ 刘国钧著：《刘国钧图书馆学论文选集》，北京：书目文献出版社，1983年，第48-49页。

是按照四部分类方法所涵盖的所有传统的经、史、子、集。然而到 20 世纪 30 年代，很多图书馆仍然采用的是新旧两种分类法。传统古籍仍然采用四库法来进行分类，新的著作则往往采用自创分类方法，或采用杜威十进分类法。在刘国钧看来，“这实不是妥当的办法”。首先，按照新旧不同的分类法进行分类时，有时候新旧的区别难以确定。例如，《胡适文存》究竟应该将之归入新书文学类，还是书集部的别集类？梁启超的《墨子学案》应归入旧书子部杂家，还是新书的哲学类？其次，一些历史悠久的科目，如何划分新旧时代的不同标准。以数学为例，究竟应在哪一个时期以前将之划归旧书范畴，哪一个时期以后又将之归入新书范畴？最后，在同一家图书馆中如果采用两种不同的分类法，既不容易记忆，取书时也会发生困难。

正是考虑到各类图书馆在对图书进行分类时普遍遇到的这些问题，刘国钧极力主张独立创制一种适用于中外文图书，又适用于所有新旧图书的统一分类法。虽然这种分类方法仍然采用的是《杜威十进分类法》的原理和技术，但它的体系却与之完全不同。正是为了达成这样的目标，刘国钧从 1925 年开始着手研究图书分类法。经历了长达 4 年的努力，终于在 1929 年完成并公开发表《中国图书分类法》。与以往分类法有所不同的是，该部分类法对中西文化进行了很好的融合，因而更适用于中国图书馆的使用要求。《中国图书分类法》以其创新的“九分法”（总部、哲学、宗教、自然科学、应用科学、社会科学、史地、语文、美术），最终结束了“四分法”（经、史、子、集）。《中国图书分类法》标志着中国图书馆文献分类彻底打破了四部分类法的束缚，同时也对杜威十进分类法进行了创新，标志着较为完善的中国化的图书分类法与理论体系最终形成。该分类法后来被中国图书馆界广泛采用，成为中国近代图书馆学史上生命力最强的一部图书分类法。

与刘国钧的分类法有所不同的是，主张编制适合中国国情的中外图书统一分类的图书分类法，是皮高品编撰一部新的分类法的初衷。他在“自序”中说：“夫分类之要，在有体系。类有纲，纲分目，目下更立细目，然后一一加以符号，方切实用。衡之四库，不足语也。杜威、克特、国会诸分类法之因缘输入，良有以焉。诸书中最著称者，厥惟杜威十进分类法。原其法以十进部次群籍，应用之便，诚非他书所可企及也。虽然，杜法为西书而设，初非兼中籍而并筹者；且也，类目陈旧错列，繁省失均，径以总贯中西载籍，其穷屈不适用，此夫七略四库，一何以异？事非更张，理涉株守，采杜补杜，固有不然，至若仿杜，而独此附偏模，率而就简，亦未见其可也。盖我国之学术，自有其特性，不容偏废苟简。世之作者，必悉加以纂录，详制类目，使适中外文籍，庶立有济。”[①]由以上论述可知，皮高品是基于杜威十进分类法与四库法均存在弊端而提出了一种符合中国国情的分类法。首先，他认为传统的四库法分类规则芜杂，分类体系凌乱，特别是不适应当时学术的发展趋势，而且分类技术也很落后，只有类目，没有号码，非常不便于读者检索。其次，他对杜威十进分类法亦有意见。他认为杜威十进分类法虽然是当时最著名的分类法，但并不适用于中国图书的分类，而且类目陈旧错列，繁省失均。正是基于以上两方面的考虑，最后使他下决心要编制一部适合中国国情的、中外图书统一分类的分类法。

如何充分考虑到中国国情的需要，是皮高品在创设新的分类法时特别注意的一点。他在该书中指出："《杜威法》、《国会法》在突出美国，《苏联法》在突出苏联，《日本十进分类法》突出的是日本，《中国十进分类法》突出的是中国，这是可以理解的，一个国家的图书分类法主要是为本国图书馆使用的，类目组织及举例、说明都要特别结合本国的现实，从而反映出它特有的特征——国家性、民族性，这里面蕴藏着一种深长的思想意识和意义，不应掉以轻心。"[②]所以《中国十进分类法》在进行国家排列时，都是将"中国"排列在第一位，按照中国→亚洲其他各国→欧洲各国→美洲各国→非洲、大洋洲各国的顺序依次排列，并在其中大量列出反映中国国情的类目，如"中国历代帝王表"和"中国县名表"等内容。

在无论是分类体系还是标记符号是否有弹性的问题上，我们发现四种分类法在编制时，都考虑到为此后的发展留下一定的空间。例如，皮高品在编制《中国十进分类法》过程中，一方面引进《杜威十进分类法》的科学分类体系及其类目，另一方面又大量搜集国内外其他图书分类法和各学科的书刊，尽量采选当时的新学科、新技术、新事物和新问题为类目，使类目分得比较详细。该分类法共计一万多个类目，成为中国当时最详细的图书分类法。

皮高品还主张在分类法的结构上要完整，认为图书分类法和其他分类法的

---

① 皮高品著：《中国十进分类法及索引》，武昌：文华公书林，1934，第2页，转引自白国应：《皮高品图书分类思想的发展》，见马费成主编：《世代相传的智慧与服务精神》，北京：北京图书馆出版社，2001年，第58-60页。

② 皮高品著：《中国十进分类法及索引》，武昌：文华公书林，1934，第2页，转引自白国应：《皮高品图书分类思想的发展》，见马费成主编：《世代相传的智慧与服务精神》，北京：北京图书馆出版社，2001年，第58-60页。

不同点基本上在于它的特殊结构。从整部《中国十进分类法及索引》的结构来看，它包括说明、分类表、注释、附录（附表）和索引。在说明部分，包括有沈祖荣为之撰写的序言和皮高品先生自己撰写的“自序”。通过这些序言，可以看出编著者编制分类法的目的、经过和希望。分类表又可以分为大类、大纲、要目和详表。该分类法分为十大类，这是它的基本序列。大纲是它的基本大类表，共分出一百个类目。要目相当于简表，约分出一千个类目。详表即详细类目表，它是分类表的主体部分，由类目逐级展开而成，并配以号码。附录实质上是附表，它分为形式细分表、莎士比亚文库分类表、中国历代帝王表和中国县名表四种。另外在“附录・形式细分表”的“历史”中还有两种复分。一种是依时代分类，另一种是依国家分类。索引既有中文类目索引，又有英文类目索引。可以说该分类法的结构十分完整。他还主张采用单纯的阿拉伯数字为号码，使其易认、易写、易用，而且采用小数制，再加上留有空号，每类不必十分，使其灵活机动。

杜定友的《世界图书分类法》具有如下几个方面的特点：首先提出了中外统一分编思想；其次，在类目的设置上既考虑到新的学科，又照顾了中国旧经籍的特点；最后，将宗教作为哲学的一个子目列出，并将教育单列一类。与杜定友的观点相反，刘国钧先生对古今中外统一分类表示质疑，他说道：“盖今日之分类表其详确程度能兼顾中西者，盖难言也。在小图书馆中，外文书籍不多者，如其所采之分类方法适当，则未尝不可统中外文字于一分类法之下。若其外文书籍有激进增加之势，则此种方法似不甚相宜。”①但刘国钧极力支持中文新旧图书统一分类，与杜氏分类法比较，刘国钧的《中国图书分类法》在当时就获得更大范围的推行，更长时间的应用，其成功原因主要在于它目的明确，内容简洁，本土化更为彻底，更加适宜国人使用。刘国钧认为：“本法题曰中国图书分类法，盖为我国之图书作也。我国图书馆中由来有所谓新旧籍之分，其不当于事情，论之者已众，而本法编制之始即以祛除此种界限为目的……本法固未尝以统一中外为职志，然所谓西方科学在表内咸各有其位置。”②由此可见，此法主要为中文新旧书籍混合分类，而非统一类分中外书籍所作。

20世纪20—30年代，比较著名的分类法还有：1924年洪有丰的《洪氏图书分类法》，1924年查修的《杜威书目十类法补编》，1926年陈天鸿的《中外

① 刘国钧著：《刘国钧图书馆学论文选集》，北京：书目文献出版社，1983年，第36页。
② 刘国钧著：《刘国钧图书馆学论文选集》，北京：书目文献出版社，1983年，第52页。

一贯实用图书分类法》，1929年陈子彝的《图书分类法》，1931年施廷镛的《清华大学图书馆中文图书分类法》，1934年何日章、袁涌进的《中国图书十进分类法》，1935年桂质柏的《分类大全》等。但除了刘国钧的《中国图书分类法》，以上这些分类法"大都是仿照《十进法》编制的，不过类目次序各有不同罢了"。正如刘国钧在《中国图书分类法·导言》中所言："对于任何科目，不宜有所轩轾。是以类目不宜含有批评褒贬之意。"[①]1937年，蒋元卿曾将中国分类法分为增改杜威派和采用杜威派两个流派，将刘国钧的分类法列为增改杜威派，认为"最早之著述，当以刘国钧氏《中国图书馆分类法》为其嚆矢"[②]。

第二节　中西文文献编目理论、方法与技术的探讨

在图书分类方法问题解决后，接下来要解决的便是文献编目的问题。与图书分类方法有所不同的是，文献编目有着更多技术性的问题急需解决。与传统的校雠学有所不同的是，新式文献编目既要考虑到与图书馆所采用的新型图书分类方法相衔接，又要考虑到读者在查找文献上的便利问题。自20世纪20年代开始图书分类法的成果层出不穷，与之相对应的文献编目理论也取得了较大进展。到20世纪30年代，传统的校雠学终于完成了向近代意义上的目录学的转变，最具标志性的理论成果大概为1938年姚名达撰写的《中国目录学史》的出版。与此同时，学界中人在文献编目技术层面也取得了一些成就，尤以刘国钧与沈祖荣等人所做出的贡献不容小觑。

一、从传统校雠学到近代目录学的转变

校雠学在中国古代是一个较为古老的学科。中国的传统目录学发展，一般可以追溯到刘氏父子整理文献而编成的《别录》和《七略》，这由此奠定了中国目录学上千年发展的大致方向，但当时的校书活动是受文献的具体情况影响的。从《汉书·艺文志》中可以看出，当时的许多文献作者已不可考，而书名却较为清晰，因此选择书名为标注目录是符合当时的实际情况的。在这期间产

① 刘国钧著：《刘国钧图书馆学论文选集》，北京：书目文献出版社，1983年，第54页。

② 转引自程焕文：《北刘南杜，世纪大师——论刘国钧先生在20世纪中国图书馆学术史上的历史地位》，见北京大学信息管理系等合编：《一代宗师——纪念刘国钧先生百年诞辰学术论文集》，北京：北京图书馆出版社，1999年，第326-339页。

生了数以千计的目录著作，也诞生了如郑樵、章学诚等一大批著名的目录学家，出现了《通志·校雠略》和《校雠通义》一类具有代表性的目录学著作。这些著作对图书目录如何编制，如何进行著录与分类，索引的编排等各项内容，大都做了非常深入的探讨，成为奠定中国目录学传统精神的代表著作，在世界目录学发展史上都有极高的学术价值。与中国传统文献目录不同，西方文献目录的特点，一是书名一般较为冗长，其中有许多没有实际意义的虚词，用书名为标日，反而不利于读者查阅。二是自文艺复兴以来，西方强调个人在社会中的作用，重视个人的价值和独创精神，因此作者目录在西方得到了较大的发展，通过作者来寻找和查阅文献逐渐成为极其普遍的一种目录编排方式。

中国传统目录学强调的是“辨章学术、考镜源流”，而西方目录学的主要特点在于使人们方便地获取图书，以供人们查阅。20 世纪，随着西方目录学理论和方法引入中国，其与中国传统的目录学理论的差异也逐渐体现出来。由于出发点不同，从而所表现出的目录编排方法存在的差别也不小。20 世纪 20 年代以来，篇目索引和内容索引都得到了长足的发展。正如有学人所言：“从 20 世纪 20 年代开始出现并逐渐形成了一个索引运动。……到三四十年代，这一运动迅速发展。”[①]1929 年在中华图书馆协会第一次年会上成立了中国首个索引检字组。1930 年，中国第一个专门从事索引编制的机构哈佛燕京学社引得编纂处成立，在著名索引学家洪业领导下开展工作，索引编纂与索引研究一时受到中国学者的普遍重视。

1938 年，姚名达对目录学的研究成果——《中国目录学史》一书的出版，标志着从传统校雠学向近代目录学转变达到了理论上的新高度。姚名达（1905—1942），又名显微，字达人，江西兴国人，近代著名的历史学家和目录学家。姚名达 1925 年肄业于上海南洋公学国学科，后入北京清华大学国学研究院，受到梁启超等人指导，研究期满留院工作 3 年。1928 年他受聘为上海商务印书馆编辑兼特约撰述人，并创办女子书店。后又任暨南大学、复旦大学历史系教授。抗日战争时期，他应邀至江西国立中正大学任教授，1942 年组织国立中正大学战地服务团赴前线慰劳抗日战士，不幸在江西新淦（现新干县）遭遇敌寇壮烈殉国，后葬于江西泰和县杏岭。他的主要著作有《目录学》《中国目录学史》《中国目录学年表》《史理释义》等。

姚名达的《中国目录学史》一书，对传统目录学与西方目录学之间的融合，

① 彭斐章、乔好勤、陈传夫编：《目录学》，武汉：武汉大学出版社，2003 年，第 236-237 页。

做出了大胆的尝试。姚名达首先将传统的校雠学分类来展开论述。他认为将目录分为若干种类的学说颇为繁杂，首先对这一问题展开论述者，大概要推清代中期乾嘉间的洪亮吉。虽然洪亮吉更多的是针对藏书家而言，但也可为目录学家分类所借鉴。洪亮吉将藏书目的分为不同的类型，同时也代表了不同的层次："得一书必推求本原，是正缺失，是谓考订家，如钱少詹大昕、戴吉士震诸人是也。次则辨其板片，注其错讹，是谓校雠家，如卢学士文弨、翁阁学方纲诸人是也。次则搜采异本，上则补石室金匮之遗亡，下可备通人博士之浏览，是谓收藏家，如鄞县范氏之天一阁、钱塘吴氏之瓶花斋、昆山徐氏之传是楼诸家是也。次则第求精本，独嗜宋刻，作者之旨意纵未尽窥，而刻书之年月最所深悉，是谓赏鉴家，如吴门黄主事丕烈、邬镇鲍处士廷博诸人是也。又次则于旧家中落者，贱售其所藏，富室嗜书者要求其善价，眼别其赝，心知古今，闽本蜀本，一不得欺，宋椠元椠，见而即识，是谓掠贩家，如吴门之钱景开、陶五柳，湖州之施汉英诸书估是也。"[①]由以上所论来推究，姚名达将藏书目的分为考订、校雠、收藏、赏鉴、掠贩诸家不同的类型，这也就是目录学中的五者之异，"虽非甚切，亦可借喻也"[②]。

姚名达对民国初年目录学家周贞亮与李之鼎所做出的贡献也给予了较高的评价，认为他们为"为一切目录作总目录，从而分别部类者"的开创先锋[③]。其中尤以周贞亮的《书目举要》分一切目录为部录、编目、补志、题跋、考订、校补、引书、版刻、未刊书、藏书和释道目共计 11 大类最为典型。后来陈钟凡在此基础上加"自著书"而成 12 大类。孙德谦则分为藏书家之目录、读书家之目录和史家之目录三类。张尔田则分为官家之目录、藏家之目录和史家之目录三类。姚名达的老师胡朴安则以网罗古人著作、保存自己收藏、考订版本和研究学问作为目录划分方法的主旨。在姚名达看来，以上四种目录划分方法各有分歧，后三家徒作空论，不似周、李之实地经验，故详略迥殊，而其不恰切则亦从同[④]。

姚名达在《中国目录学史》的结论中，对传统目录学与现代目录学存在的问题给予了详细的分析。他说："我国古代目录学之最大特色为重分类而轻编目，有解题而无引得。分类之纲目始终不能超出《七略》与《七录》之矩矱，

① 姚名达著：《中国目录学史》，长春：吉林人民出版社，2014 年，第 7 页。
② 姚名达著：《中国目录学史》，长春：吉林人民出版社，2014 年，第 7 页。
③ 姚名达著：《中国目录学史》，长春：吉林人民出版社，2014 年，第 7 页。
④ 姚名达著：《中国目录学史》，长春：吉林人民出版社，2014 年，第 6 页。

纵有改易，未能远胜。除史部性质较近专门外，经子与集颇近丛书。大纲已误，细目自难准确。故类名多非学术之名而为体裁之名，其不能统摄一种专科之学术也必矣。编目之法，仍依类别为序；同类之中，多以时代为次。活页编次之道，检字引得之术，编号插架之方，皆素不讲究，殊不便于寻检，非熟于目录学者莫能求得其所欲见之书。此因藏书者多不公开，寻书者多属熟手，故无需研求易寻易得之法，亦无憾焉。其优于西洋目录者，仅恃解题一宗。至于历代成书之草率，则指不胜屈。其校书撰录也，每任意去取删改，不能保原书之真。其删为史志也，但据藏目，不能尽一代之所有。其通考古今也，惟经学小学有之，余则未闻。堪称完备者，只佛教目录耳。”①

在总结中国传统目录学的基础上，姚名达对目录学的作用给予了一种新的理解。他说：“盖学术渊深，研究非易，舍师生口耳传授及亲身实地经验之外，实惟书籍是赖。学术如千门万户，书籍更已不只汗牛充栋。将欲因书究学，非有目录学为之向导，则事倍而功半。故分言之，各种学术皆有其目录学；合言之，则目录学实负有指导各种学术之责任。浅言之，将繁富乱杂之书籍编次为部别州居之目录，使学者自求之，目录学家之职务也。深言之，不特使书籍有一定之位置，且能介绍其内容于学者，使学者了然依南针以前趋，尤目录学家之功勋也。著者之见解若是，故其所谓目录不限于书名，目录学亦不限于分类编目，试读次章，便知其义。”②与传统观点不同的是，姚名达认为，目录学之首要目的是“将繁富乱杂之书籍编次为部别州居之目录，使学者自求之，目录学家之职务也”。如果再进一步讲，目录学的功用还在于“不特使书籍有一定之位置，且能介绍其内容于学者，使学者了然依南针以前趋”③。这种将图书目录与如何方便读者利用结合起来的思想，充分反映了目录学与图书馆学之间的巧妙结合。至于现代目录学，姚名达认为：“现代目录学，粗视之，若大反古代；细察之，则古代之缺点未及尽祛，而其优点且已丧失矣。废书本而用活页，此体式之异也。废四部而用十进，此分类之异也。循号码以索书，此编目之异也。而不校异同多寡，不辨真伪是非，删解题之叙录而古录之优点尽矣。知经书之为丛书而不知子集亦然，则分类仍不能尽革古人之弊。知书目之不足而不知扩而及篇目，则编目亦不能补救古人之穷。严格论之，现代目录之稍进

① 姚名达著：《中国目录学史》，长春：吉林人民出版社，2014 年，第 323 页。
② 姚名达著：《中国目录学史》，长春：吉林人民出版社，2014 年，第 7 页。
③ 姚名达著：《中国目录学史》，长春：吉林人民出版社，2014 年，第 6-7 页。

于古录者，惟在索书号码之便利与专科目录之分途发展耳。目录之内容，分类之纲领，究未适合书籍之需要也。”[①]

姚名达在总结中国传统目录学与西方现代目录学的基础上，提出了目录学将来的发展方向。他说：“目录学之前途，将何往乎？著者以为宜如树枝之纷披，愈分而愈细，不可如港汊之湾亘，亦不可如箭矢之径直也。其分类也与其依学术而十进，不若依事物而标题。其编目也，与其详列篇目，不若精撰解题。而最重要之转变，实在插架目录即书库目录与寻书目录即阅览室目录之分家。窃谓插架不妨略依学术而排列，而寻书必循事物以追求。求书目录之卡片尽可另有排列法，而插架号码必须记于卡片中。非但丛书文集之俦必有分析目录以便寻书，即科学历史之书亦非撷出其所叙事物之主题以为目录不可。但非径以篇目为目录之谓。”他认为：“现代目录学之趋势，编目者喜创分类表，制引得者喜创检字法，人自为法，圛自为政，统一之期，渺茫无望。此风不改，进步良难。”[②]他呼吁中华图书馆协会应该负有改良图书馆学与目录学的责任，联络从事分类编目检索问题研究的专家，举行全国性的会议，从长讨论制定出折中划一的标准。

姚名达的《中国目录学史》一书，对中国现代目录学的基础理论做了探索和研究。第一次正式给目录学下了科学定义，指出目录学不是纯理论的学问，而是实践性很强、直接为图书馆工作服务的一门科学。姚名达给目录学的定义，改变了目录学只是为了研究古代目录的旧见解，从理论上澄清了目录学与校雠学的界义，为目录学独立成为一门科学奠定了理论基础。书中还讨论了目录学与图书馆学的关系，提出目录学的基本知识是书史学、书志学与书目学；论理学（逻辑学）、历史学、检字法是其辅助科学；教育学、语文学、考证学等是与其有关系的科学；提出篇目、叙录和小序是组成目录的“三原子”。这些观点至今仍有现实的理论意义和参考价值。书中还提出分类法最重要的一个原则，是在乎能适应当时的著作界，类名应有显明突出的意义，类目应“一如学术的分类”“力求其细密”，这些看法与我们今天的科学性原则、实用性原则有相近之处。并详细阐述了编目的规则、程序和方法，体现了作者对编目理论的较深研究。此书所阐明的目录学基本理论、目录学史和分类、编目、主题等方法问题上的观点，在《中国目录学年表》中又得到了进一步的深化和系统化。

① 姚名达著：《中国目录学史》，长春：吉林人民出版社，2014 年，第 324 页。

② 姚名达著：《中国目录学史》，长春：吉林人民出版社，2014 年，第 324 页。

二、图书编目方法的探讨

图书分类与编目是互有联系又有所区别的两项工作。就在20世纪20年代图书馆学人努力探讨文献分类方法的同时，关于图书编目方法的研究，亦开始进入他们的研究视野之中。在图书馆员对图书进行整理的过程中，由于西方学科门类非常繁杂，加之此时无论是中文书籍，还是西文书籍的数量都急剧增长，传统编目方法已远远不能适应图书馆编目工作的需要。为了解决此类问题，学界在实际操作过程中最初的做法是，将英文编目规则直接运用到中文图书的著录之上，如沈祖荣、杜定友起初都是采用这样的做法，其他还有诸如裘开明、金敏甫等人也是坚持这种主张。

刘国钧在探讨图书分类方法之余，对图书编目方法也有过深入的探讨。1925年学成回国后，他一直从事图书馆研究与教学工作。在图书馆工作之余，他对文献特征的复杂以及著录方法的不一致，导致读者查找目录不方便感受颇深。为了使图书馆目录工作更好地服务读者，他在深入比较研究传统校雠学与国外目录学的性质、编制目的及功能等之间的异同基础上，将西方编目理论与中国传统目录学有机结合起来，"稿凡数易"，编制出了具有中国特色的《中文图书编目条例草案》(附表)。该文于1929年12月刊载于《图书馆学季刊》第3卷第4期，后又印成单行本公之于世。正如他在《中文图书编目条例草案》导言中所说："然一检各家之目，往往同一书名也，或举其全名，或举其简称；同一著者也，或举其姓名，或举其别署；同一版本也，或举其刊刻之年，或举其校印之人；遂使检阅者生疑，初学者误认。此无公认之编目条例，以为之整齐划一之过也。况以今日图书之激增，性质之复杂，若编目者无所准则，何以能免牴牾之弊。"[①]刘国钧所开创的编目条例，充分结合了中文图书的特点，当时国立北平图书馆、国立中央图书馆和一些大学图书馆大都采用了这个条例来开展图书编目工作。中华人民共和国成立以后，作为一种长期以来通行的中文编目规则，国内很多图书馆依然沿用这个条例，可见其影响深远。

1927年，刘国钧在《图书目录略说》一文中，在总结《隋志·簿录类》《通志·校雠略》，以及清代中期章学诚等人的观点基础上，得出结论：传统目录学学者坚持的是"目录为典籍之纲纪，所以其目的当在辩章学术，剖析条流"。他进而指出，与现代目录以记载书籍为目的不同，传统目录重学术，后者在于

① 刘国钧著：《刘国钧图书馆学论文选集》，北京：书目文献出版社，1983年，第61页。

记录与检阅。刘国钧进一步分析了目录的类型，他认为："欲明目录之性质，当先审著述史、书目、书志之别。"他对这三类目录的概念下了较为准确的定义："则就某所藏书而为之记录者，无论其详细与否，皆书目也。泛录图书名目，或记载其历史或表著其内容，凡以记载书籍之本身与内容之情况为目的，而不限于一定之书藏者，无论其精详与否，皆所谓书志也。至于著述史则著眼于学术之发展，其所讨论者特重著者之思想，固已离开书籍之本身矣。""是故书目、书志与著述史三者，其目的不同，性质亦异。"刘国钧在对三类传统目录界限划分的基础上明确指出，图书馆目录与以上三种目录完全不同，"其目的虽在检阅，其方法固宜以编书志之法行之也"。①

与刘国钧的编目方法不同，杜定友后来采用另一种路径来解决图书编目的问题。在杜定友的解决路径中，他将图书编目工作如何切合中国图书馆实际和学术传统，作为他展开编目探讨的重点内容。由于与中国文化和学术范式完全不相容，使用西方图书编目方法来对中文图书进行编目不能根本解决问题，因之对其进行适合中文图书特征的本土化改造势在必行。1922 年，杜定友在担任广东省立图书馆馆长兼广东高等师范学校教授期间，有感于图书馆专门人才的严重缺乏，发起创办了图书馆管理人员养成所。为了配合该养成所教学的需要，他将自己毕业论文中有关编目的部分，整理成《编目法》与《排字法》等讲义。同年他又印成了《中国旧书登记、分类编目方法》油印本一册，并在此基础上经过不断的实践运用修改，于 1926 年正式出版了《图书目录学》一书。该书充分体现了杜定友在编目本土化方面的探讨，尤其是在详细厘定有关中国图书的编目规则和著录格式方面，做出了卓越贡献。例如他在处理著者目录时，有鉴于中国传统古籍除了有原著作者之外，大都还有诸如翻译者、注释者与校刊者等，因此他建议在每张正卡之外，附加另外一张副卡，来注明翻译者、注释者与校刊者等内容，以方便读者能够迅速查找到相关内容。与此同时，考虑到中国传统古籍的原著作者姓名的多种多样，如有用别号的，有用朝代名的，也有用假名的，他建议以原姓名为主，另外制作一张总卡，专门用来引证人名之别名，如读者查阅"六一居士"，即可见"欧阳修"；查阅"饮冰室主人"，即可见"梁启超"等。对于书名目录的处理问题，杜定友鉴于传统古籍书名有的在封面上，有的则在目次之前，还有的甚至放在卷末，认为应该选择一种最适当的方式作为标题，同时以书之卷名、别名另附一张副卡。至于有的古籍在

① 刘国钧著：《刘国钧图书馆学论文选集》，北京：书目文献出版社，1983 年，第 40-41 页。

书名之前还冠有“钦定”“增广”等字样的，决定照样登录，但用括号加注说明。杜定友对这些规则和格式的改进，对后来探讨中文图书的编目起了一定的示范作用。金敏甫曾经评价杜定友的《图书目录学》一书“为中文书籍编目法之萌芽”，并称赞经过杜定友增订的版本“乃中文编目法书中之最完备者”①。

三、图书编目技术的讨论——卡片式还是书本式？

新式图书馆出现之后，图书馆工作人员在整理图书时，面临的一个难题是如何让读者尽快完成对所藏图书的检索，因此一本详尽的图书目录是解决这一问题的关键。在编制图书目录时，究竟应该采用何种版式，才能适合图书馆工作人员与读者的需要？学界于20世纪20年代开始了这方面的探索，沈祖荣当属这一探索中取得成果最早的一位。

1926年，沈祖荣在《中国图书馆目录应采书本式抑卡片式》一文中，对书本式和卡片式两种目录编制方式的利弊做出了详细的分析。他认为：“图书馆作为辅助教育利器，为教育家所公认，所谓利器者，非谓馆舍美丽，藏书宏富，亦非谓所藏之书，价值宝贵；或为世界孤本，或为名人遗著；而实在社会人民，能否利用所藏之书籍。易言之，即其馆书籍，能否活动于社会，人民能否获其益也。夫图书活动，全恃目录。目录者，如网之纲，如丝之绪，绝对不可少也。馆中书籍，若无妥当目录，即欲阅览，无从问津。欲谋阅书人之便利，可以永久使用，除目录外，别无他法。故人谓目录为智识宝库之锁钥也。是以图书馆急宜制目录，以供人用。编目细则，容另讨论。今所研究者：即今日图书馆之目录应采用何种形式是也。盖目录古今异宜，东西异式。书本式目录，既相沿未改；卡片式目录，亦应时发生。互有优劣，各有利弊。主张用书本式者，既持之有故；主张用卡片式者，亦言之成理。”②

沈祖荣认为，书本式目录的便利之处主要表现在以下五个方面：一是将目录印刷成书，便于邮寄。尤其是在穷乡僻壤，如果人手一册，就能知晓该图书馆所藏图书的种类与大致内容。二是方便那些因职务在身，或因时间冲突，不能来馆游观者。临近虽有图书馆，收储宏富，亦无所用之。若备置书本式目录，以赠送当地民众，则可依据目录，指定所需书籍借出馆外阅览。三是书本式目录可以为新创办图书馆之时，在选择书籍时苦无标准，或者编辑目录不知采用

① 金敏甫编：《中国现代圕概况》，广州：广州圕协会，1929年，第41页。
② 沈祖荣著：《沈祖荣文集》，武汉：武汉大学出版社，2013年，第70页。

何种方式所借鉴。如果得此书本式目录，将大大方便他们的工作。四是图书仅藏于馆内，“如玉韫椟中，珠藏匣内，夫复何用”。若有书本式目录，无论远近，人手一编，藉知馆中藏书之价值。这与商店利用广告来行销商品似乎没有多大区别。五是“古人之书，固已浩繁。近今所出版者，亦日新月异。无论何馆，不可能收藏无遗。自书本式目录通行，彼此互观，乃知我所有，为彼所无；我所无，竟为彼所有；可以多识书名，相互借阅”①。

不过书本式目录的弊端也是显而易见的，尤其表现在随着图书馆馆藏日渐增加，而书本式目录脱稿或印就时，往往需一年半载才能完成。然而在此编辑印刷期间，图书馆所增加的书籍，不能随时编入目录。“况科学进步，一日千里，阅者最重新出版物，待书本式目录印就，此种科学书籍，恐不免陈腐过时矣。”同时“增加新书，不能不补印目录。补印过多，则日积月累，为数至夥，此经济上之失算也。一旦寻觅某本书籍，非检查全数目录，不易得之。更于阅者所费时间上，亦不经济”。对读者来说，书本式目录最不方便的地方是“图书馆阅书之人纷至沓来，或同时并来数人，或十数人。倘必待先来者，翻阅目录毕，始得接着翻阅，则后来者，必至束手久待。故馆中必须备置多本，方能应用，未免过于琐碎”②。此外书本式目录，当再版以前，发现错误，不能及时更改，而图书馆中书籍有增加或失落之时，又不易增减。若就书改窜，于形式上殊不美观。印刷目录，耗费甚大，编辑校对，手续繁多。新增一批书籍，则新制一种目录，既制一种目录，则书籍又增，而前此所制目录，便形不足。所以从经济与人工的角度来看，既费财又费时。

至于西方各国图书馆广为采用的卡片式目录，沈祖荣认为其方便之处主要体现在六个方面：一是卡片式目录更书本式目录之旧制，形式简单，运用灵便，若有新增书籍，可以随时加入。二是书本式目录修改手续繁多，涂改累现，有碍观瞻。若用卡片式目录，不拘新旧书籍，随时可以修改。调换抽插，不露痕迹。三是易于按次序排列。经、史、子、集，名目各异。若无次序，不便检查。若用卡片式目录，无论书籍到馆之先后，均易按序插入。四是馆内某项书籍，倘经遗失，此书目录即成废纸，在书本式目录不免留存册上，而卡片式目录，即可随时抽出，且抽出后与全目录无碍。五是用卡片式目录，编辑目录人，以及检用目录人，时间上及经济上，都甚便利。且此一种目录，可同时供多人之

① 沈祖荣著：《沈祖荣文集》，武汉：武汉大学出版社，2013 年，第 70-71 页。
② 沈祖荣著：《沈祖荣文集》，武汉：武汉大学出版社，2013 年，第 71 页。

用。六是卡片目录用抽屉存储一处，外有标名，内有导片，形式上颇壮观瞻。既不如书本目录之复杂，亦不必俟全部目录印刷就绪后，方可取用。虽然卡片式目录有着如此多的优点，但其缺点也很明显：一是“不能携出馆外，以供阅览”；二是“不能与其他图书馆互相交换”；三是“不能四方广布，披露图书馆之内容，当广告之用”；四是“每张卡片上，只能注明一书，不能一目涉阅数张”；五是“稍欠检点，易于杂乱或遗失”①。

从以上书本式目录与卡片式目录各自的优缺点，可以看出两种方法可谓互有短长。这也是当时图书馆学界所公认的事实。沈祖荣提出：“兹特分别揭出，何去何从，颇有研究之价值。”②自表面而言，截长补短，表里相助，国立省立各图书馆，或经济充裕之图书馆，自宜二者兼备，不可偏废。然略加研究，书本式目录之利益，亦未尽足恃也。沈祖荣认为，在书本式与卡片式的争论中，应该看到二者各自的利弊，并考虑到中国的国情。中国旧式图书馆皆以编书本式目录为善本，甚至因编目之故而停止让读者阅览。在图书馆经费安排使用时，也几乎全为编目人员使用。甚至有人认为，“则以编辑目录，为办理图书馆之惟一要事，目录告竣，即图书馆之工作告成”③。他认为以上种种说法，是相当错误的见解。加之中国分类法素无号码（分类号及书码），取阅之时实在是非常不容易的事情。每每因取一书，费去阅者及馆员时间甚多，甚而妨碍阅览者的兴趣。他说：“使主张书本式目录者，于此种问题加以审察，当知舍短取长，改采卡片，无可疑矣。即或为赠送书目，便利馆外人阅览起见，不能用卡片时，尽可便通办理，将新添书籍目录，用油印印成，随添随印，轻而易举，较之编制全本目录，似为便利。又何必拘守成规，不图改进乎？”④

第三节　图书馆员修养问题及其他业务的探讨

自20世纪20年代开始，有关图书馆流通及其他业务的讨论渐次增多。在这些探讨中，尤以对图书馆员修养问题与图书馆建筑格局问题的讨论最多。如何才能做好一名合格的图书馆员，应该具有哪些基本素养，一些学人纷纷提出

① 沈祖荣著：《沈祖荣文集》，武汉：武汉大学出版社，2013年，第72页。
② 沈祖荣著：《沈祖荣文集》，武汉：武汉大学出版社，2013年，第72页。
③ 沈祖荣著：《沈祖荣文集》，武汉：武汉大学出版社，2013年，第74页。
④ 沈祖荣著：《沈祖荣文集》，武汉：武汉大学出版社，2013年，第74页。

了他们的见解，其中尤以刘国钧与徐家麟等人对之的探讨最为深入。而在图书馆建筑格局的讨论中，孙毓修、李小缘与马宗荣等人做出的贡献不容小觑。

一、图书馆员的修养问题

图书馆的读者服务工作，归根结底是人与人之间的交流，是图书馆员与读者之间的互动，在这种情况下，尽管我们认为体制上的保障很重要，图书馆有专门的组织和事业企划能够保证指导的持续性和一贯性，但有时候单凭这一点却很难有效实施阅读指导[①]。民国时期的图书馆人早就提出了，阅读指导之成败最终取决于馆员的素养，馆员“态度之是否和善，精神之是否振作，责任心之是否浓厚，尤是图书馆事业成败之所基”[②]。且不论这句话是否有所偏颇，馆员直接代表着图书馆的形象，其素养决定着图书馆与读者之间的距离却是不容置疑的。阅读指导的“最重要的方法是最原始的方法”，那就是“管理员和阅览人保持密切的个人接触”[③]。因此图书馆员对读者的阅读指导，在整个图书馆工作中占据着一个重要地位。在一种民智待启、教育未申的社会状态下，民众并未有着充分的智识及判断力，能够自觉地规划读书生活、凭借一般的常识运用读书工具，那么一名合格的图书馆员在其中的作用，就显得尤为重要。

刘国钧是一位在图书馆学理论与实践层面均有着卓越贡献的图书馆学家。1933 年，他在《图书馆馆员应有之素养》一文中，首先指出：“在图书馆员应有之态度中，最重要之点，为应确切认识一己之责任。所谓责任，即‘服务’也。每一馆员之来此，应有为人群服务之想……盖有服务精神，始能吃苦，能做事，能为阅者多方设法而无怨。”他认为图书馆的工作人员“对阅者应持和蔼态度”。他说：“指导之时，尤须勿俨然以教者自居，而有轻恶之口吻。图书馆员应倍自谦逊，平心静气，和颜悦色，以待来者。”并指出：“一馆名誉之优劣，皆系于此。”刘国钧最后认为：“馆员应有之素养，尤以和蔼之态度及丰富之常识二者，最须注意。前者所以吸引阅者，后者所以指示阅者也。古人有言：‘十年读书，十年养气’。所谓十年读书，即努力求常识之丰富；所谓十年养气，则为于态度和蔼方面下工夫。”[④]

① 余训培著：《民国时期的图书馆与社会阅读》，北京：清华大学出版社，2013 年，第 99 页。
② 陈训慈：《浙江省民众图书馆改进之管见》，《浙江图书馆协会会刊》1936 年第 1 期，第 14 页。
③ 蒋复璁著：《图书室管理法》，重庆：正中书局，1941 年，第 38 页。
④ 刘国钧著：《刘国钧图书馆学论文选集》，北京：书目文献出版社，1983 年，第 72-75 页。

对读者、图书与图书馆之间关系的论述，徐家麟是20世纪40年代认识非常深入的一位。他认为，想要图书与图书馆能够发挥出其最大的功能，关键还是在图书馆员的工作。徐家麟对读者服务工作亦提出了他的看法，他在1945年的《关于图书馆学的认识几点观察》中，专门提到“图书馆员只闻图书的运用，不讲究书的服务，固与古之好藏无殊，无当于现代图书馆事业，但若不多为书，实不只为识者所诟病，也诚然是执业于图书馆界者当力求改进的一件大事。设我们对于图书馆业务的质素，明白认为是书，与书服务，读者三方面的业务，由此，读者，与读书，及书本身的努力，可以与书的服务配合起来。图书馆界的情形，当能多有进步了”。他还将图书馆作业的重要性提高到一个新的高度，认为“图书馆与图书馆作业，可以不相提并论。换句话说，只要是有书，有读者，有读书的事实，图书馆若干业务可以存在；至于有否图书馆倒在其次”[①]。

与徐家麟相比，顾家杰对图书馆员修养的论述则更深一层。他尤其对图书馆员在图书馆事业推广中所应该起到的作用有着较为深刻的论述。在他看来，一个理想的图书馆员，不仅是一位事务人员和技术人员，还是兼备教师的学识与胸怀的人员。他除了给读者提供课程所需资料及一般修养常识所必需的读物外，还对读者予以阅读方法上的指导。他认为，一个理想的图书馆员，其修养可以归纳为三句话：以学者的态度求得“真”，以宗教家的热忱求得“善”，以艺术家的胸襟求得“美”。顾氏有关一个理想的图书馆员应有的“真”“善”“美”三个层面的修养，是当时所有论者中最为精练的概括。

二、图书馆建筑格局问题

一个良好的图书馆中，藏书、工作人员与读者的正常运转，离不开图书馆建筑。作为图书馆硬件设施之一，图书馆建筑直接影响着图书馆整体服务功能的发挥。中国藏书楼历史悠久，与之相对应的藏书楼建筑也是源远流长。民国时期，图书馆学界就图书馆建筑的讨论比较激烈，主要集中在图书馆的选址问题与内部格局的布置等问题之上。

首先，民国时期学界有关图书馆选址问题的讨论，主要还是集中在公共图书馆部分。在他们看来，公共图书馆是专为民众服务的，所涉及的群体最为广

① 徐家麟：《关于图书馆学的认识几点观察》，《图书馆学报》1945年创刊号，第10-11页。

泛。因此在公共图书馆的选址问题上，首先应该考虑的是选择在人口比较稠密的地方，以便利读者就近借阅。早在 1909 年孙毓修就指出：现代图书馆应秉持“以便人借观为主，其地最忌奥僻，宜于都市之中，四达之区”为目的[①]。他以上海租界内西方人所设的图书馆举例说明，之所以不是选择在张园、愚园一带林木萧闲之处，而是偏偏选择在车马喧嚣的南京路上，其主要原因即在于此。李小缘的观点与孙毓修一致，他也同样认为：“今后图书馆必选择市之中心，通衢大道，人烟稠密之处，离居民区与工厂区学校区最近为宜。”[②]

公共图书馆应开办在人口比较稠密的城市中心地带，自 20 世纪 20 年代开始成为图书馆学界的共识。在此问题上，马宗荣在图书馆选址问题上的讨论较多，这与他特殊的留学背景和后来的工作经历有关。

马宗荣（1896—1944），字继华，贵州贵阳人，早年就读于贵州省立模范中学。1916 年马宗荣中学毕业，曾经担任息烽县立两级小学校长。1918 年，他被贵州省公费派往日本留学，先后进入东京第一高等预科学校、名古屋第八高等学校学习矿业。后入东京帝国大学修社会教育学、图书馆学。1929 年毕业回国，任上海市教育局督学、大夏大学教授兼图书馆馆长。后兼国立暨南大学、国立劳动大学、江苏省立民众教育学院、国立浙江大学、中国公学、立达学院等校教授，并曾兼中华学艺社委员、董事。1937 年兼任文通书局编辑所所长。1941 年主持筹建中央民众教育馆。著有《图书馆概论》《现代图书馆序说》《现代图书馆经营论》《现代图书馆事务论》《现代图书馆教育论》《现代图书馆发展论》《中国图书馆事业史的研究》等著作。马宗荣在以上著述中，谈及图书馆建筑时曾指出：“先就便利客体者方面说，固以位于市等的中央为最善。”[③]因为市区是人群比较集中的地方，图书馆设立于此能极大方便读者借阅。1945 年，他在负责图书馆事业的教育部社会教育司工作时，就公共图书馆馆址选择问题，提出官方指导性意见：“因为公共图书馆的任务是在为当地的全体居民服务，所以馆址应该靠近市区或城区的中心。”[④]

公共图书馆处于市区交通便利之处，同时还要考虑的是如何拥有一个比较良好的外部环境，这对于读者来说显得十分重要。因为只有提供一个优雅的环境，才能更好地提高阅读者的读书效果。马宗荣认为，在公共图书馆环境的选

① 孙毓修：《图书馆》，《教育杂志》1909 年第 1 卷第 13 期，第 66 页。

② 李小缘：《图书馆建筑》，《图书馆学季刊》1928 年第 2 卷第 3 期，第 386 页。

③ 马宗荣：《现代图书馆经营论（中）》，《学艺》1925 年第 6 卷第 8 期，第 18 页。

④ 教育部社会教育司编：《普通图书馆设备举要》，上海：商务印书馆，1945 年，第 4 页。

择上，要求“觅闲静之处，风光较佳之所”[①]。公共图书馆要追求适宜的环境，在当时成为学家的共识：一方面公共图书馆要开办在人口比较稠密的地带，以方便阅读者前来借阅；另一方面公共图书馆又要拥有优雅的环境，让阅览者不受外界的干扰。如此两者之间难免存在如何平衡的问题。1926 年，正在担任东南大学图书部主任的洪有丰，就道出了这种图书馆在馆址选择上所面临的两难。他认为，图书馆的位置“若临于工厂市场等处，声音喧扰，有妨人之阅览。若远在偏僻之区，则阅览人往来不便”[②]。在洪有丰看来，假如图书馆开办在工厂或者市场附近，虽然交通是便利的，但随之而来的环境嘈杂，是不利于读者学习的；而如果在城市要追求环境静谧，又往往是位置过于偏僻之所。对于这个问题，当时学界似乎并未有一个定论。实际上，在图书馆的选址问题上，直到 21 世纪的今天，仍然是大家争论的一个问题。

其次，是图书馆的建筑原则。公共图书馆是保存书籍、为读者服务的公共场所。有人称之为“文学之宫殿，学者之麦加”，是读者接受社会教育的理想之所。因此学界在讨论图书馆的建筑原则时，认为如何保证建筑的坚固可靠，是在建设图书馆时首要考虑的内容。马宗荣认为，图书馆建筑应该保持“永久坚固的水准”。他此处所言及的“永久坚固的水准”，大致有两方面的要求：一是建筑时要谨慎选择建筑材料；二是运行时图书馆工作人员要认真负责。马宗荣之所以特别强调这两点，一个重要的原因就是，从事于公家庶务的人，往往都和商人、工人有内扣的约定。因此公家建筑物，大都不够坚固，图书馆落成未久，往往天花板坠落，壁崩，瓦损，屋顶漏雨，壁缝来风，这种情况屡见不鲜，所以在选材和工作上，不可放松，否则贻害无穷。[③]。

对于公共图书馆应该坚持坚固耐用的原则，李小缘也曾有过相应的论述。他在《图书馆建筑》一文中提出，图书馆建筑应该是“坚固耐久，立千年之基础”[④]。他还针对民国时期很多图书馆在建设之前，由于考虑不够周全，缺乏深入研究，计划不合理，且在建筑之时选用的材料又不防火，从而导致工程不够坚固等问题，提出了他的看法。他认为图书馆建筑，必须要有经久考虑与精密计划，方可在建筑之后符合基本需求。

图书馆能否充分发挥其内部功能，同样是在建筑设计时重点考虑的内容。

---

① 马宗荣：《现代图书馆经营论（中）》，《学艺》1925 年第 6 卷第 8 期，第 15 页。
② 洪有丰著：《图书馆组织与管理》，上海：商务印书馆，1926 年，第 36 页。
③ 马宗荣：《现代图书馆经营论（中）》，《学艺》1925 年第 6 卷第 8 期，第 15 页。
④ 李小缘：《图书馆建筑》，《图书馆学季刊》1928 年第 2 卷第 3 期，第 388 页。

图书馆建筑外部再好，倘若其内部结构不合理，设备不完善，也必将大大降低图书馆的功能发挥。1915 年由北京政府教育部发起成立的通俗教育研究会是一个提倡社会教育的社会团体。早在 1917 年，他们就对图书馆的建筑原则提出了自己的主张。他们认为在“使用便利”的前提下，图书馆内部建设与外部构造要满足三个条件：首先，图书馆建筑首先要考虑的应该是内部各室配置是否妥当，然后才可考虑外部结构的问题，千万不能因为考虑建筑外部的设计，而牺牲图书馆内部使用上的便利。其次，在图书馆内部结构的设计上，应该考虑各个组成部分之间的功能发挥。如阅览室应该尽可能少配置一些监视员，以免造成阅读者的阅览不便，书库与收发室之间的距离应尽可能靠近，以方便馆员对书籍的管理。最后，图书馆馆舍万不可与其他建筑物紧邻，这样不仅是出于图书馆室内采光与换气的需要，而且也可以避免发生火灾而殃及池鱼，以及造成不必要的噪声干扰等。①

讲求“适用”是图书馆学界起初共同的认识。与通俗教育研究会的观点相似，杨昭悊也指出，图书馆不同于一般的建筑，要注意“合用”的问题。而为达这个目的，须遵守四个要素：“(一)分配适宜，(二)设置完备，(三)光线清朗，(四)空气流通。”②马宗荣也认为图书馆建筑不仅应“当图适用”，也就是尽可能满足各方面的使用需求，而且他还从两个方面分析了如何才能符合适用原则：一是从卫生角度来看，图书馆应该要有良好的采光和通风条件；二是从实用角度上来说，阅览室与书库之间的距离要尽可能接近，同时阅览室的面积与监视人的视线也要适宜等。由此可见，他同样也认识到图书馆要满足适用的条件，就必须注意内部结构分配，以及采光和空气流通问题。此外，杜定友在谈及建筑要点时，第一点就提到：“应先求实用，和适应该馆的特别需求。”③

最后，是图书馆建筑的基本要求。图书馆是图书的物质承载者，也是馆员工作与读者借阅的活动场所。因此图书馆建筑使用的两大主体，一个是从事图书馆服务工作的馆员和前来借阅图书的读者，简单地说就是人，而另一个主体则是书。因此在图书馆的建设与运行过程中，如何确保书籍的安全与人体的健康，是图书馆工作人员首先要明确的基本要求。同时还需要考虑的内容，包括

① 通俗教育研究会编：《图书馆小识》，北京：通俗教育研究会，1917 年，第 39-40 页。
② 杨昭悊编著：《图书馆学》，上海：商务印书馆，1923 年，第 151 页。
③ 杜定友著：《图书馆学概论》，上海：商务印书馆，1935 年，第 21 页。

如何做好图书馆的采光、通风、调温、防火、防虫、防潮等工作，这些不仅是在图书馆建造时要重点考虑的内容，同时也应是图书馆如何给今后运行提供更多的便利所要关注的。书库是所有图书馆的中心地带，直接关系到读者能否有书可读的问题。在图书馆书库建设过程中，首要考虑的是力求保护图书的安全。马宗荣就认为：书库建筑“日光直射的方位不可用……次宜注意于防火的设计，再次当注意于防湿，通风，与防尘等事”①。此外，除了要特别注意防火外，李小缘在谈及书库建设原理时，还提到“必空旷，多阳光，有空气”②。从以上二位的论述中可以看出，图书馆书库是图书馆所有建筑中最为重要的部分，对防火、防虫、防潮、通风、采光等都有严格要求。阅览室是读者看书学习的地方，是推行社会教育的理想之所，因此阅览室的建设应力求为读者阅览营造一个良好的外部条件。对于阅览室和书库的建设注意事项方面，当时图书馆界看法基本相同。例如，马宗荣着重强调目录室采光、换气、调温上均须注意，指导处室中采光换气等事自当注意，设备食堂通风、采光、调温、防湿上均宜注意③。结合以上各位论者的观点可以看出，在民国时期公共图书馆建设之时，做好采光、通风、调温、防火、防潮和防虫等措施，也是合格的图书馆建筑应具备的基本条件。

三、图书馆建筑的案例分析——国立北平图书馆设计方案

在 20 世纪上半叶的图书馆建筑中，正值传统思想与现代思潮激烈碰撞的时代，国立北平图书馆新馆的建造过程，正是阐释近代图书馆建筑理念变革的一个典型范例。在国立北平图书馆新馆建造过程中，充分践行图书馆服务平民的理念，以及建造中采用招标和监管的财务制度、采用中西合璧的建筑风格，在新旧交替的民国时期具有开风气的时代意义④。

1928 年 6 月北伐军进入北京，改北京为北平，南京国民政府大学院改“京师图书馆”为“国立北平图书馆”，并将之迁至中南海居仁堂。而此时由中华教育文化基金董事会独自管理的“北京图书馆”亦更名为“北平北海图书馆”。1929 年 8 月，以上两馆合并，“国立北平图书馆”的名称没有改变，改变的是

① 马宗荣：《现代图书馆经营论》，《学艺》1926 年第 7 卷第 7 期，第 1 页。
② 李小缘：《图书馆建筑》，《图书馆学季刊》1928 年第 2 卷第 3 期，第 386 页。
③ 马宗荣：《现代图书馆经营论》，《学艺》1926 年第 7 卷第 7 期，第 9-12 页。
④ 张书美：《民国时期国立北平图书馆的建筑革新》，《图书馆界》2010 年第 6 期，第 23-25 页。

开始接受中华教育文化基金董事会的资金支持，但仍然归属于南京国民政府教育部。1929 年 3 月，国立北平图书馆在文津街开建新馆，1931 年落成，7 月正式对外开放（即现在地处文津街 7 号的国家图书馆分馆）。

民国时期，国立北平图书馆虽然由南京国民政府教育部主办，但在实际运行过程中，却全由中华教育文化基金董事会独力承担其资金上的需求。尤其是中华教育文化基金董事会在筹备国立北平图书馆新馆建筑过程中，决定实行一种全新的招标、监管的新机制。此举旨在有效防范建造过程中的贪腐、降低建筑成本现象，最终取得了非常好的效果，可谓开了中国图书馆建筑史上的先河[①]。

中华教育文化基金董事会在主持修建国立北平图书馆新馆时，从一开始就推行了大范围征集制，以便从征集来的方案中选择出最佳设计方案。中华教育文化基金董事会先是委托北平长老会建筑师丁恩（S. M. Dean）丈量基地，绘制出设计草图。丁恩提出的设计方案有两种：一种为中国传统宫殿式，另一种则为古希腊式。考虑到新馆舍周围还有故宫、景山与北海等景点，为了与周边环境相协调，最后选择了中国传统宫殿式。中华教育文化基金董事会在丁恩绘制的草图基础上，再委托协和医院建筑师安那（G. W. Anner）为顾问，主持征募具体图案设计事宜。安那参酌了美国建筑协会以前的范例，拟定出征募条例 18 条，经国立北平图书馆委员会议决后对外公布征集。最后美国建筑协会推荐由著名建筑家顾理治（C. A. Golidge）为首的三名建筑家组成审议委员会，对征集来的设计方案进行评审，最后丹麦人莱思–莫律兰（V. Leth-Moller）的设计方案拔得头筹[②]。随即中华教育文化基金董事会聘请莱思–莫律兰为建筑师，美国人安那为监督工程师，并成立了由周诒春、任鸿隽、丁文江、刘复等 7 人组成的建筑委员会，负责新馆舍建设与监督工作。

国立北平图书馆文津新馆很好地将西方现代范式与中国传统文化有机结合起来，其在建筑风格上的革新，使得其在民国时期的建筑中有着特别重要的地位。新馆在建筑设计上秉承的是“古代建筑、现代设备”的建设原则，在外部皇城功能属性上，力求与周边环境相协调；在内部空间格局的设计中，又力求各个组成部分的功能结合。新馆正楼设计上外部力求美观，采用的是传统中国宫殿式建筑，屋顶则采用绿色琉璃瓦，外观十分精美，古色古香，与北平古

① 程尔奇著：《北京皇城的历史演变及其保护利用研究》，北京：知识产权出版社，2013 年，第 104 页。
② 北京图书馆编：《北京图书馆第一年度报告》，北京：北京图书馆，1927 年，第 3-4 页。

城风貌浑然一体。屋檐、大厅和室内顶棚油饰也是采用中国传统图案，典雅华丽。并将圆明园旧存华表、石狮、雕龙台阶、乾隆御笔石碑、文渊阁《四库全书》碑记、石象、铜鹤等物移至馆内收藏。

由于采用了全新的建筑设计理念，新建成的国立北平图书馆新馆不但外表美观，而且内部结构也处处体现了实用方便的原则。整个内部空间分成藏书、借书、阅览与文献整理加工四个类型，总体上呈现出藏书、借书、阅读三段式组合布局。在采光、防潮等方面，设计中充分考虑到日光可以由外直接射入，室内绝无潮湿弊端，如是阅读室内宽敞明亮。墙体墙壁采用的是钢筋混凝土制结构。在大阅览室内，所铺地板用栓皮枥，另外暖气、空调也一应俱全，在北平这座古城里是一座颇为现代化的建筑。而其内部功能则超越了同时代仍然属于藏书楼性质的故宫文渊阁、承德避暑山庄文津阁、宁波天一阁等传统建筑，整个建筑强调的是"以阅读为中心"，建成后一时成为中西文化各自之精华相结合的典范。由国立北平图书馆馆长蔡元培撰写、钱玄同手书的《国立北平图书馆记》刻碑立于院中。为了纪念新馆建成，北平市政府还将北海桥以西、府右街北口以东的一段街道改称文津街，新馆舍位置则被定为文津街 1 号。

1931 年 6 月 25 日，举行国立北平图书馆新馆开馆典礼，前来的国内外名流、学者、各国驻华使节等 2000 多人。正如中华教育文化基金董事会秘书长任鸿隽所言："在北平图书馆未成立以前，以偌大的中国，竟没有一个能称为现代式的公共图书馆。"①北平图书馆新馆的落成，不但改变了国立北平图书馆馆无定所的局面，也在国内外图书馆界与建筑界产生了很大影响。这不仅是当时国内规模最大的图书馆，也是远东地区最先进的图书馆之一，与美国国会图书馆相比亦不逊色。按照蔡元培的说法，"新馆之建筑，采取欧美最新材料与结构，书库可容书五十万册，阅览室可容二百余人，而形式则仿吾国宫殿之旧，与北海之环境尤称。自兹以往，集两馆弘富之搜罗，鉴各国悠久之经验，逐渐进行，积久弥光，则所以便利学术研究而贡献于文化前途者，庸有既乎"②。

国立北平图书馆作为民国时期公共图书馆的代表，被赋予了提升民智的使命。曾掌国立北平图书馆 20 年之久的袁同礼认为："近代觇国者于政治修明之外，尤须窥其民智之通塞；而民智之通塞，又与其图书馆事业之盛衰相为表里。换言之，谓一国民智之表见，以及于政治修明，俱系于此，亦未为过也。"国

① 任鸿隽：《十年来中基会事业的回顾》，《东方杂志》1935 年第 32 卷第 7 期，第 23 页。
② 蔡元培撰、钱玄同书：《国立北平图书馆记》，《文献》1982 年第 4 期，第 105 页。

立北平图书馆定位于平民文化教育机构，“志在成为中国文化之宝库，作中外学术之重镇，使受学之士观摩有所，一洗往日艰闭之风”[①]。其对中国教育文化事业的推动，正如北平市党部代表董唯在国立北平图书馆落成典礼上所谓：“中国图书馆事业尚在幼稚时期，北平图书馆能于此时落成。内含有重大意义。北平原为文化中心，今后有此大规模之图书馆成立，实为中国文化之进步，中国人民知识程度稍低，促进教育之责任，恐非学校所能单独负起，其不能入校读书或无力购书者，此后均可到图书馆阅览，对北平市民有充分之方便。”[②]

本章小结

民国时期图书馆学界对图书馆学应用理论的探讨，主要集中在图书分类与编目两大问题之上。而这两大问题均面临着同样的任务，那就是如何让中国传统的分类与编目方法与西方的分类与编目方法相衔接。在分类法的探讨中，几乎较为成熟的分类法都是在借鉴杜威十进分类法的基础上发展而来的。而在编目方法的探讨中，姚名达的贡献在于让传统的目录学与西方目录学更好地结合起来。至于在图书馆其他业务的探讨中，对图书馆员素养与图书馆建筑格局的讨论较多，其中所取得的成绩也不乏令人瞩目之处。

① 袁同礼：《国立北平图书馆之使命》，《中华图书馆协会会报》1931年第6卷第6期，第2-4页。

② 李文裿：《国立北平图书馆新筑落成开幕记》，《中华图书馆协会会报》1931年第6卷第6期，第5-6页。

第五章　民国时期图书馆学学术转型的总体评价与当代启示

随着 19 世纪后期西学东渐的不断加深，西方各个学科的理论相继在中国得到广泛传播。在进入 20 世纪之后，伴随着新式教育体系的确立，西方学科体系逐渐在中国扎下根来，且在经过中西文化的剧烈碰撞后，到 20 世纪上半叶后期基本上形成了有着中国特色的学科体系。正是在此大潮流的推动下，在西方图书馆学理论在中国传播，以及创办近代意义上的图书馆的实践活动过程中，中国传统图书馆学开始向近代意义上的图书馆学转变。

中国是一个有着举世闻名的四大发明的国度，造纸术与印刷术使得中国传统知识的传播速度得以迅速提高。作为以藏书楼形式出现的古代意义上的图书馆，便是传统士人获取知识的重要场所。但古代中国的藏书楼仅仅是少数读书人的专利，其理念与近代以来西方开放、平民化的图书馆理念有着相当大的区别。从 19 世纪末开始，在西方来华传教士与走出国门的中国传统知识分子的宣导下，近代意义上的图书馆事业开始在东南沿海一带的一些通商口岸萌芽。特别是在进入 20 世纪初以后，国人将西方图书馆基本理念与技术方法在中国大力实践，近代意义上的图书馆事业终于开始走上正常的发展轨道。而在 1912 年民国肇始至 1949 年中华人民共和国成立的 38 年间，更是中国图书馆事业发展的关键时期。在此期间大批图书馆的出现，为民众提供了丰富的精神食粮，人们思想观念也出现了前所未有的变化。特别是 1912 年中华民国成立之后图书馆事业所取得的显著成就，与从海外留学归来的图书馆学人的推动密不可分。正是他们广泛开展的“新图书馆运动”，大大促进了现代图书馆理念在普通民众中的普及。与此同时，图书馆学界中的派别之分也在此转型过程中开始出现。到 20 世纪 40 年代，中国图书馆学界的组织形态基本形成。

人才培养工作是图书馆事业发展的关键所在。图书馆人才的培养工作从 1913 年金陵大学开设图书馆学选修科开始算起，到 1947 年北京大学开办图书馆学专修科，在官方与民间的共同努力下，此项工作取得了较好的成就。其中尤以私立武昌文华图书馆学专科学校取得的成绩最为显著，可以毫不夸张地说，该校成为整个民国时期图书馆学人才培养的重镇。不过这一重镇在民国时期培养人才的数量有限，且几乎完全照搬的是美国图书馆学人才培养模式，在与中国国情的结合上留下些许遗憾。1941 年创办的国立社会教育学院图书博物馆学系，则打破了此前的做法。此系的人才培养更为注重的是图书馆如何来推进社会教育，该系在汪长炳等人的倡导下，做出了一些有益的尝试。而 1947 年北京大学创办图书馆学专修科，则更是推动图书馆学登上了最高学府。这对于提高图书馆学在社会上的地位无疑是有很多帮助的。

在民国时期图书馆学学术转型过程中，社会团体承担了其应尽的责任，发挥了其应有的作用。为加强图书馆界之间的交流，成立专业性质的学术团体成为必然趋势。在所有这些学术团体中，尤以 1925 年成立的中华图书馆协会最为引人注目。该协会在存续的 20 多年间，通过举办年会的方式联络学界力量，为这一时期图书馆事业的发展贡献良多。而在国际交往方面，在时局动荡的时代背景下，学界中人克服了重重困难，积极参加国际图联大会，并与世界各国开展广泛的出版品交换工作，这成为他们努力获取外界信息的重要渠道。诞生于 20 世纪 20—30 年代的《中华图书馆协会会报》、《图书馆学季刊》与《文华图书馆学专科学校季刊》，是民国时期图书馆学的三种非常重要的期刊。三份刊物是集中反映民国时期中国图书馆学界学术成果的重要阵地，在共同推动近代图书馆学学术转型过程中发挥了非常重要的作用。三种期刊在办理过程中，呈现出各自不同的办刊特色，为民国时期图书馆学学术转型承担了不同的功能。而 1945 年 6 月四川璧山的国立社会教育学院出版了一份鲜为人知的图书馆学期刊——《图书馆学报》，这是首次以“学报”命名的图书馆学期刊。在很长一段时期，学术界基本上忽略了这份刊物的存在。《图书馆学报》是在汪长炳主持之下创办起来的，集中体现的是以汪长炳为代表的一批图书馆学人，对提升图书馆学研究水平所做出的艰辛努力。从该刊创刊号所刊发的论文中可以看出，他们希望在图书馆学研究方面开辟出一片新的天地，尤其是在图书馆如何更加有力地推动社会教育方面探索出一条新的道路。

在民国时期中国图书馆学基础理论发展过程中，美国图书馆学界对中国的影响在所有西方图书馆学界中占有独一无二的地位。在 20 世纪 20—40 年代美国图书馆学界两大派别对中国图书馆学界的影响是其他学派无法替代的，这两大学派分别是自 19 世纪美国图书馆学理论兴起以来占据独有地位的哥伦比亚学派与在 20 世纪 30 年代兴起的芝加哥学派。在图书馆学学术研究上，我们也不难发现，哥伦比亚学派基本上占据了中国图书馆学的主流，因之学人更多关注的是图书馆技术与服务层面。尤其是从20世纪上半叶的前30多年学界中人对何为“图书馆”、何为“图书馆学”的探究中，我们能够明显感觉到，无论是刘国钧的“四要素说”，还是俞爽迷的“三要素说”，均没有脱离哥伦比亚学派的图书馆技术与服务层面。这在一定程度上也反映出中国学界对于何为“图书馆学”，以及图书馆与图书馆学之间的关系究竟如何的探讨，基本上还处于初级阶段。此种状况直到20世纪40年代以后，随着芝加哥学派在中国的影响不断加深，才开始发生一定的变化。

芝加哥学派对20世纪30—40年代中国图书馆学理论的发展，从图书馆学基础理论到图书馆的社会功能认识两方面都产生了积极的影响。在所有这些关注芝加哥学派的图书馆学人中，以徐家麟为代表的私立武昌文华图书馆学专科学校师生群体无疑是最为杰出的代表。中国图书馆学界对芝加哥学派的持续关注，反映出民国时期中国图书馆学一直在紧跟世界图书馆学的发展潮流。尤其是纵观徐家麟在民国时期对图书馆学学术追求道路，我们发现他对图书馆学学术转型所做出的贡献，主要表现在三个方面：一是他最早将美国芝加哥学派的图书馆学理论介绍到国内，并一直是芝加哥学派的追随者（陈光祚先生后来回忆起1957年他从北京大学毕业后，来到武汉大学任教时，徐家麟在课堂上介绍谢拉的图书馆学理论的情形）；二是他提出了建设符合中国国情的图书馆学理论体系的构想；三是对图书馆学究竟是不是一门科学做出了肯定的回答，并就如何建设科学的图书馆学提出了他的一些思考。从徐家麟对近代中国图书馆学学术转型所做出的三大贡献中我们可以看出：尽管中国图书馆学研究起步较晚，中国图书馆学界与国外相比固然有差距，但这个差距并不大。我们在借鉴国外先进理论的同时，符合中国基本国情的图书馆学理论也在不断丰富与发展。徐家麟对图书馆学基础理论的探讨，以及他对中国图书馆学界的期许，无疑表明了他是当时那个时代站在图书馆学基础理论前沿最为杰出的一位代表。他给我们留下的一些思考，正是中国图书馆学发展的方向所在。

对于图书馆的从业者来说，图书馆的业务首先遇到的难题是图书的分类与编目问题。传统的分类与编目方法与现代的图书馆理念显得格格不入。从20世纪20年代开始，以刘国钧为代表的一批学人在图书的分类与编目问题上的探讨，是整个图书馆学学术转型过程中有关图书馆学应用理论取得的成就最大的部分，经过学界的共同努力，到20世纪30年代基本上形成了与中国国情相结合的分类与编目方法体系。与此同时，对图书馆其他业务的探讨也在进行之中，其中尤以对图书馆员修养问题与图书馆建筑格局问题的探讨最多。图书分类从一开始便是两条腿走路，一条继续沿袭传统经、史、子、集的分类方法，一条则是对新式图书采用西方通用的图书分类方法。在20世纪20—30年代，各地图书馆采用的且影响较深的图书分类法主要有四种，其中尤以刘国钧的《中国图书分类法》影响最为深远。他极力主张采用杜威十进分类法的原理和技术，但不采用它的体系，而是独立创制一种适用于中外文新旧图书的统一分类法。其内容简洁，本土化更为彻底，更加适宜国人使用。刘国钧对之认为："本法题曰中国图书分类法，盖为我国之图书作也。我国图书馆中由来有所谓新旧籍之分，其不当于事情，论之者已众，而本法编制之始即以祛除此种界限为目的。"[①]与图书分类相对应的编目工作，也是图书馆员日常工作中的一项重要内容。与传统的校雠学不同，新式文献编目既要考虑到与新型的图书分类方法相衔接，又要顾及读者使用上的便利。在20世纪20—30年代，我们传统的校雠学完成了向近代意义上的目录学的转变，其中标志性的成果，大概为1938年姚名达《中国目录学史》的出版。在图书编目的方法与技术层面，刘国钧与沈祖荣等人所做出的贡献亦不容小觑。

不过与图书馆学的基础理论相比，民国时期学界对图书馆学应用理论的研究明显不够深入。自近代以来，中国图书馆学深受美国图书馆学的影响，尤其是以哥伦比亚大学图书馆学院为代表的哥伦比亚学派一直是中国图书馆学界追随的对象。该学派普遍将图书分类仅仅看作一门应用技术，认为对其理论的探讨并不重要，这种理念必然会对中国学界产生不小的影响。例如1925年查修在谈及图书分类的理论与实际应用关系时就曾指出："所以对付书籍分类法的问题，乃在实际的应用，而不在理论之追求。"[②]此外，民国时期学界对图书分类探索过程中受美国杜威十进分类法的影响太深，导致学界囿于该分类法无法自拔，从而对西方其他类型分类法的借鉴利用不够。

梁启超在1923年撰写《中国近三百年学术史》时，曾对清末民初的学术发展有过这样的描述："清末三四十年间，清代特产之考证学，虽依然有相当的部分进步，而学界活力之中枢，已经移到'外来思想之吸受'。一时元气虽极旺盛，然而有两种大毛病：一是混乱，二是肤浅。直到现在，还是一样。这

① 刘国钧著：《刘国钧图书馆学论文选集》，北京：书目文献出版社，1983年，第52页。
② 查修：《中文书籍分类法商榷》，《清华学报》1925年第2卷第1期，第354页。

种状态，或者为初解放时代所不能免，以后能否脱离这状态而有所新建设，要看现时代新青年的努力如何了。”[①]1925 年 6 月 2 日，在北京举行的中华图书馆协会成立仪式确认了《中华图书馆协会组织大纲》，协会的宗旨是“研究图书馆学术，发展图书馆事业，并谋图书馆之协助”。为了支持中华图书馆协会的工作，梁启超在成立大会召开之时发表演说，更是提出了协会的主要任务是：第一，“建设中国的图书馆学”；第二，“养成管理图书馆人才”[②]。1926 年 3 月，在《中华图书馆协会会报》的发刊词中，梁启超再次明确地提出了“中国图书馆学”这个概念。在 20 世纪 20—30 年代，图书馆学界中人围绕构建“中国图书馆学”这一命题开始了艰难的探索。

纵观民国时期图书馆学学术转型的过程，我们不难发现有如下几个方面的特点：一是对外来图书馆学理论的引入做了较多的工作，翻译了大量来自国外尤其是美国的图书馆学著作，但总体上来说对外来理论的消化吸收工作不是特别理想。应该说中国图书馆学界一直在追逐世界图书馆学理论的最新成果，对国外图书馆学理论发展趋势可谓相当了解，这从 20 世纪 30 年代兴起的芝加哥学派理论在中国的传播可以看出端倪。但对于其如何与中国国情的结合除了极少数学人做了一些尝试性的工作外，整体上而言则不能不说有些许的遗憾。二是以美国图书馆学思想为主体的西方图书馆学理论对中国图书馆学的构建产生的影响最大，无论是图书馆学的基础理论与应用理论，还是图书馆学教育的办学模式，无不显现出美国图书馆学的影子。三是对应用理论的重视程度明显要高于基础理论。西方图书馆学理论传入中国后，在“新图书馆运动”过程中广泛地宣传了其免费开放、自由借阅等理念，使之深入到广大民众中去，但学界更为重视的是图书分类与编目等方面，而对于如何更为便捷地为之服务，则探讨甚少。四是就机构与社会团体方面的建设而言，在此期间所取得的成就不容小觑，但与之相对应的人才培养工作则与图书馆事业的发展有较大的距离。尽管在这 30 多年间也有一些专业学校（系）相继成立，但这些学校（系）培养人才数量不多，远远满足不了图书馆事业发展的需求。且在办学过程中，无论是课程设置还是学科体系基本上沿用的是美国模式，与中国国情的结合远远不够。

---

① 梁启超著：《中国近三百年学术史》，天津：天津古籍出版社，2003 年，第 35 页。

② 刘东、翟奎凤选编，清华大学国学研究院主编：《梁启超文存》，南京：江苏人民出版社，2012 年，第 568 页。

总体看来，民国时期图书馆学的学术转型完成了从传统藏书楼理念向近代意义上的图书馆思想的转变，特别是经历了“新图书馆运动”的洗礼，图书馆学界中人普遍对新图书馆思想有了较为深入的认识。也正是在此思想观念的转变过程中，图书馆学校（系）、图书馆界的社团与图书馆学专业期刊的问世，为图书馆学学术转型提供了更为坚实的基础。在图书馆功能的认知上，从最初的借法日本到效仿美国，学界对图书馆功能的认知也在不断深入，到 20 世纪 40 年代受芝加哥学派的影响，更是有了新的认识。甚至这些新的认知达到了那个时代的先进水平。他们所取得的这些成就，直到 21 世纪的今天，仍然值得我们做更深入的挖掘。与百年前相比，中国图书馆事业取得了举世瞩目的成就，同时也面临着巨大的挑战。通过以上对民国时期图书馆学学术转型的总体分析，有如下几个方面的启示。

首先，理论创新是实践的先导，图书馆学的理论创新又离不开对其他学科的借鉴与融合。正如黄宗忠先生所言：图书馆学基础理论的研究要在“不断创造和更新图书馆学学科知识，扩大图书馆学的研究领域，进一步完善和发展图书馆学学科体系”的同时，“探索图书馆领域内的新现象、新规律，预言新发现的意义和作用，研究图书馆如何与不断发展的人类社会政治、经济、科学技术、文化教育相适应，使图书馆能与社会同步发展，相互促进”[①]。在民国时期图书馆学学术转型过程中，图书馆学基础理论的发展，就是在充分吸收国外图书馆学理论的基础上，才取得了如此的成就。尤其是学界对芝加哥学派的介绍与借鉴，更是充分说明与各学科的融合显得非常重要。

其次，在外来理论借鉴的基础上如何与中国国情充分结合的问题。民国时期图书馆学人一直在强调“中国化”的问题，他们一直没有忘记梁启超 1925 年所提出的构建“中国图书馆学”的愿望，力图将西方图书馆学理论的最新成果，融入到中国具体的国情之中。1926 年，杜定友在《图书馆学的内容与方法》一文中，强调要结合中国国情对西方图书馆学做有选择的吸收和借鉴。他说：“现在一班留学外国回来的图书馆学者，他们对于外国图书馆管理法，也许有很明白、很深刻的研究，但是这种方法是否适合于现在中国的情形呢？而且中国向来也有些似是而非的图书馆专门学问，我们对于这种学问，也非痛下一番研究不可。”[②]如何在借鉴国外理论的基础上与中国具体国情充

① 黄宗忠编著：《图书馆学导论》，武汉：武汉大学出版社，2013 年，第 2 页。

② 钱亚新、白国应编：《杜定友图书馆学论文选集》，北京：书目文献出版社，1988 年，第 16 页。

分结合，避免出现理论与实践脱节的现象，是我们必须重视的一个重要问题。

最后，对外交流是促进学术发展的一项重要工作。民国时期图书馆学学术转型成就的取得，除了离不开学界中人一直密切关注国外图书馆学理论的发展趋势外，还离不开他们与外界的广泛交流。正是中外学界交流的过程，使得中国学界及时地掌握世界图书馆学理论的发展趋势，而且也使中国传统图书馆学理论得以在异域开花结果，以裘开明为代表的一批学人在美国的贡献，便是中外学界广泛交流取得显著成果的集中反映。

参 考 文 献

白国应. 2001. 中国第一个图书馆学博士——桂质柏先生. 图书情报论坛，（4）：63-65.

白君礼，刘掌全. 2010. 图书馆学本土化误解举隅. 图书馆建设，（4）：23-26.

北京图书馆业务研究委员会. 1992. 北京图书馆馆史资料汇编（1909—1949）. 北京：书目文献出版社.

陈光祚. 2006. 重视图书馆学学术史研究. 图书馆论坛，（6）：20-21.

程焕文. 1986. 民国时期图书馆事业的发展与评价. 图书情报知识，（3）: 36-38.

程焕文. 1988. 中华民国时期图书馆学术史序说. 中山大学学报，（2）：91-98.

程焕文. 1990. 一代宗师 千秋彪炳——记中国图书馆学教育之父沈祖荣先生. 图书馆，（4）：54-58.

程焕文. 1994. 光荣与梦想：二十世纪中国图书馆事业回顾. 图书馆，（3）：18-24.

程焕文. 1997. 中国图书馆学教育之父——沈祖荣评传. 台北：台湾学生书局.

程焕文. 2002. 跨越时空的图书馆精神——"三位一体"与"三维一体"的韦棣华女士、沈祖荣先生和裘开明先生. 中国图书馆学报，（6）：66-70.

程焕文. 2003. 建国以来晚清图书馆学术史研究综述. 图书馆学研究，（11）：2-12.

程焕文. 2004a. 百年沧桑 世纪华章——20 世纪中国图书馆事业回顾与展望. 图书馆建设，（6）：1-8.

程焕文. 2004b. 晚清图书馆学术思想史. 北京：北京图书馆出版社.

程焕文. 2008. 裘开明年谱. 桂林：广西师范大学出版社.

邓咏秋. 2010. 评《中华图书馆协会会报》. 大学图书馆学报，（2）：119-121.

丁道凡. 1991. 中国图书馆界先驱沈祖荣先生文集. 杭州：杭州大学出版社.

杜定友. 1931. 图书馆学概论. 上海：商务印书馆.

杜定友. 1932. 新中华图书管理学. 上海：中华书局.

范并思. 2004. 20 世纪西方与中国的图书馆学——基于德尔斐测评的理论史纲. 北京：北京图书馆出版社.

范并思. 2004. 图书馆精神的历史缺失. 新世纪图书馆，（6）：3-8.

范凡. 2007. 芝加哥学派的阅读研究. 高校图书馆工作，（2）：18-22.

范凡. 2011. 民国时期图书馆学人. 图书与情报，（1）：131-134.

龚蛟腾. 2013. 中国图书馆学的起源与转型：从校雠学说到近现代图书馆学的演变. 北京：国家图书馆出版社.

顾烨青. 2009. 民国时期图书馆学会考略. 山东图书馆学刊，（6）：19-23.
顾烨青. 2010. 中国近现代图书馆学人史料建设：现状与展望. 大学图书馆学报，（3）：5-14.
黄纯元. 1997. 论芝加哥学派（上）. 图书馆，（6）：1-3.
黄纯元. 1998a. 论芝加哥学派（中）. 图书馆，（1）：7-10.
黄纯元. 1998b. 论芝加哥学派（下）. 图书馆，（2）：6-9.
黄纯元. 2007. 追问图书馆的本质——对知识交流论的再思考. 北京：北京图书馆出版社.
黄少明. 2009. 民国时期国立图书馆之双星——对国立北平图书馆和国立中央图书馆的比较研究并以此纪念中国国家图书馆诞生一百周年. 大学图书馆学报，（5）：97-103.
黄宗忠. 2003. 图书馆学体系的沿革与重构. 图书与情报，（3）：2-9.
黄宗忠. 2006. 图书馆学基础理论的再探讨. 图书馆论坛，（6）：3-10.
黄宗忠. 2010. 论图书馆学研究的国际化、本土化、专业化. 图书馆学刊，（8）：1-4.
黄宗忠. 2013. 图书馆学导论. 武汉：武汉大学出版社.
蒋复璁等口述，黄克武编撰. 2000. 蒋复璁口述回忆录. 台北："中研院"近代史研究所.
教育部教育年鉴编纂委员会. 1948. 第二次中国教育年鉴（四）. 上海：商务印书馆.
金敏甫. 1929. 中国现代圕概况. 广州：广州圕协会.
柯愈春. 2009. 追求中国图书馆现代化的思想家徐家麟. 图书情报知识，（4）：5-16.
李常庆. 1999. 中日图书馆学教育之比较研究——从近代图书馆的诞生到最初图书馆学校的建立（续二）. 大学图书馆学报，（1）：25-28.
李满花，傅荣贤. 2008. 20 世纪初我国图书馆学研究中国化诉求得失评. 图书情报工作，（12）：51-54.
李彭元. 2012. 国立京师图书馆有关规章制度中的公共图书馆思想研究. 图书情报工作，（11）：36-40.
李世娟. 2003. 王重民与北京大学图书馆学系的建立. 图书情报工作，（5）：13-19，33.
李希泌，张椒华. 1982. 中国古代藏书与近代图书馆史料（春秋至五四前后）. 北京：中华书局.
梁建洲，廖洛纲，梁鳣如. 2000. 毛坤图书馆学档案学文选. 成都：四川大学出版社.
林嘉. 1987. 评介图书馆学的芝加哥学派. 高校图书馆工作，（4）：74-77.
刘国钧. 1949. 图书馆学要旨. 上海：中华书局.
刘劲松. 2015. 民国时期我国出版品国际交换评述. 图书馆论坛，（3）：85-92.
刘劲松，张书美. 2010. 中基会对民国图书馆学教育的赞助. 图书馆学研究，（3）：13-15.
刘峻明，桂裕民. 2009. 中国图书馆学博士第一人——桂质柏先生. 图书情报知识，（6）：115-118.
刘亮. 2009. 近十年来我国图书馆学学科体系研究述评. 图书馆建设，（11）：5-7.
刘亮. 2011. 民国时期我国图书馆学思想的主要内容与特征. 西北大学硕士学位论文.

刘应芳. 2010. 沈祖荣图书馆学本土化的理念及实践. 图书情报工作，（19）：145-148.
刘宇，宋歌. 2008.《图书馆学季刊》载文计量研究. 图书馆，（3）：48-51.
刘宇，魏瑞斌，杜慧平. 2012. 图书馆学知识边界的凝聚与学科认同建立——基于《图书馆学季刊》共词网络的案例研究. 大学图书馆学报，（5）：77-81.
刘宇，薛碧莹，顾烨青. 2015.《文华图书馆学专科学校季刊》的知识产出与学术风格. 大学图书馆学报，（3）：108-115.
刘兹恒. 2009. 20 世纪初我国图书馆学家在图书馆学本土化中的贡献. 图书与情报，（3）：1-7.
刘兹恒，周佳贵. 2011. 论图书馆学理论研究的科学化. 图书馆论坛，（6）：38-44.
马费成. 2001. 世代相传的智慧与服务精神——文华图专八十周年纪念文集. 北京：北京图书馆出版社.
马宗荣. 1924a. 现代图书馆的研究. 学艺杂志，（9）: 21-130.
马宗荣. 1924b. 现代图书馆的研究（续）. 学艺杂志，（10）: 9-37.
孟广均，徐引篪. 1999. 国外图书馆学情报学研究进展. 北京：北京图书馆出版社.
南京图书馆. 2007. 汪长炳研究文集. 南京：南京大学出版社.
彭敏惠. 2010. 感受那真实的快乐——写于《文华图书馆学专科学校季刊》重印出版之际. 山东图书馆学刊，（5）：96-97.
彭敏惠. 2015. 文华图专师资力量探析和启示. 图书情报知识，（5）：39-45.
钱存训. 2003.《裘开明图书馆学论文选集》序言. 中国图书馆学报，（6）：70，91.
钱存训. 2005. 吴光清博士生平概要. 国家图书馆学刊，（3）：82-84.
钱存训. 2006. 书于竹帛：中国古代的文字记录. 上海：上海书店出版社.
钱存训. 2012. 回顾集：钱存训世纪文选. 桂林：广西师范大学出版社.
钱亚新，白国应. 1988. 杜定友图书馆学论文选集. 北京：书目文献出版社.
秦亚欧，魏硕，金敏求. 2010. 中国近代图书馆协会对图书馆学教育的促进和影响. 图书馆学研究，（22）：94-98.
卿家康. 1985. 三十五年来的我国图书馆学研究. 大学图书馆通讯，（2）: 9-12.
卿家康. 1987. 论我国图书馆学基础理论研究的发展趋势. 图书馆，（4）：1-8.
卿家康. 1988. 我国图书馆学基础理论研究的发展趋势探讨. 图书情报知识，（1）：44-46.
卿家康. 1988. 我国现代图书馆学基础理论奠基者事略. 图书馆界，（1）：23-27.
戎军涛. 2007. 中国图书馆学理论发展史研究. 河北大学硕士学位论文.
戎军涛，吴杏冉. 2008. 中国图书馆学理论发展史的历史分期问题研究. 图书馆建设，（3）：22-25.
荣红涛. 2013. 民国图书馆学思想的宏观考察. 国家图书馆学刊，（5）：98-103.
沈占云. 2013. “新图书馆运动”与民国时期图书馆学学术转型. 图书馆，（6）：24-27.
石宝军. 1991. 国外图书馆学基础理论研究述评. 中国图书馆学报，（4）：37-45.

汤春梅. 1993. 刘国钧与J·H·谢拉图书馆学思想的初步比较. 江苏图书馆学报,(2): 12-15.
王阿陶，姚乐野. 2015.《图书馆学季刊》及其学术特点刍议. 图书情报知识，(5): 32-38.
王余光. 2014. 清末民国图书馆史料汇编（全22册）. 范凡等选辑. 北京：国家图书馆出版社.
王子舟. 2002. 杜定友和中国图书馆学. 北京：北京图书馆出版社.
王子舟. 2002. 关于图书馆学内容体系的探讨. 图书情报知识，(2): 2-8.
王子舟. 2003. 未来图书馆学发展的理性走向. 中国图书馆学报，(5): 5-10.
王子舟，廖祖煌. 2002. 图书馆学本土化问题初探. 图书情报工作，(1): 22-28.
吴碧薇. 2004. 20世纪国外图书馆学在中国：传播和影响. 郑州大学硕士学位论文.
吴稌年. 2004. 中国近代图书馆学的学术转型——以杜定友、刘国钧为中心. 图书情报工作，(10): 52-54，102.
吴稌年. 2005. 图书馆活动高潮与学术转型（古近代）. 北京：兵器工业出版社.
吴稌年. 2009. 中国近代图书馆“西学东渐”阶段的学术思想特征. 图书情报知识,(5): 64-71.
吴稌年. 2011. 金敏甫对图书馆学术研究的贡献. 大学图书馆学报，(1): 117-122.
吴慰慈. 1998. 回顾过去　展望未来　开拓前进——建设面向21世纪的图书馆学学科体系. 中国图书馆学报，(5): 3-6.
吴慰慈，董焱. 2002. 图书馆学概论. 北京：北京图书馆出版社.
吴永贵. 2009. 论《文华图书馆学专科学校季刊》的学术归旨与服务精神. 大学图书馆学报，(6): 100-105.
吴永贵，林肖海. 2009. 文华图专与中国近代图书馆学学科建制. 图书情报知识，(3): 122-127.
武昌文华图书馆学专科学校编辑. 2009. 文华图书馆学专科学校季刊(影印本)(全8册). 北京：国家图书馆出版社.
武世俊. 1995. 留学生与近代中国的图书馆事业. 徐州师范学院学报(哲学社会科学版),(1): 14-18.
谢灼华. 1985. 中国图书史与中国图书馆史. 武汉：湖北省高校图书馆工作委员会.
徐家麟. 1945. 关于图书馆学的认识几点观察. 图书馆学报，(创刊号): 4-17.
徐引篪，霍国庆. 1999. 现代图书馆学理论. 北京：北京图书馆出版社.
许晚成. 1936. 全国报馆刊社调查录. 上海：龙文书店.
杨昭悊. 1923. 图书馆学. 上海：商务印书馆.
杨子竞. 2004. 钱存训与中外图书、图书馆交流. 图书馆，(2): 89-90.
杨子竞，张坤. 2008. 20世纪上半叶“海归派”对中国图书馆事业的贡献. 图书与情报，(1): 132-135.
叶继元. 2004. 中国百年图书馆精神探寻. 图书情报知识，(5): 21-25.
叶鹰. 2005. 图书馆学学科体系简论. 图书馆建设，(1): 22-23.

于良芝. 2003. 图书馆学导论. 北京：科学出版社.
于文莲. 2005. 杜定友与中山大学图书馆. 中山大学硕士学位论文.
俞君立. 2002. 中国文献分类法百年发展与展望. 武汉：武汉大学出版社.
俞爽迷. 1936. 图书馆学通论. 南京：正中书局.
曾凡菊. 2008. 中华图书馆协会与民国时期图书馆界的交流——以协会年会为中心的考察. 图书馆理论与实践，(1)：115-117.
曾凡菊. 2014. 民国图书馆学学术转型中的三大地域中心探析. 山东图书馆学刊，(4)：25-29.
曾凡菊. 2015. 徐家麟对民国图书馆学学术转型的贡献. 图书馆建设，(1)：46-50.
曾凡菊. 2016. 芝加哥学派对民国时期中国图书馆学影响探析. 图书馆学研究，(9)：2-6.
翟桂荣. 2010. 李燕亭图书馆学思想及其现实意义. 大学图书馆学报，(3)：27-30.
张殿清. 2006. 中华文化教育基金董事会对中国近代图书馆的资金援助. 大学图书馆学报，(2)：54-56.
张歌. 2017. 国内图书馆社会学研究综述. 图书馆建设，(9)：4-10.
张敏. 2015. 民国时期图书馆学期刊研究. 苏州大学博士学位论文.
张书美，刘劲松. 2012. 南京国民政府时期国立北平图书馆的尴尬境地. 山东图书馆学刊，(3)：31-35.
张树华，张久珍. 2008. 20 世纪以来中国的图书馆事业. 北京：北京大学出版社.
张凤. 2015. 哈佛问学录. 重庆：重庆出版社.
郑锦怀. 2011. 谭卓垣生平与图书馆学成就考察. 中国图书馆学报，(6)：81-86.
郑锦怀. 2013. 中国现代图书馆学人对美国汉学的 3 种贡献. 图书馆建设，(9)：27-32.
中国科学技术协会. 2014. 中国图书馆学学科史. 北京：中国科学技术出版社.
中国社会科学院近代史研究所中华民国史组. 1980. 胡适来往书信选（下册）. 北京：中华书局.
中国图书馆学会. 2004. 中国图书馆事业百年. 北京：北京图书馆出版社.
中华图书馆协会《图书馆学季刊》编辑部. 2009. 图书馆学季刊（影印本）（全 11 册）. 北京：国家图书馆出版社.
中华图书馆协会执行部编辑. 2009. 中华图书馆协会会报（影印本）（全 6 册）. 北京：国家图书馆出版社.
周洪宇. 2013. 不朽的文华：从文华公书林到文华图书馆学专科学校. 武汉：华中师范大学出版社.
周余姣. 2011. 一篇被忽略了的译文——巴特勒《图书馆学导论》在中国的首次译介. 图书馆杂志，(1)：12-15.
周原. 2008. 钱存训先生与芝加哥大学东亚图书馆. 新世纪图书馆，(2)：75-77.
朱立文. 2011. 碧海文丛（上册）. 香港：中国文化出版社.

左玉河. 2007. 从藏书楼到图书馆：中国近代图书馆制度之建立. 史林，（4）：24-39.

Alkan, N. 2008. The importance and influence of philosophical thinking for librarians. *Library Philosophy and Practice*, (4): 1-15.

Butler, P. 1961. *An Introduction to Library Science*. Chicago: Chicago University Press.

Shera, J. H. 1964. Darwin, Bacon, and research in librarianship. *Library Trend*, 13(1): 141-149.

附录　关于图书馆学的认识几点观察*

徐家麟

前　言

本文的题目，作《关于图书馆学的认识几点观察》，所称的“图书馆学”，泛指关于图书馆业务的种种研究问题，尤其是指此种种之科学化的研究。本文旨在讨论科学的图书馆学有怎样的含义、内容或质素。所谓“认识”，是说图书馆学确有其博大精深的境界，我们对它，现在还在思索，不能说已有深切了解的意思。“观察”云者，是指作者对此问题几点读书与思考的收获而言。质言之，本文是我个人考察图书馆学的一篇初论之类的文字，此时写出来，既以就正于本界诸君子，来以储日后覆按的现证。

本文分作上、下篇：上篇解释何谓图书馆学：先从科学的意义谈起，然后说到图书馆学的意义，再以举称现有图书馆学的课题，自以见图书馆学实际内容的一二，这些都举述国外图书馆学权威者的学说。下篇说到作者对于图书馆学认识的管见：分别提供关于图书馆业务与图书馆学的几种观点。作者作为中国图书馆界之一员，对于图书馆学有所论究，故之期望自然地附笔提到一些我个人对于我国图书馆现况的观感。愚以为图书馆学实有其时与地的因素，因此我们研讨图书馆的质素，本不应忽视中国图书馆界所特有的种种现实问题。还有一句话，作者因艰于时力，其中错误拉杂之处，当在所难免。且其中若干处，本来只是些臆说感意见之类，对此种种见仁见智，各人所见互有差异，自然是很有可能的。倘藉本文之作，抛砖引玉，能引起我国图书馆界对本题作热烈的研讨，则受益的将不只是作者本人，我图书馆学术事业的研究

＊徐家麟的《关于图书馆学的认识几点观察》一文，原刊载于 1945 年《图书馆学报》创刊号。该刊发行时正值抗日战争胜利前夕，受此条件限制，印刷纸张非常粗糙，造成许多地方不易阅读的困难。范并思在主编《百年文萃　空谷余音》一书时，收录了该文的上编《何谓图书馆学》（且有多处删减）。现将该文全部摘录出来，以供研究者参考。

工作，也将收到不少的益处呢。

上篇　何谓图书馆学

第一节　科学的意义

科学一词释义　讨论科学是什么的书刊，可说是汗牛充栋，片言只字，怎能说清它的意义呢？但本文意在解释科学化的图书馆学是什么，对于科学本身是什么，似不能无一言。现在只就美国出版的标准大词典所下的科学一词的定义，略介绍一二。首先，精密的观察与正确的思想所得到所证实的知识，并且经过有方法的组织，成为一种理智的系统，谓之科学。再加以解释说，在人类知识进展中，一种科学有其最原始最简单的阶段，只是有若干由观察得来的事实之累积而已，如上古埃及人对天体运行的知识。其次，事实经过整理，成为概说或理论之类，如陀那米与哥伯尼之宇宙系统。再次，概说或理论，经组织成为定律，如凯伯勒之天文学说。最后，定律再经研讨，常藉重数理分析，得到更精确的理则，如牛顿之万有引力学说。即就这几行简单的引称语句看来，科学的要义果何在？在乎作精密的观察，运用正确的思想；在乎有方法有证据，并有组织有系统。至于一种科学必须怎样才能达到完成的地步，其所云云，对于我图书馆界中人，也是可以深长思的。

白特勒氏论科学　关于讨论图书馆学或图书馆业务之科学研究的专著，据作者所知，到现在为止，还只有美国芝加哥大学图书馆学院白特勒（P. Butler）教授所著的《图书馆学导论》一书，他希望关于此的探讨，能有一日千里的进步。所以他说，这本小书问世，所希冀它能有的最好的命运，是很快地它便成为陈废了。可是从此书出版，足足十年有余，虽说图书馆专题研究的著作，已有好些种类，似白氏此书的，却仍无之。图书馆学研究的进步，诚然并算不得很快。我在此也引称白氏对科学的论点一二，以代表图书馆学者对于科学的见解。白氏说，一般人的公论，都肯定现代的思想，乃是科学化的，但对于科学之解释，却言人人殊，难以悉举。好似分光镜分析颜色一样，逐一转变的色调甚多，虽可条分，却难以缕析的。话虽如此说，但科学实有其基本的要素。略言之，这个有三方面或三层次：第一，用观察方法收集事实资料，藉重器械的运用及量的计算。从量的比率而拾得之关系理论，主观的错误最少。第二，对此种种事实，作当前的因果关系之理解。有科学化的头脑的人们，对于人智能否了解终极原因，是抱怀疑态度的，所以如像无中生有之绝对创造说，或有中得无之绝对灭绝说，他们都认为是不可思议的。第三，对所探讨的事实或现象，再作实证式的评量。换言之，现代知识的各部门，已交织成为一个条贯的有机体，非如过去，只为一些糅杂片碎的知识了。白氏并说到，各种学科都多少具有或然率数理的成分，因而他强调统计学的分析对于科学研究的重要性。藉数学之运算可校核观察果无误否，可作信实可靠的抽样调查，可分析因素是必要或不必要，是单纯或复杂，以及其他。但他同时也说到，科学与统计研究，并不是万能的，却也是有其限度的。譬如说科学研究并不能包容人世间所有一切物事，科学并不能解答终极的原因，统计分析所能指示的，只是关于某事物的概略，并不能给予极确切不移的答案及其他，所以迷信科学与统计学的方法，也属非是。

第二节　图书馆学的意义

白特勒氏论图书馆学　科学的图书馆学问题，可说是图书馆学是否科学的问题。作者不学，对此的见解，殊难以自信。仍引述白特勒氏说以解答这问题，并为本文立论张本。白氏说，因为自然科学研究暨其方法的运用，极其有效果，所以其他学术部门多群起而模仿之，但这事须认清研究对象，从而正其谊并以制其宜方可。设若生吞活剥、将所探讨的问题与资料，勉强迁就自然科学的方法，尤无多是处。医学、语言学、历史学等，已经科学化了，收获颇多，但教育学、心理学、社会学等则否。科学化的图书馆，在图书馆业务中，应当是属于知识理智的部分，这追求其科学化是可能的。至于其属于情感性灵的部分，却不当强合之于科学的范畴。就范围与体制而论，图书馆当如此。要使图书馆学科学化，图书馆业务之推进，须与现代的科学精神无违背，须将科学研究方法应用到能如此处理之种种图书馆业务上面去，并向其他学科之研究，互相借镜，互换研讨的结果。就方法与原则而论，图书馆当如此。图书馆学如能努力于科学化的图书馆学的创获，则图书馆员们将有一种新天地：过去只注意到各别零星技术步骤，今则知讲求整个效用；过去只知图书馆成绩或功劳表现，今则并知留心理解；过去只求了解特殊事物，今则知解索事象的类型；过去信奉若干观念，当作金科玉律，今则作求实的考虑，实事求是；其他不一一。就可能的效果而论，图书馆当又如此。白氏在其所著书中，提及其所见到的科学化的图书馆中许多课题，大别于为社会学方面问题、心理学方面问题，暨历史学方面问题三个部门。因限于篇幅，且作者在本文中，并不拟加以论列，都不再细说了。

习乃德氏论目录学　德国目录学者习乃德氏（G. Schneider）在其所著《目录学之理论与历史》一书中，曾略提到目录学是否科学的问题。虽其所讨论的并非图书馆学，但目录学与图书馆学有最亲切的血缘关系。二者实姊妹学科，习氏对目录学此问题的见解。亦恰如本界中不少的人关于图书馆学此问题的见地，所以在此也一并提到它。习氏云：设将科学只解设为一种根据实例，由组织之学识，则目录学诚然也是一种科学。但若就科学最高的含义言之，如旨趣高超，不图急功近利，其知识最近于真理，可通于未来等等，则目录学实不够称为科学。但目录学果能多注重书籍之选择、批判、辨伪、考证、条别等事，它将多有列入科学之称的资格。借用习氏的辞意，说到图书馆学上面，我们也可以粗略地说，如图书馆学术事业，只自限于形而下的种种，则图书馆学难已成立，如能致力于形而上的种种，则图书馆学必能成立。归纳白氏与习氏的见解，最少可以说，图书馆学是有其远大的将来的。

第三节　现行的图书馆学课题一班

芮斯氏图书学课题纲领　美国哥伦比亚大学图书馆学院芮斯（E. J. Reece）教授，著有《图书馆学校课程研究》一书。对于美国的图书馆学课程的各方面，讨论极其详尽，此书中有两段文字，举称现行的图书馆学课程纲领，便于在短短篇幅内，窥见现有图书馆学内容的概要。这个对于本文所讨论的问题，可说是颇有用的资料，可替代解说图书馆学到底何所指之类的许多烦琐的讨论，因将该两段译出如下，以实本节。

其一，根据图书馆业务上的需要所拟定的图书馆学教学课题纲领

（一）图书馆之书藏之选择　此即图书添置与撤销之评定事务，并包括此项适用的资料、工具书及方法之研讨在内。分别言之如次：（a）最大可能数目来馆读者的需要与好尚，及其训导的方法；读者指当地全体民众，并指其各别组合分子，如儿童、教师、学生、商人、专家、学者及其他各等人。（b）某特殊书刊能适应某特殊用途或情事之准则，就是指题材、范围、文笔、作家、信者及其本质多具有之社会的，文学的，科学的价值；书的外形、印刷、插画、便签设计、版本及出版所；容易购置的条件，购价与保管费用之估计并在内。（c）各种供使用之印刷品、工具书、特指书评、出版界消息、书目等，或并可兼指专科书目及其他，此等工具，另详见后。（d）选书与撤销书之行政方面组织并包括读者与馆员在此方面协助事宜。（e）需求能对一项准则得心应手，所应有之阅读与阅览工作；及各个图书馆学学生应有学力，此项工作，广狭不等，自阅读少数代表作，以及对某地域或全世界作品普遍地涉猎，例如专研习数学、儿童读物等。

（二）书业与国家书目及其有关研究　此中包括对于出版界情状、书刊编行处所、书刊市场、书商业务，以及可能的受赠暨交换的来源之研讨。

（三）书刊购求方法　此即为建立一种适合图书自身需要，与适应资料特质的购书制度，并讲求索赠与谢赠，交换暨增补种种技术业务。

（四）编目方法　此项分别言之如次：（a）分类的理论、原则与方法，暨各种分类法比较研究。（b）各种可能采用的目录，便签条式、书本式、卡片式、活页式以及著者、标题、分类各种目录暨各别优劣之比较。（c）目录条款著录的原则与方法。（d）标题著录之规则。（e）书码之派给。（f）书架目录片之编制。（g）目录卡片之装置与经营。（h）编目员专用之工具及器材。（i）编目合作应有之技术标准。

（五）图书应用技术方法簿录暨器材　凡与书业之组织与管理有关之各种杂项等细小作业的训练，均属于此，分别言之如次：（a）登录簿册，设有必要，此与购书账单暨目录，可均有联系。（b）图书入馆的手工的工作。（c）书刊之插架与陈列。（d）书刊之巡查。（e）书刊之清洁。（f）书刊之修补。（g）简单装订工作。（h）书刊递交装订作之准备工作，例如清检书刊、采定装订材料与方法、制号码装存根等。（i）各种书刊签题方法。（j）图书用品之范围与保管。（k）图书应用机械使用方法。

（六）参考书与参考工作　次序分别言之如次：（a）各学科之主要部门及其相关文献，尤要者是下列（b）与（c）两项。（b）一般性质的书藏，常用为参考资料者，例如历史传记、游记、学术专著、政府出版品、学会或一般会社刊物、学报、杂志、小册、剪裁、画片、小说等。（c）专用的参考工具书，例如字典、辞典、表解、地图、指南、索引、通检、专科书目等。（d）参考服务方法：例如读者或咨询者接谈方法、资料寻检方法、馆外资料利用方法、参考工作记录方法、参考者愿得到的新资料供应方法、参考书目编制方法等。

（七）读者辅导　此项工作分别言之如次：（a）探知读者之兴趣与需要。（b）依整个书藏收集原则，并依各别读者若干，暨各个读者之需要，评定书刊价值。（c）代读者规划读书工作，包括选书、编书目、作札记解题等。（d）为读者解决疑难。（e）与其他辅导读者之个人与机关合作，例如，父母亲、教师、承认教育服务工作者等。（f）搜集并利用有助于辅导工作之资料。（g）处理有关辅导之公务文牍事宜。

（八）书刊与图书使用法及教学工作　此项分别言之如次：（a）儿童（指儿童阅览室阅书的儿童）。（b）中小学学生（来馆上课的中小学学生）。（c）中小学学生（在中小学图书馆用书的中小学学生，对此等服务是中小学图书馆作业之正常的部分）。（d）初高级大学学生。（e）中小学及初高级大学教员。（f）一般民众。

（九）图书馆行政　此项分别言之如次：有关如下事项之特殊事实、规则、办法等，所指事项则是：乡镇与市区政府、特殊法规、机关方面或制度方面之沿革及其行政管理、建设图书馆之程序、图书馆之治权与政权、暨图书馆长与理事会或董事会各属职责，图书馆财政与预算，馆舍与设备，包括经费、筹措设计、建造、修缮、保险与管理，图书馆服务地点与处所之选定，图书馆一般的组织与管理法则，图书馆分部分馆办法及其管理，馆员之指导，暨馆员之挑选、分派工作、训练、监督、调度、领导、待遇等事宜；图书馆规则与章程，图书馆报告、图书馆账册、图书馆办公室行政、购书暨图书馆业务之配置计划事宜、图书馆互借、目录编制合作事宜，图书馆服务所在地机关之调查，图书馆与当地名流长官接触事宜，图书馆应用宣传方法，例如故事讲演、学术讲演、展览、假馆集会、印布书目及其他特殊宣传方法，图书馆编纂印刷工作，包括稿件谱正、印刷款式、编辑及校对等事项；图书馆口头讲演解说工作。（b）与以上各项一般有关的知识，其所指种种即是：现代以前图书馆史、现代图书馆发展之过程，包括此项实例与假设，今日之世界首要图书馆与当前图书馆业务中之主要潮流，暨当前图书馆界动态，图书馆本身以外有助于今日图书馆运动各机构，例如图书馆协会、图书馆学校、图书馆期刊。暨图书馆主管官司、政府暨社会行政之图书馆业务，社会学研究与图书馆业务、教育学研究及其对于图书馆员之关系、各种类图书馆之功能，图书馆在各地方上及各机关中之地位，图书馆工作中之心理因素、读者、书籍与图书馆相互之关系，图书馆之理论与实际，其适用于公众图书馆、大中小学图书馆、机关、团体与政府都会图书馆，暨此种种图书馆的特别部门，暨某种人士者各若何，图书馆推广业务，图书馆界资源与服务之配置或调整，图书馆普及全国计划，图书馆组织与管理之标准与衡量方法，图书馆员应有之造诣，图书馆员之地位与待遇，图书馆员应有之态度、仪表及其他。

（十）书籍之历史暨制作　此项分别言之如次：（a）文字记录之原始。（b）文字的历史。（c）印刷之发明与传播。（d）现代书籍制作，包括印刷与装订，暨各该器材与技术。

其二，图书馆学课程中各适宜的扩充研究

（一）关于书藏购置方面　（a）进一步研究选书工具，如目录总汇，及其他印刷品，并研究世界各国书藏，某类专书，如儿童读物、外国小说，或某科专书，如宗教、国际法、考古学、音乐、上古史等。（b）为求某科书籍之评选，能胜任愉快，更各该学科本身作精深研究，如人类学、犯罪学、天文学、艺术、盎格鲁萨克森诗歌。（c）研究下列有关学术方法：例如，对读者买书习惯等做客观的研究；对其专书或某类书、某籍之价值与功用，做继续的衡量；对在某特定情形下，某种书藏之历用的经费，做正面之估计；对于图书馆书藏购置业务，拟具最经济省费的办法。

（二）关于书藏的组织与管理方法　（a）进一步研究现行各种分类法及其编制原则，以及编目应有工具书，与编目方法之活用。（b）研究人类知识之组织及其有关的基本学科与各该学科的历史。

（c）研讨与书藏组织暨管理有关的下列种种学术方法：例如，决定在某种情况，举办何种编目工作暨其限度，决定标题使用限度，及其代用工具之使用与编制，研究纸张暨书装订之最好的保存办法，新兴的藏书设备之装置方法、图书点查、登录、出纳等簿录之简化研究，图书馆机械用具之改善研究。

（三）关于书藏的应用方面　（a）进一步研习参考工作应用之工具书与资料来源，浅近者精研之，深奥者探究之。（b）研究某某专门学科及各该学科史，对于参考书之收藏与应用，均属切要者。（c）研讨有关参考工作的下列种种学术方法：例如寻检技术之熟练与系统化，暨目录学方法之应用，对各类读者暨各区域民众传布书刊与资料之方法，各种招待读者与咨询者应用学术方法，如访问法、诊断法、指导法，以及一般的教学技术与方法。

（四）关于图书馆事业拓进方面　（a）进一步研究图书馆管理行政中各彰著的事实、规例、办法，及其他应注意事项，包括图书馆史与图书馆地位问题，以及各种图书馆适用的公务管理学术与方法。（b）研究多种能影响图书馆业务的广泛课题，对于公众图书馆，有国家财政、省市政府组织与行政、财产法与奖约法；对于初高级大学，有机关会计、高等教育界动态，甚而至于若干额外的特殊研究，藉可使对教员与学生之关系加强，或增进对于学术贡献上之能力；对于一般性质的图书馆，有人事分类，馆舍灯光装置，统计学方法等。（c）研讨有关图书馆行政的下列种种学术方法，例如，服务处所地点与数量之决定，新馆之容量大小计算标准之推求，馆员考核绩效方法之订定，图书馆日常业务费用之分析，及变造预算准则之拟具等。

（五）关于图书馆一般业务方面　（a）进一步研究文学记录及书之史实，及其造作技艺与程序，如为古籍，并研究其校雠方法。（b）研究有关图书馆之专题，例如，图书馆辅导官司与图书馆界会社之主办事宜，图书馆学校教学方法及学校行政事宜，图书馆学报编辑事宜等。（c）研究世界文明史、思想制度发展史、学术演进史，借以探讨其与文书起源与发展之关系；研习某专科，如心理学与教育学，因其与图书馆暨图书馆学校之业务，多有涉故。（d）研讨有关图书馆一般业务的其他学术方法，例如，史学研究法，尤其与文献校勘有关的种种，书刊复制，缩印，保藏相关的科学之研究，广大区域图书馆调查研究法，图书馆学校应用与学生选择，课程编订，教学改进等有关的测验与统计及其他方法。

下篇　对于图书馆学认识的管见

上文说明图书馆怎样可以成为一种科学的研究，其所探讨的种种事项与问题又是些什么。对于图书馆学了解不多的人们，这点介绍，也可有助于他们认识图书馆学。但图书馆学的义例甚繁，即就上面所说的而论，其中对于图书馆方面的事实与理论，未及提到的，仍不知有多少。作者在此下篇内，因就管见所及，对本题再有所申论，意在提供关于图书馆业务暨图书馆学的几个重要观念，或亦不无略有助于图书馆学的认识。至于在此何以将图书馆业务与图书馆学相提并论，一则因为我认为此二者实是互相表里，互相因果的，前者只是后者的实施，后者只是前者的研究而已；一则也因为如此讨论，是比较要方便些。

第一节　图书馆业务之质素的认识

现代图书馆业务，就其当前的情形讲来，可说是庞杂的。通常一般人以为图书馆工作，是轻易简单的，任何人能优为之。这是因为他们对于图书馆为何，图书馆工作为何，图书馆学为何，实毫无知识的缘故，可不必置论。图书馆业务何以庞杂?因为图书馆有多种类别的图书馆，某一种图书馆作业，又有多样，各种图书馆任务与需要，各各不一，各项图书馆工作所要求的才能各异。这些固然形成图书馆界的博大，然而其中内在的不调协与困难也尽多，反映在图书馆一般工作上人事上的，比比皆是。这情形在欧陆图书馆界中或不如在美国图书馆中之甚。

关于图书馆业务质素的辨识，国外图书馆界，在近年来立说者，也颇不乏人。或说理论，而谈图书馆的哲学、使命、功用等问题；或说事实，而谈图书馆工作、人事组织、发展史实等问题。在此仅就这些说教中，较为具体切实的一些提到一下：其一，各图书馆的作业，是应多少有不同的处理办法的，例如，一般的民众图书馆与专门图书馆或学术研究图书馆是迥不相同；其二，同一图书馆的若干作业，性质各异，有对人的业务，也有对书的业务，有低级的司书业务，也有高级的专才业务，有技术业务，也有行政业务；其三，图书馆业务繁多，使命重大，所以在某一所图书馆中，应分别工作部门，全国图书馆事业各有计划，从业于图书馆的人员，必接受图书馆专门教育，图书馆学校当有标准，图书馆员当有人事制度，图书馆界当有组织机构，并有一种专业的精神与信条。关于图书馆业务的质素的分析，在图书馆学文献中，与图书馆界实施上可能见到的，其荦荦大者，约略如此。作者对于这些，都可以表示赞同。不过我认为仍有可以补充的地方，我的几点见解分述如下。

图书馆业务是书与书服务暨读者三个方面的业务　其一，与其说图书馆业务有对人与对书两方面，毋宁说它有书与书服务暨读者三方面。惯常所称“对人”是指读者而言，但“人”之称，远不如“读者”来得深切著明；要知人们到图书馆来，是以读者的身份，其目的是要读书（这是就常情讲，例外或多或少，自然是有的）。同样，惯常所称的对书，也嫌意义不够完足，因为其所指称的，就狭义讲，只是指图书馆通常的编目、分类等事而言，有如毕习普氏（W. W. Bishop）所谓只做到书背的工作而已；就广义讲，可说并指图书馆参考，读书指导，以及其他一般的图书馆服务而言。这个对图书馆员当对书有博而约的知识标准，自仍有相当远的距离。总之，图书馆员只闻图书的运用，不讲究书的服务，固与古之好藏无殊，无当于现代图书馆事业，但若不多为书，实不只为识者所诟病，也诚然是执业于图书馆界者当力求改进的一件大事。设我们对于图书馆业务的质素，明白认为是书，与书服务，读者三方面的业务，由此，读者，与读书，及书本身的努力，可以与书的服务配合起来。图书馆界的情形，当能多有进步了。

图书馆业务分为图书馆技术服务、图书馆行政事务暨图书馆学术研究三方面　第二，与其说图书馆业务是有国学性质，与专业性质的业务，暨技术与行政的业务，毋宁说图书馆业务可分为图书馆技术与服务，图书馆行政与作业暨图书馆学术三方面，并可各分为若干等级，如高中初三级，并且肯定各种图书馆的工作暨各种图书馆业务，各不同（大概图书馆性质越具专门化，其适用于一般性质的图书馆的业务，可越减少，而专门性质的图书馆业务，将越加多）。这两种认识图书馆业务观点的差异，在乎后者较前者要圆满些。何以说呢？一向在图书馆界执业的人们，常感到图书馆业务繁重，既要求得多技术的能为，也需要大的才干，既是学者专家，也要是行政专业家。说到图书馆工作，小而至于贴书签，代读者借还书籍，大而至于选购古今中外要籍，编纂世界各国语文书藏的目录，计划全国性、国际性的知识合作业务，均无一不是图书馆分内的事。在外界的人们，对于这回事的观感，却不是这样。他们对图书馆员一向存轻视的态度，认为看门与借书的事，只会是老弱者与低能或无能之辈应执的贱活。这样一来，图书馆界内外的人们，各执一事，而双方均多少有其理由与事实的根据，结果遭不幸的是图书馆业务，而吃亏的是图书馆员们。对于这种事情，要有改变，惟图书馆学研究事业，真能发扬光大起来，作者以为正本清源，当从廓清图书馆界内外对于图书馆学的视听开始！要将图书馆学的质素与程度，弄得个清楚明白，图书馆的宗旨在辅助读者读书，故有种种整理、保管、专用书的技术，暨对学者的服务，于是图书馆有技术与服务的业务；图书馆是一种教育文化学术性质的事业，其所经营的是书与知识暨智慧，而非货财，古今中外无不如此，那些最需要图书馆的帮助的人们，最不容易认识它，帮助它，而能爱它的益处利用它的人们，而多是无力促进它的。因此，欲谋图书馆的发展，必须得有行政本领与事业倡导能力的人才，加入图书馆界或与图书馆协作，推动图书馆在这方面的业务。其次，更得认清图书馆业务，决不能与学问分家，并且在近年来，图书馆业务本身，也已研讨得出来不少的学问了；所以不论就图书馆学本身暨其以往的一般学问的要求来讲，图书馆业务是不能废弃或忽视学术研究的。可是若希望任何一种图书馆或任何一所图书馆，或任何一位图书馆员，能对技术、服务、行政，暨学术研究一切，都能做到好处，都能胜任愉快，那不仅是难能，或几乎是不可能的一件事也。要认识各种图书馆业务，必须由各别图书馆与各别图书馆员分工合作负担起来，并且其职位是当有明确的等级差别的。作者以为这样认识图书馆业务，是较比只是枝节地体会到某种图书馆作业有低级司书与高级专材工作，以及不清楚地了解图书馆业务是一种事业，也是一种学问，是要圆满些，彻底些。

对于中国图书馆业务几点基本认识　第三，作者愿在此并说到个人对于图书馆业务所想到的其他几个观念，这些多是因为见到我国图书馆的困难而发的。所以究竟可名之曰“对于中国图书馆业务几点基本认识”。

（1）关于读者问题

我国文盲众多，而在少数能读书者群中，仍无多图书馆读者，所以在我国推进图书馆事业，有读者问题。愚以为我国图书馆员，当尽先服务对图书馆有需要者，再由此来增多图书馆的读者数量。在今并不必奢谈全民的图书服务，但亦不得忽略任何一个读者。我国识字者数量，在全民中百分比虽小，但亦占据庞大数字。如果能对现时全国中小学学生、教育界、学术界，以及党、政、军、工、农、商各界，以及其他人等，供给好的图书服务，已是了不得的事业了！这个意见，积极地说，是要我们集中力量，切实办理够标准的图书服务，认真研究关系我国读者与读书事实的一切；消极地说，是要我们勿因我国文盲多，因而图书馆缺少读者，引为忧虑，或藉作口实，而不办理图书服务，或办理不力。

（2）关于读物或书籍资料问题

我国古书，号称浩繁，但实际说来，在质量上均不算丰富；至于近出新书，更贫乏得可怜；说到外文书籍，已流入我国者，质量上距应有的标准，也相差很远。因此在我国建设图书馆，也有读物或书籍资料问题。愚以为对此也可以尽先搜集利用现成的一些，不必徒斤斤于要有全部的书藏。要知收书亦如养兵，在精不在多，且更贵乎善为运用。美国哈佛大学前校长艾理波特氏主编的西洋经典名著，只要五尺书架便可装了，即五个车也不到。话虽如此说，但同时作者也承认，缺少书籍，诚然是我国图书馆界当前一大问题。经过这次抗日战争，这问题当更严重许多。并且这情形在学术书与通俗读物两方面，无不如此。还有一层，看来这许多年以来，一般地说，在我国出版界以及学术界，对于编著翻译新书的努力与成就，也难令人满意。我以为我国图书馆界，应当独力举办此中某一部分工作，并偕同出版界及其他各界参加此中其他部分工作。比如关于参考书工具书，政府出版品，儿童读物等类书刊之编订，关于选择西洋要籍，暨资料收集整理等项，我国图书馆界是可以有所贡献的。

（3）关于图书馆学术问题

我国图书馆事业，既甚不发达，我国图书馆界情形，又极难言健全。然而我国图书馆学术落后，是当然的事，也是无可讳言的事。愚以为我图书馆界学人，当急起协力研讨图书馆学术。为目前需要说，应尽量创制并实施可以供应我图书馆界需要的种种制度与技术方法。欧美的图书馆学术事业，可以借镜，但不可以拘泥。关于此，不论就图书馆技术服务，或行政事业等方面，我们都碰到很大的阙略。譬如说，一本完善的图书馆法规，一种适用的图书馆课程，一本翔实的中国印刷史，以及其他许多研究成果。我们样样都需要，我们自身问题的解决，全有赖于我们自己的努力。我们并应有创制一种适合我国需要与事实的图书馆学术事业体系的企图。我国政府的图书馆学教育训练场所，以及唯一的图书馆协会，对此问题的职责是更要重要些。

（4）关于图书馆服务问题

我国图书馆也有服务问题，其原因简略言及者二：一是因为现代图书馆的职责、使命、地位等，尚无定论，故图书馆当是民众教育机关呢？还当是学术研究机关呢？甚或至于当是休闲娱乐机关呢？似乎都是，也都不是。这个问题，在前面的讨论中，也已透露了一点。但这个在我国，还不算是在此的主要问题，我国的图书馆服务问题还别有在。那就是说，只因我国图书馆数目少，又因为图书馆业务不明，种种制度不善，以致我国图书馆有意或无意地，自动或勉强地，兼办业务特多。舍己之田而营人之田，似为我国图书馆界一般的通病。愚以为我图书馆界人士，当勿忘所经营的是图书馆，当以图书馆本行的种种事为急务，当有图书馆精神，自尊本业与本界中人；凡图书馆界能将自身业务办好，是为解决本界困难，并取得外界信任的最好办法。此业务为何？不用说，最根本的仍是图书馆服务一事。曾说我国图书馆少，书少，读者少，但事实上在我国不少无书之图书馆，也尽多无图书馆无读者之书，更多无书无图书馆之读者！这种图书馆图书暨读者脱节，书与图书馆暨读者脱节的大问题。它不是我国图书馆界对国家人民应负起的责任而亟须求解决的吗？作者说这话，并非无视于在我国图书馆界内外的许多真实困难，本春秋责备贤者之义，却实为本界诚当切实自我检讨一下，看我们是知其不可为而为之呢？还是在图书服务事上，非不能也，是不为也？

（5）关于图书馆建设问题

图书馆的建设，基于其内在的质素，是颇不容易，并非费钱的一回事。这在前面也略谈到过。这情形在外国如此，在我国此时更如此。我国图书馆发展与维持，现在均成问题，曾是不容否认的事实。对于此问题也愿进一解：愚以为可切求诸己者有几点，可以求诸人者也有几点。凡事非钱可办，这是无有疑问的，但倒是先有钱然后可办事业还是事业有了，就不愁钱，二者理由是哪个充足些，却不易遂可断语。然而可以这样说求人不如求己，信赖人也不如信赖己。图书馆事业是由我们去苛求人给，甚于自力的道理，是以为择后者为是。既然这样，所以我们图书馆界当以服务换取尊重，领导学术，并以诚恳讲求平常之与经济有关的学术事业。例如，有关图书馆学者多设有图书馆业务的成本会计之研究，美国图书馆协会自设有此领导组或委员会之类。再者，在此动乱时期，美国图书馆界必担受一定的经费削减，而服务事业，更需能尽力维持正常，或更加多些。这种情况，也给美国图书馆员借以调整图书馆经济的机会。

关于此，作者尝有整个想法，但是未能加以探讨。其一，认为以办理合作社的法则来经营图书馆，是可能的，并也是解决图书馆经费问题之一道。其二，认为图书馆虽是属于教育又在学术的一种机关，其事业与金钱有关，其目的也非为营利，但处此工商科学生产化的时代，却也当不讳言图书馆的经济价值。譬如说，工商业所企办理的专门图书馆，设不能生利，那些资本家们，必不肯花这冤枉钱的，可见图书馆并不是消费而不生产的机关，只是其经济困难的估计而已。设果能成立一种图书馆经济价值的学术，图书馆的建设问题，必容易解决许多。这些不是说图书馆界对本问题要求诸己的话。论到图书馆求助他人的方面，关于物质的有图书馆的税款捐输等，在此不拟说什么；关于精神的，却愿赘陈几句。我图书馆界中人，经常有认我图书馆事业艰巨，图书馆职业清苦，国家多故，图书馆无多大前途，因而灰心者；愚以为此种种不惟不是病，抑且有足资鼓舞我辈处，倒是图书馆界自身的不长进，诚是令人灰心短气。所谓有足资鼓舞处，也就是说外界对本界，在精神方面，能有所赞助处。何以言之？我国当前举步维艰，凡百学术事业，盖无一不在困苦奋斗中，并非只图书馆界为然；而且在抗日战争时期前后，我国其他学术事业界，能打破难关，做出成绩贡献来者，已屡见不鲜。本界却要算是落后的了。然则我们能无感奋吗？再者，一般学术事业，常互相影响，互相消长，图书馆学术事业曾不能例外，或尤其是如此。因之，图书馆界势将与其他各界同其命运，当繁美时俱繁美，当消沉时俱消沉。今后我国建国事业，能步上正轨，百废俱举，到那时水到渠成，图书馆学术事业必能发达无疑。我认为这是外界能使本界奋勉藉慰的另一点。关于本题，只说这些。

（6）关于图书馆计划问题

我国图书馆学术事业，大体说来，可说向少计划。这回统战结束，本界将收拾伤残，图谋复兴，这时当而已有复员计划之类的计拟。我国图书馆自然也有计划问题存在着。关于此，作者只愿贡献几句话：第一计划本身是重要的，是好的，因为凡事预则立；有计划而不切实，或有计划而不照办，却是要不得，所以我图书馆界只需要有种种可付诸实施的计划。第二，计划要怎样才能兑现呢？就计划本身说，这个最忌大而无当，不适应需要，不根据事实，不谦虚，不真诚。拟具计划能不犯这些弊病，必是可行的好计划。为抗日战争后我国图书馆事业拟具计划，不当妄谈图书馆整个各方面的建设，却当分清先后缓急，根据实情可能有的力量，将我国图书馆界应办的事，分出阶段来，逐一实现。这些话原是老生常谈，但惟恐有些人或将极难做极费时力的计划，当作在异于摇笔作文的一回事，在凭己意直率而为之，所以也只值得在此辞费几句了。

第二节　图书馆学质素的认识

上节说了作者对于图书馆业务的认识思考所及的几个意见，可说即是提供了我个人对于图书馆学认识的前一半，现在要说后一半，即是说明我对于图书馆学本身的质素，有怎样的认识。这些自然仍限于此时思考到的。还是先从今日国外图书馆界关于此的一个举例说起。在本年上月，文华图书馆学专科学校，承美国图书馆协会赠送几册新出版的图书馆学书刊，托由华莱士副总统携带来华。其中一册，是该协会在去年刊行图书馆学之辞书，笔者有机会得快先睹，自感到欣慰。因个人向来对于图书馆学问题考虑的兴趣，仍不时有之，所以检阅这书的时候，首先便是看它对于图书馆学有何定义，可是结果是难令我满意的。我所检得的是，只得到“图书馆业”与“图书馆学”两条，而如“图书馆服务”与“图书馆工作”等字样，想美国图书馆界认为并无任何特殊专门的意义，所以均未收了。此书：“实用书的知识及某一些原则、理论、技术，于图书馆中书籍及其他资料收藏，设置，保藏，组织，与运用各方面，暨图书馆服务之推广，”是曰图书馆业；“辨识，收集，组织，应用，印刷的或手写的文件之知识与技能，”是曰图书馆学。我认为图书馆学的定义决不当平庸至此。但这个定义，也绝不会是胡乱写下来的。这短短的词句，似可以说，反映美国图书馆界全体，特别是那占绝大多数的普通图书馆员，对图书馆学，并未深接受，深研讨，只算是承认有这回事了。这个也即是反映着，在美国，图书馆业务与图书馆学距离争成一片的程度，还是相当远。再者也反映着，图书馆学就其在美国，其什之九，也还是图书馆学校内学究们探讨的事体，并且其意义与内容，还算不得怎样博大精深的。换言之，图书馆学是还没有几年，作者说这些话，其用意不是在减低我们对于图书馆学探讨的热情，相反地，却当认为图书馆学的研究，是有其急切的需要的。况且今日在我国图书馆的建设，差不多要再从头做起，设若在图书馆学研究方面，能迎头赶上外人，我们同时却需承认，能从学习的也尽多。这也是我们应努力的事，作者对于图书馆学的几点意见，分述如下。

第一目　当定图书馆学暨其含义与内容

图书馆业务本位的图书馆学　何以为图书馆业务本位的图书馆学呢？作者认为自来所称为图书馆学的，只是关于图书馆一些作业的训练之代名词而已。其中最多的成分，是为图书馆管理或经营的技术科学。其有学问意味的，只是占很少成分而不为图书馆员所重视的目录学或语文学等方面的知识而已。既然如此，图书馆学训练，在很多人眼中，只是一种职业训练，诚不能为无因，图书馆员们向不讲究学问理论之研讨等，其能出类拔萃者，不是图书馆技术人才，便是图书馆行业管理人才。他们当中有身负学者名誉的人们，其所长技的学科，必是目录学或人文科学，或任何其他学科中的某部门，但还不是有关图书馆业务本身的学问，既是这样，可说图书馆界的学问研讨与图书馆业无关，而图书馆业务，不能受其益。这种情况，在北美如此，在欧洲大概也如此。例外不能说绝是没有，譬如毕理斯氏的分类研究，是一近例，但究竟是例外。自然，前此图书馆业无学，最不足怪异的理由，是因为近年所了解的图书馆学之含义与内容，距此连萌芽也还少有，即或有之，如克特氏的编目研究，也未能发生广大的影响。在现在呢，有外界的学者们，挟其所学加入图书馆界，应用科学方法，藉效于其他学术的成果，致力研讨图书馆业务中的一些问题。于是图书馆本身的学问，便有了一定成就了。此图书馆与学问结下了因线，图书馆研究中，不仅有术，也得有学了。可是作者认为在此时期确认图书馆学，肯定图书馆业务本位的图书馆学，实仍不为多。这个机会能够成立，则使我图书馆界中人，知道图书馆业务本身中有学问，图书馆员们治学，尽可以用图书馆业务中许多问题、事实与结论为研究的对象，不必再有所惊了。这使图书馆学可以快快长成，也使图书馆学能独立自尊。

图书馆业务本位的图书馆学之质素又是怎样的呢？对于这一点，在下面将做若干剖析。在还未提到那些意见之先，却愿在此再重提在前文中白特勒氏关于图书馆学与图书馆业关系的两个论点，略加以申说。其一：他相信对图书馆业务做科学的研究，假使做得合乎法则，是可以使图书馆业改观的。本来做一件事，若知其然而不知其所以然，必无太好结果，且极难得有进步。有术无学，可能退化到无术的地步；有学而又有术，却定可以进步无疆。论者谓我国不敌并世诸强，实并非一朝一夕之故。我国自古以来，暨群满于卫；而泰西诸强，却能勿厌于学，实为人强我弱最根本原因。作者曾谈过鸦片战争前后英人对我的评论文字，彼时他们即以诗文之国反无学之国称我，其观察之锐利，诚令人不寒而栗！若说知识即力量，可并说愚昧即罪恶。所以作者愿我图书馆界，能努力于图书馆学的研究。其二：白氏却又承认，并非整个图书馆业务，都可以成为科学。他认为图书馆业务中科学成分与人文成分，应相辅相成，本并行而不悖，这一点也重要。譬如说，假使读者中有人以为本文满纸图书馆学与科学，便误以为作者的思想是科学的图书馆学，即等同于整个的图书馆业务的研究，这是很不幸的。只因本文系以图书馆学为题，作者对它的讨论，是强调科学化的图书馆学研究，即是图书馆学中的科学成分，故未能及其他。实则我个人几乎相信任何一种图书馆业务，皆可有其科学的方面与非科学的方面，其为人文性质的尤其如此。但我却完全相信，以科学的态度探讨图书馆业务或图书馆学，是无往而不相宜的。

理论的与应用的图书馆学及其课题　在这一两段文字中，作者拟就个人所认识的图书馆学重要质素，概略说一说，其所以独标出“理论的”与“应用的”字样，只是因为这个观点，笔记更重要一些，特标举出来，藉便省览的缘故。虽常谈图书馆学的性质及其内容，是用图书馆学校所教授的课程以为讨论的依据，将它概括为目录学的，技术的，行政管理的，暨杂项的几个类别，然后于其下列举一般常用的学科，例如目录学，参考书，分类，编目，图书馆经营法，打字等等。在大规模的图书馆学校里所开设的学科多，于是这些又可归纳称为多少系别一组别的课，例如学校图书馆服务组，公众图书馆服务组，编目分类组，儿童图书馆工作组，专门图书馆服务组之类。若要知道一般图书馆学的详细，如前文中所介绍的芮斯大的两个图书馆学课题纲领，可供参考。凡此种种，我们能见到或多或少的图书馆学内容及其一些内在的质素。换言之，能看出图书馆学是有目录学，技术，行政管理等方面，有各种图书馆作业的，有多少研究工作，以及若干与图书馆有关的学术探讨等等。无疑的，这些确是图书馆界很可宝贵的收获。据芮斯大说，今日美国的图书馆学课程，乃是自一八八七年以来，美国图书馆学不断试验与经验的果实，作者也自尊重它。但这一套图书馆，既是在美国方面现有图书馆业务的蓝本，依据本文前面对图书馆所作的剖析，暨上两段所解释图书馆业务本位图书馆学的观点，在我可觉得如此认识图书馆学的质素，仍有不能令人十分满意的地方。简单地说，为要谋图书馆业务与图书馆学的改进，应当加强对于书之识书，与读者，图书馆事业，图书馆业务本位，以及明分图书馆方面程度等等的认识，使其称为图书馆学中的主要质素。作者以为改进的图书馆学课题之轮廓，应大致如下：

（1）书籍与目录方面学科；（2）一般的与专门的学术史，暨学术研究方面学科；（3）阅读与读者方面学科；（4）图书馆技术服务方面学术？（在我国图书馆界，或当专设参考资料编纂方面学科）（5）图书馆行政事业方面学科；（6）图书馆研究方面学科（关于各种图书馆与各项图书馆业务之探讨属此）；（7）语文方面学科（图书馆或所以算为一种语文性质的学科）；（8）其他辅科。关于此，可能做的说明逾多，若干已在前，在此不具论。

图书馆学的内容既已如此繁复，设使作者的见解，再加以扩充改订，勿乃庞杂过甚乎？关于这个问难，愚以为可有相当的答复。其一，在前已一再提到了，图书馆学中，当有分图书，分业务等级的观念。说如此，上面所拟的学科，既非某图书馆学校当全设的，也不是每一个图书馆学学生当全修的，所以可不嫌其繁重。其二，作者以为若图书馆学果真能发育滋长，达到成年地步，他亦必如其他学术一样，将有应用的与理论的两方面之划分；也势必如此，图书馆学才能达到成熟的境界，能跻于学术之林而无愧。本文开篇处曾提到过，一般科学的成立，由观察事实阶段，达到推算出精确理论阶段，都须按部就班，逐渐工作而来。该问我国图书馆界，已否着手做第一个阶段的工夫，观察事实了呢？我们自己心里是明白的，不待我来饶舌了。最后再说一句，想到图书馆学因须务博，致贻浅薄之讥；因图书馆学每每有工具学术之目。我们想有以自拔，也只有走图书馆学研究这条路，但这路也不是太容易走的。王国维氏在《人间词话》里说，古今来大事业家大学者，其成功必须经过三种境地，第一期是“昨夜西风凋碧树，独上高楼，望断天涯路；”第二期是“衣带渐宽终于不悔，为伊消得人憔悴；”第三期是“众里寻他千百度，回头蓦见（蓦然回首），那人却在灯火阑珊处”。这话是过来人甘苦语，然则我们究竟是否愿走这条路呢？

第二目　图书馆学的传统之解放与改造

图书馆生存的理论　研探图书馆学的质素，有其正负两方面，所谓“正”，是指建设的种种，所谓“负”是指待破坏的种种。事实上论当前的图书馆学问题，不只有新的东西当加入，也有旧的东西当去掉。不是在上文中若干处已说过吗？中外图书馆界都有一些阻碍图书馆学发展的情事。可是作者在这想略一提说的，却是图书馆学本身的传统里面，一些待解放与改进的理论与事实。且用我对于图书馆的存在与活动问题的几点意见，认为若干传统的图书馆理论待解放之一例。只因想不出较好的标目，姑名之曰“图书馆生存的理论”。业已有好些时日了，国外图书馆界对于图书馆（尤其是公众图书馆）是否必要的问题，已一再讨论。它们当中认为图书馆对于社会与国家，对于教育，文化，与学术，占有重要地位，所以是必要的，有其人，持与此相反意见者，亦有其人。大抵抱前一种观念的人们，受传统观念的束缚，此较要深些。据作者的管见，凡说图书馆可以绝迹存在的人们，以及在另一极端见解的人们均不免有所执着。窃以为书刊的地位，倒是比图书馆的要稳固些。不见目前我国尽兴图书馆，但多少仍出了些书刊吗？所以书与图书馆，诚无必然的关系，图书馆可绝迹，可停止活动，但书刊将不会是这样。然则说图书馆果可不存在，果不必要吗？我的意思，却又不如此。我认为图书馆与图书馆作业，可以不相提并论。换句话说，只要是有书，有读者，有读书的事实，图书馆若干业务可以存在；至于有否图书馆倒在其次。何以说呢？如图书馆的编目，索引，参考，读者辅导等工作，岂不是在任何场合中，均有其功用价值吗？甚而至于再更进一步说，如图书馆观念，图书馆精神，岂只是图书馆才能有之，才能实行？图书馆界的创始者，必先有图书馆的观念与精神，然后才能建立起图书馆来。反之，若无图书馆观念与精神，即有多好的图书馆，亦必遭毁灭！固然，或有人可以非难说，若无图书馆即将无所谓图书馆业务与图书馆学术事业，所实行的，只是编目索引等工作而已。这种看法，也有其道理；我们不得不承认，若无图书馆，则图书馆的业务与学术事业，在质素上，均将起大大的变化。可是作这非难的人，其执着于图书馆与图书馆业务不可分，也还是一样。作者有此观念，似荒谬亦似有理由，想得这个怪论的动机，可仍是为解索我国图书馆的贫乏问题。却似乎这样一来，对于图书馆的一切（图书馆存在及其是否必要的问题也在内）都看活了许多。我想从旧传统观念下谋解放，时或是有其必要，这个观念只当它是思想现象的一个小例子吧。

传统的图书馆学课题与文献之错杂与漏略　为举例说明传统的图书馆学更有待改进的地方，在此将图书馆学课题与文献中有错杂与漏略的事实，提及一二。本来这个也并不是太少人注意到的一回事。在图书馆学课程中有基础科目，也有后续的科目，这其间不无重复；有平行的科目，也有互换的科目，这其间又难免有差异；至于漏略，在课程少有标准，并缺乏教本与教材的情况下，更是多见的事。这些短处，关于错误的占若干，至于不可避免的现实的，也占若干。无关宏旨的小阙略有一些，有大关系的也有一些。该举出个例子：如关于书的各部分之认识，最少在编目，参考，与目录学课中，是重复的；如教学书目编纂，主要的目录样本，好比英美图书馆协会编目条例，法国国会图书馆卡片，威尔逊图书馆公司目录工具等，均各有各的款式，使人莫衷一是。如练习脚注著录，或须先名而后姓；至于书目著录，又须先姓而后名。如在图书馆学中，关于职业的讨论仍占极不重要的地位，其他不悉举。在图书馆文献中同样的阙失，有待改革补救的也尽多。图书馆所经营图书，然而它自己的文献，较其他可以相比的专业，却相差甚多。这个说是因为图书馆界不喜标榜，也算不得好理由。譬如说，图书馆学丛书，字典，大辞书，甚而至于著录图书馆职业资料的书目，到今还是没有。在我国唯一的讨论图书馆职业的专书，仍是二十余年前的老书，这种情形，我们要求它改造，岂不是应该的吗？

结　　语

作者自发写成的这样一篇图书馆学初论的文字，原意是想讨论到关于图书馆学的认识，暨其可能有的若干新课题，并附带提到个人的所见及的一种图书馆学研究或教学法。只因写到了关于认识的部分，本文已经是冗长了。虽只算说完讨论题可说的一半，即刻本文在此结束。其他的意见，且可待以后再说罢。

后　记

呈现在读者面前的这部小书，是我近 6 年来学术追求道路上的一个小结。我原本从事中学英语教学工作，2001 年随夫婿调动至桂林电子工业学院（2006 年改名为桂林电子科技大学）从事图书馆工作，从最基础的流通工作开始做起，到外文期刊分类与编目，再到图书编目，如今一晃已近 18 年了。和其他一些在图书馆工作的同人一样，起初我也是按部就班做好自己的本职工作，对于图书馆学究竟有多大的学问知之甚少。直到补习了大量图书馆学理论知识后，才发现内中确有大学问。然而究竟学问在哪里，一时之间尚未完全弄清楚。

自近代意义上的图书馆在中国出现以后，一百多年来学界一直在追问“何为图书馆学”。特别是 1912 年中华民国成立之后的 30 多年，正好是我国图书馆学从传统转型到近代的关键时期，也是图书馆学人们解答以上问题的重要时期。在此期间不仅涌现出一大批从事图书馆学研究与图书馆事业推广的学人，也出现了一批从事图书馆学研究、宣传与人才培养的机构。在学人的共同努力下，最终完成了我国图书馆学从传统向近代转型的艰巨任务。考虑到此前对民国时期图书馆学发展情形有了一定的研究基础，尤其是对民国时期一些图书馆学人有了一定的了解，因此我决定选择以民国时期图书馆学学术转型为研究对象，并于 2012 年以“民国图书馆学学术转型研究（1912—1937）”为选题，申报了教育部人文社会科学研究规划基金项目。这是我第一次申报科研项目，颇感欣喜的是得到了基金资助，这可以说是我真正投入图书馆学研究的开始。

研究过程中所遇到的艰辛是无法用语言来形容的。此前虽然对民国时期图书馆学人与社会团体有所接触，但要从整体上来梳理民国时期图书馆学学术转型的全貌，对我来说不啻为一项浩大的工程。首先，遇到的困难是资料的搜集与整理，好在民国时期三大图书馆学期刊的影印版已经重印，为项目研究奠定了最基础的条件。对学人在其他期刊所刊发的论文，通过借助“民国时期期刊全文数据库”，也基本上得到了解决。其次，对文本的解读所遭遇的困难同样不小，其中最困难的要数全盘解读 1945 年刊行的《图书馆学报》创刊号了。该刊在抗日战争即将胜利的前夕刊行，受大后方条件非常艰苦、印刷纸张粗糙的限制，很多地方不易阅读。这种阅读上的困难还表现在语言表达方式方面。在民国时期从文言文转换成白话文的过程中，有些论述依然是采用文言文的表现形式，这对长期不太接触文言文的我亦是不小的难题。好在以上这些困难在研究过程中均慢慢解决了。

在项目申报与研究过程中，首先，要感谢《高校图书馆工作》编辑部执行主编刘平博士的热心帮助，是她让我更加坚定选择了民国时期图书馆学学术转型这一选题，并在后来的研究过程中也得到她的很多鼓励。其次，要感谢我的同事沈占云研究馆员在项目申报时提供的帮助。最后，要感谢那些无名的审稿人，项目研究过程中的一些阶段性成果得以在《图书馆建设》《图书馆学研究》《山东图书馆学刊》等刊物发表，都离不开他们的帮助与支持。在项目完成后申请出版过程中，感谢桂林电子科技大学专著出版基金和桂林电子科技大学政府数字传播与文化软实力研究中心提供的资助，它为这本小书的出版提供了重要保障。感谢科学出版社张宁、王丹两位编辑的辛劳，使得我这本小书得以顺利出版。最后要感谢我的家人对我在学术追求道路上的大力支持，先生贺金林是我走上学术研究道路的引路人，也是我重要的后勤保障。作为从事图书馆学研究的一个小兵，这本小书中的不足之处定有不少。恳请各位读者提出中肯的批评，这既是助推图书馆史研究的重要动力，也是对我个人学术追求道路上的鞭策。

曾凡菊

2018 年 11 月 28 日于桂林